KB056868

세계무역기구
법, 경제, 정치

Bernard M. Hoekman ·
Petros C. Mavroidis 지음

김치욱 옮김

지식과 문화

세계무역기구: 법, 경제, 정치

제1쇄 펴낸 날 2023년 2월 20일

지은이 Bernard M. Hoekman, Petros C. Mavroidis
옮긴이 김치욱
펴낸이 박선영
주 간 김계동
디자인 전수연
교 정 김유원

펴낸곳 명인문화사
등 록 제2005-77호(2005.11.10)
주 소 서울시 송파구 백제고분로 36가길 15 미주빌딩 202호
이메일 myunginbooks@hanmail.net
전 화 02)416-3059
팩 스 02)417-3095

I S B N 979-11-6193-063-3
가 격 17,000원

World Trade Organization (WTO) 2nd edition

Bernard M. Hoekman & Petros C. Mavroidis

세계무역기구
법, 경제, 정치

WTO

Bernard M. Hoekman ·
Petros C. Mavroidis 지음

김치욱 옮김

목차

도해목차

역자서문

인류는 대공황과 제2차 세계대전을 거치면서 국제무역의 안정이 국제평화에 기여할 수 있다는 교훈을 얻었다. 세계 주요 국가들은 1944년 미국 뉴햄프셔 주 브레턴우즈에 모여 무역의 확대와 세계의 고용·생산 및 소비를 증대시키기 위하여 일련의 국제경제기구를 세우기로 합의했다. 그로부터 50년 동안 국제정치적 우여곡절 끝에 세계무역기구(WTO)가 1995년에 비로소 국제무역관계를 규율하는 공식 기구로 첫 발을 떼면서 무역 분야에 관한 브레턴우즈 합의가 열매를 맺게 되었다.

세계무역 거버넌스의 초점으로서 WTO는 안정적이고 공정한 다자 무역체제를 확립하기 위해 국제무역협정을 관리하고, 새로운 무역협상 라운드를 주도하며, 회원국 간 무역분쟁을 해결하고, 회원국의 무역정책을 감시하는 기능을 수행한다. 국제정치경제학(IPE)에서 WTO에 대한 논의는 그 제도적 특징 및 성패요인에 집중되는 경향이 강하다. 대표적으로 WTO는 국제무역의 확대나 세계후생의 향상에 얼마나, 어떻게 기여하고 있는지 묻곤 한다.

이 책은 WTO와 세계무역체제의 변천과정을 법률적, 경제적, 그리고 정치적인 각도에서 조명함으로써 위와 같은 질문에 답하고 있다. 이 책의 장점 중 하나는 WTO의 동학을 좌우하는 정치경제적 요소와 법률적 요소를 비교적 균형 있게 분석하고 있다는 점이다. WTO 부속협정의 조문, 분쟁해결기관의 판례 등을 구체적으로 기술하고 있다. 아울러 2008년 세계금융위기 이후 회원국의 보호주의적 대응을 계기로 세계무역체제에서 관찰되는 새로운 조류를 포착해내고 있다. 다만, 이 책(제2판)이 출판된 2016년 이후에 벌어진 WTO 체제의 변화상에 대해서는 본문이나 각주에 주석을 달아 보완하려고 최선을 다했다.

끝으로 이 책을 읽는 중에 오탈자나 오역, 매끄럽지 않게 느껴지는 표현을 만나거든 전적으로 역자의 잘못으로 돌리기 바란다. 언제나 변함없이 국제정치학 전문서적 출판에 남다른 열정을 쏟고 있는 명인문화사 박선영 대표께 경의를 표하며, 세심한 교정과 정교한 편집에 큰 수고를 아끼지 않은 전수연 편집디자이너 등 편집진에게 깊이 감사드린다.

2023년 1월
역자 김치욱

약어

AB(Appellate Body) 상소기구

ACP(African, Caribbean and Pacific) 아프리카, 카리브해 및 태평양

AD(antidumping) 반덤핑

AFT(Aid for Trade initiative) 무역을 위한 원조

AGOA(African Growth and Opportunity Act [US]) 아프리카성장기
회법

ALI(American Law Institute) 미국법률연구소

ASEAN(Association of South-East Asian Nations) 동남아시아 국가
연합

ATC(Agreement on Textiles and Clothing [WTO]) 섬유 및 의류에
관한 협정

CBI(Caribbean Basin Initiative) 카리브지역구상

CCT(Common Customs Tariff) 공동관세율

CMA(critical mass agreement) 임계협정

COMESA(Common Market of Eastern and Southern Africa) 동부
및남부아프리카공동시장

CPC(Central Product Classification [UN]) 중앙생산물분류

CRN(Central Registry of Notifications) 중앙통보등록처

CRTA(Committee on Regional Trade Agreements [WTO]) 지역무역협정위원회

CTD(Committee on Trade and Development [WTO]) 무역개발위원회

CTS(Council for Trade in Services) 서비스무역이사회

CVD(countervailing duty) 상계관세

DG(Director-General) 사무총장

DDA(Doha Development Agenda) 도하개발아젠다

DDAGTF(Doha Development Agenda Global Trust Fund) 도하개발아젠다 신탁기금

DFQF(duty-free, quota-free) 무관세·무쿼터

DSB(Dispute Settlement Body [WTO]) 분쟁해결기구

DSU(dispute settlement understanding [WTO]) 분쟁해결양해

EAC(East African Community) 동아프리카공동체

EBA(Everything But Arms [EU initiative]) 무기를 제외한 모든 것

EEC(European Economic Community) 유럽경제공동체

EC(European Community) 유럽공동체

EIF(Enhanced Integrated Framework [for trade-related technical assistance]) 강화된 통합체제

EPA(Economic Partnership Agreement [EU-ACP]) 경제동반자협정

EU(European Union) 유럽연합

FDI(foreign direct investment) 해외직접투자

FOG(Functioning of the GATT) GATT 기능

FTA(free trade agreement) 자유무역협정

FTAAP(free trade area for the Asia-Pacific) 아시아태평양자유무역협정

GATS(General Agreement on Trade in Services) 서비스무역에 관한 일반협정

GATT(General Agreement on Tariffs and Trade) 관세 및 무역에 관한 일반협정

GDP(gross domestic product) 국내총생산

GPA(Government Procurement Agreement [WTO]) 정부조달협정

GSP(Generalized System of Preferences) 일반특혜관세제도

HS(Harmonized System) 국제상품분류체계

IDB(Integrated Database) 통합데이터베이스

IGBA(Illegal Gambling Business Act) 불법도박영업금지법

IMF(International Monetary Fund) 국제통화기금

INR(initial negotiating right) 초기 협상권

IPR(intellectual property right) 지적재산권

ISDS(investor-State dispute settlement) 투자자국가 분쟁해결

ITA(Information Technology Agreement [WTO]) 정보기술협정

ITC(International Trade Centre [UNCTAD and WTO]) 국제무역센터

I-TIP(Integrated Trade Intelligence Portal) 통합무역정보포털

ITO(International Trade Organization) 국제무역기구

ITTC(Institute for Training and Technical Cooperation [WTO]) 훈련·기술협력처

LDC(least-developed country) 최저개발국

MAI(Multilateral Agreement on Investment [OECD]) 다자투자협정

MFA(Multifibre Arrangement) 다자섬유협정

MFN(most-favored-nation) 최혜국대우

NAFTA(North American Free Trade Agreement) 북미자유무역협정

NGO(non-governmental organization) 비정부기구

NTB(non-tariff barrier) 비관세장벽

NTM(non-tariff measure) 비관세조치

OECD(Organization for Economic Cooperation and Development)
  경제협력개발기구

PA(plurilateral agreement [WTO]) 복수국 간 협정

PRC(People's Republic of China) 중화인민공화국

PSI(Pre-shipment Inspection) 선적전검사

PTA(preferential trade agreement) 특혜무역협정

QR(quantitative restriction) 수량제한조치

RCEP(Regional Comprehensive Economic Partnership) 역내포괄
  적경제동반자협정

RPT(reasonable period of time) 합리적인 기간

SADC(Southern African Development Community) 남아프리카개발
  공동체

SCM(Subsidies and Countervailing Measures) 보조금 및 상계조치

SDT(special and differential treatment) 특별차등대우

SGA(Safeguards Agreement) 긴급수입제한조치협정

SPS(Sanitary and Phytosanitary Measures Agreement) 위생 및 식
  물위생조치협정

STC(specific trade concerns) 특정 무역 현안

STRI(services trade restrictiveness indicator) 서비스무역제한지수

TBT(Technical Barriers to Trade Agreement) 무역기술장벽협정

TFA(Trade Facilitation Agreement) 무역원활화협정

TiSA(Trade in Services Agreement) 서비스무역협정

TNC(Trade Negotiations Committee [WTO]) 무역협상위원회

TPP(Trans-Pacific Partnership) 환태평양경제동반자협정

TPRB(Trade Policies Review Body [WTO]) 무역정책검토기구

TPRM(Trade Policy Review Mechanism [WTO]) 무역정책검토제도

TRIPS(Trade-related Intellectual Property Rights) 무역관련 지적재
    산권협정

TRQ(tariff rate quota) 관세 할당

TTIP(Transatlantic Trade and Investment Partnership) 범대서양무
    역투자동반자협정

UNCTAD(United Nations Conference on Trade and Development)
    유엔무역개발회의

VER(voluntary export restraint) 수출자율규제

WCO(World Customs Organization) 세계관세기구

WTO(World Trade Organization) 세계무역기구

서론

세계무역기구(WTO)는 1995년에 수립되었다. WTO는 회원국들이 협상을 통해 체결한 무역협정을 관리하는데, 그러한 협정에는 특히 관세 및 무역에 관한 일반협정(GATT), 서비스무역에 관한 일반협정(GATS), 무역관련 지적재산권협정(TRIPS) 등이 속한다. WTO의 기본 철학은 개방적인 시장과 무차별이 모든 나라의 국민 후생을 증진한다는 것이다. WTO의 존재 이유는 국내 및 해외시장의 무역장벽을 축소하는 수단을 각국 정부에게 제공하는 데에 있다. 곧 WTO의 주요 기능은 무역장벽 축소를 위해 구속력 있는 협정을 협상하는 장을 제공하는 것, 투명성을 비롯한 국제무역에 영향을 끼치는 정책 지침에 합의하는 것, 그리고 협상을 거쳐 합의된 모든 약속을 회원국들이 집행할 수 있도록 수단을 제공하는 것이다.

WTO는 독립적인 국제기구다. WTO는 유엔(UN) 전문기구가 아니라는 점에서 유엔체제와 독립되어 있다. 이는 세계지적재산권기구(WIPO)나 국제통신연맹(ITU) 등 많은 여타 국제기구들과 다른 부분이다. WTO는 제네바호 옆 아름다운 공원에 자리하고 있다. 주변 환경의 고요함과 달리, WTO의 첫 20년은 격동의 시기였다. 1994년 마라케쉬 각료회의는 우루과이라운드(1986~1995)를 매듭짓고 WTO를 창설했다. 그 회의에 참석한 관리들은 WTO가 장차 전 세계의 비정부기구(NGOs), 의회, 산업, 농민단체, 노동자단체 사이에서 얼마나 많은 논쟁을 빚어낼지 내다보지 못한 듯하다. WTO는 세계경제의 세계화에 반대하는 사람들에게 초미의 관심사가 되었다.

WTO는 1999년 미국 시애틀 각료회의 이후에 더욱 가시화되기 시작했다. 시애틀 각료회의는 새로운 다자무역협상을 개시하려고 시도했지만, 노동조합, 환경단체, 비정부기구들의 대규모 시위 때문에 무산되었다. 예를 들어, 노동조합 대표들은 노동기준에 관한 규칙들을 WTO 틀 안에 도입할 것을 원했다. 그들은 WTO의 분쟁해결제도와 무역제재조치를 활용하여 노동 관련 규범을 집행할 수 있을 것으로 기대했다. 많은 개발도상국들은 이에 반대했는데, 노동 규범 도입을 찬성하는 사람들의 실제 목표가 개발도상국의 노동환경을 개선하는 데 있기보다는 개발도상국의 생산 비용을 높이고 수출상품의 경쟁력을 떨어뜨리는 것이라고 두려워했기 때문이다. 클린턴(Bill Clinton) 대통령이 자신이 후원한 노동기준 관련

토론회에서 행한 발언은 이러한 논쟁을 더욱 가열시켰다.

또 다른 쟁점은 투자정책에 관한 규칙을 WTO에서 협상하자는 제안이었다. 이 문제는 한동안 다자투자협정(MAI) 체결을 추진했던 경제협력개발기구(OECD)의 안건이었다. 일부 OECD 회원국이 제안한 1998년 MAI 초안은 이른바 투자자-국가 분쟁해결(ISDS) 조항 때문에 많은 비정부기구들에게 큰 우려를 불러일으켰다. 투자자-국가 분쟁해결제도는 일종의 중재절차로서, 강제수용처럼 MAI를 위반하는 조치로 인하여 발생한 손실에 대하여 외국인 투자자가 투자유치국 정부를 상대로 소송을 제기할 수 있도록 허용한다. 비정부기구들은 MAI가 투자자들의 의무를 설정하기보다는 투자자들의 권리를 정의하고 강화하는 내용이 대부분이라고 주장했다. MAI에 대한 반대가 격렬해지자 OECD의 협상도 1998년에 결렬되었다. MAI 의제의 상당수가 WTO로 이전될 것이라는 인식이 있었으나 시애틀 시위에 참여한 많은 비정부기구들의 반대에 부딪혔다. 또한, 많은 개발도상국들도 자본수출국들이 자신이 선호하는 투자레짐을 밀어붙이려 한다고 느끼고 비정부기구들과 함께 반대 측에 섰다. 그로부터 17년 후 ISDS는 또다시 뉴스에 등장했다. ISDS는 유럽연합(EU)과 미국 간에 추진된 범대서양무역투자동반자협정(TTIP: Transatlantic Trade and Investment Partnership)에 대한 반대운동의 발화점이 되었다 (TTIP 협상은 2011년에 시작되어 아직도 진행 중이다).

투자 문제는 국제무역체제가 마주하고 있는 주요 과제가 무엇인지 보여준다. 그것은 명시적으로 국내 산업을 보호하도록 고안된 수입 관세 및 유사 정책들을 규율하는 문제를 넘어선다. 관세가 인하되면서 무역 의제는 이른바 국경 내 정책, 특히 국제무역과 투자에 영향을 미치면서도 외국 상품과 외국 기업에 대한 차별을 꾀하지 않는 정책을 중심으로 논의되었다. 노동기준, 환경 또는 투자에 관련된 정책들은 국내적 규제 수단에 결부되어 있다. 국내 규제정책의 일차적 목적은 특정 노동자 권리의 보장, 환경적 파급효과의 내부화, 고용 창출 및 혁신에 유리한 기업환경의 조성 등과 같은 비무역적 목표들을 달성하는 것이다. 각국 정부가 경제활동에 대한 규제를 어떻게 결정하느냐는 나라마다 다르다. 정부들은 사회적 선호도, 국가발전 전략, 자원 부존도 등을 반영하기 때문이다. 규제가 외국 기업에게 부정적인 영향을 끼칠 수 있다고 해서 그것이 꼭 정부가 개입하지 못하도록 제한해야 하는 타당한 이유는 아니다.

그러나 규제는 WTO의 핵심 기능이다. WTO는 회원국 정부들이 공통의 정책 규칙을 협상하는 수단이다. 그렇게 하는 이유는 국가정책의 부정적 파급효과를 줄이기 위해서 또는 후생 증대용 정책개혁이 가능하도록 국내 정치경제적 동학을 바꾸기 위해서다. WTO의 전통적인 핵심 의제(무역정책 – 관세, 쿼터)의 경우, 무역장벽을 완화하는 협정들은 세계 전체에게 이로울 것이다. 한 국가 수준에서는 보호주의 정책으로 혜택을 누렸던 일부 집단들은 무역 자유화로 인해 피해를 볼 것이다. 그러나 자유화의 총체적 이득은 비용보다 크다. 그러므로 원칙적으로, 사회(정부)가 보상을 결정한다면, 손해를 보는 집단들을 보상하는 데 사용될 수 있는 잉여가 존재한다.[1] 그렇지만 국경 내 규제정책의 경우, 사회에서 그 적절성이 인정되는 기존 규범들을 바꾼다는 것은 어불성설이다. 그 규범들은 특정한 목적을 달성하기 위해서 만들어진 것으로 타국 정부의 요청에 따라 규범을 변경하는 것은 후생을 감소시킬 수 있다. 국내적 규제에서 발생하는 국제적 외부성(곧 어떤 국가의 국내적 규제가 제3국에게 야기하는 의도하지 않은 이득이나 손해 – 역자 주)을 해결하는 일은 무역장벽의 완화를 위한 호혜적 협상보다 훨씬 더 어려운 과제다.

어떤 경우에 규제 규범에 관한 국제협력이 모든 회원국에게 이로운지를 결정하는 문제는 WTO가 직면한 주요 숙제 중 하나다. 그러한 결정에 관련된 여러 논쟁에 시민사회단체들이 적극적으로 참여하는 것은 긍정적인 변화다. WTO가 효과적으로 기능하기 위해서는 회원국의 지지를 얻어야 하는데, 이는 게임의 규칙이 자신들에게 이롭다고 생각하는 회원국이 많을 때 가능하다. WTO가 규제정책을 규율하는 데 더 많이 활용될수록, 협정의 협상과 이행에 참여하는 이해상관자들의 숫자도 더 커진다. 이 점은 WTO의 지배구조에 시사하는 바가 크다.

WTO는 정부간기구로서, 오직 정부들만이 그 안에서 법적인 지위를 갖는다. GATT에서는 숙의 과정이 비밀리에 진행되곤 했으며, 오늘날 외연 확장이라 일컬어지는 노력은 별로 없었다. 그러한 관행의 변화는 시애틀 시위 이후 특히 두드러졌다. 무슨 일이 벌어지고 있고 어떤 이슈가 협상 테이블에 올려져 있는지에 관한 정보를 얻기가 한층 쉬워졌다. WTO 회원국, WTO 사무국, 그리고 시민사회단체 간의 상호작용도 강화되었다. 수많은 시민단체들은 제네바에 사무실을 개설했고, 그 일부는 많은 개발도상국들의 사무소보다 더 크다. 어떤 개발도상국들은 아예 제네바 사무소를 둘 여력이 없다.

하나의 기구로서 WTO는 다른 국제기구에 비하면 상대적으로 작은 편이다. 약 650명의 직원을 두고 있으며 그 상당수는 통역사다. WTO의 책임도 제한적이다. WTO는 회의를 관리하고, 회원국이 요청하는 문서를 준비하며, 분쟁해결절차를 지원하고, 회원국의 무역정책을 정기적으로 검토한다 (글상자 0.1 참조). 그들의 배경에 상관없이 모든 WTO 사무총장들은 공식적인 의사결정권을 거의 갖지 않는다. 제네바에 있는 대표들이 종종 강조하듯이 WTO는 '회원국 중심적인 기구'로서 각 서명국이 발언권을 갖는다.[2] 의사결정이 대부분 컨센서스에 의하여 이뤄지기 때문에 가장 작은 회원국조차도 발언권을 행사할 수 있다. 이처럼 소국들은 그들의 견해를 표현할 수 있고 또 표현하며, 자신들이 지지하지 않는 안건을 거부할 수도 있다. 게다가 WTO는 효과적인 분쟁해결제도를 갖춘 규칙 기반 시스템이어서 가장 작은 회원국도 세계 최강국을 상대할 수 있다. 만약 WTO의 '패널', 즉 '재판소'가 미국

WTO 사무총장은 처음 5대까지는 회원국의 고위급 정치인 출신이었다. 이들은 유럽공동체(EC)의 경쟁 집행위원(1993~1995)을 역임한 서더랜드(Peter Sutherland), 전 이탈리아 통상장관(1995~1999) 루지에로(Renato Ruggiero), 전 뉴질랜드 총리(1999~2002)인 무어(Michael Moore), 태국 통상장관 겸 부총리(2002~2005)를 지낸 파니치팍디(Supachai Panitchpakdi) 그리고 라미(Pascal Lamy) 전 EU 통상 집행위원(2005~2013) 등이다. 이 점은 GATT 시대와 대조되는 부분이다. 당시 GATT 사무총장은 줄곧 고위급 공무원이었고 정치인이나 전직 장관은 아니었다. 2013년에 아제베두(Roberto Azevedo) 전 브라질 WTO 대사가 사무총장에 임명되면서 WTO는 기술적인 공무원 중심 조직으로 변모했다. 그것은 몇몇 (전직) 장관들이 사무총장에 출마한 상황에서 회원국들이 의도적으로 선택한 결과였다.

이나 EU가 약속을 위반했다고 결정하면, 이러한 강대국들도 의무사항에 부합하도록 조치해야 한다. 경험에 비춰보면, 미국과 EU는 대다수 사건에서 그렇게 하고 있다.

물론 게임의 규칙은 권력관계를 반영한다. 우간다는 협상 결과를 결정하는 데에 있어 미국과 동일한 능력을 지니지 않는다. 그러나 1995년 WTO의 출범으로 세계무역체제는 바뀌기 시작했다. 과거에는 많은 규칙들이 자발적으로 이행되고 분쟁해결은 외교와 '실용적 신축성'에 주로 의존하는 레짐이었다. 이제는 모든 규칙들이 원칙상 모든 회원국에게 평등하게 적용되고 분쟁해결은 더욱 법률적이고 '구속력 있는' 레짐이 되었다.[3] 이와 더불어, 다자협정의 범위가 지적재산권과 서비스무역에까지 크게 확장되고 또 다양한 이익집단들이 영향력을 키우려고 시도하면서, WTO는 GATT보다 훨씬 더 큰 주목을 받았다.

이 과정에서 중요한 역할을 한 또 다른 요인은 WTO의 운영에 있어서 개발도상국들의 관여와 참여가 꾸준히 증가한 점이다. 시애틀 각료회의가 실패했던 이유 중 하나는 노동기준을 WTO 안에 도입하는 것 — 많은 비정부기구들이 강력하게 지지했던 사안 — 에 개발도상국들이 반대했기 때문이었다. 2003년 칸쿤 각료회의의 실패도 많은 개발도상국들이 경쟁, 투자정책, 정부조달 투명성, 무역원활화 등 4개의 이른바 '싱가포르이슈(Singapore issues)'에 대한 협상의 개시를 거부하면서 비롯되었다. 2001년에 시작된 도하개발아젠다(Doha Development Agenda) 협상이 타결되지 못하고 이 책을 쓰고 있는 현재(2015년 여름)에도 진행 중인 원인은 상당 부분 개발도상국들이 더욱 적극적으로 자신들의 무역 목표를 추구하고 WTO의 회원국 간에 이질성이 증가했기 때문이다. WTO에서 '개발도상국'이라는 용어는 '이질적인' 국가군을 가리키는데, 1인당 소득이 연간 미화 500달러 미만인 나라는 물론, 1만 달러 이상인 나라들(예를 들어, 2013년 브라질의 1인당 소득은 1만 1,700달러)도 포함한다. 이러한 이질성을 관리하는 문제는 WTO 앞에 놓여있는 중대한 숙제다.

WTO 회원국들은 2013년 말에 모든 협상 참여국들의 이해를 수렴하는 새로운 규칙을 도출할 수 있었다. 발리에서 개최된 각료회의는 WTO 사상 첫 다자협정인 무역원활화협정(TFA: Agreement on Trade Facilitation)에 합의했다. 나아가 개발도상국들의 관심사와 이해를 반영하는 수많은 결정이 채택되었다. 여기에는 식량안보 목적의 재고 유지를 위해서 국내 농민들에게 보조금을 지급하는 것, 원산지 규정 간소화조치를 포함해 최저개발국(LDCs) 수출상품에 대한 면세 및 쿼터 면제(DFQF)를 허용하는 것, 서비스 시장 진출에 있어서 최저개발국에게 특혜를 부여하는 것, 면화 이슈, 그리고 개발도상국을 위한 특별차등대우 조항의 실행을 관찰하는 기구 등의 이슈가 포함되었다. 이에 앞서 빈국들의 공급/무역 역량을 강화하기 위한 개발지원 수단으로 무역을 위한 원조(Aid for Trade) 구상이 수립되었다.[**] 또 최저개발국에게 무역에 관련된 기술적 지원을 제공하는 다자 파트너십으로서 '강화된 통합체제'(EIF: Enhanced Integrated Framework)를 만들었다. 이 파트너십은 WTO의 주관하에 최저개발국들이 무역의 우선순위를 설정하도록 돕고 원조공여국의 지원을 조정하기 위하여 새롭게 고안되었다.

WTO는 단순한 협상의 장이 아니라는 점을 명심하는 게 중

[**]   역자 주) 이하에서 본문의 Aid for Trade는 '무역을 위한 원조'로, 그 약칭인 AFT는 '무역원조'로 번역한다.

요하다. WTO는 꽤 광범위한 기존 게임의 규칙을 이행하는지 국가들이 서로 감시하고 분쟁을 해결하는 장이기도 하다. WTO는 투명성 보장 장치로서 뿐 아니라 각국 정부가 서로 합의한 무역정책 공약을 집행하는 포럼으로서도 중요한 역할을 한다. WTO의 중요성은 출범 초기 20년 동안 30개국 이상이 WTO에 새로 가입했다는 점에서 잘 드러난다. WTO 가입 절차는 매우 까다로운 편이며 상당한 노력을 요한다. 그러나 동시에 국가들은 특혜무역협정(PTAs)을 체결하여 대다수의 WTO 회원국들을 배제하려고 했다. 우리는 다음 장에서 이러한 역설을 다시 다룰 것이다. 특혜무역협정의 유례없는 유행은 WTO에게 중요한 영향을 미치고 있다.

　WTO는 2015년 12월 케냐 나이로비에서 제10차 각료회의를 개최하기로 예정하고 있었다. 이 책을 쓰는 그 시점에 각료회의의 결과가 어떨지는 누군가의 추측일 뿐이다. 도하라운드 개시(2001) 이후 2013년 12월 발리 제9차 각료회의에서 무역원활화협정이 체결됨으로써 첫 성공을 거둔 이래, WTO 회원국들의 과제는 진행 중인 도하개발라운드 무역협상의 타결을 위한 로드맵에 합의하는 것이다. WTO 회원국 각료들이 나이로비에서 만날 때면, 도하라운드는 벌써 14년째를 맞이하여 가장 오랜 기간 지속된 다자무역협상이 된다.[**] 각국 정부들은

[**]　　역자 주) 2015년 나이로비 각료회의에 이어서 제11차 각료회의가 2017년 12월 아르헨티나 부에노스 아이레스에서, 제12차 각료회의가 2022년 6월 스위스 제네바에서 개최되었다.

점차 WTO보다는 특혜무역협정을 더 우선시하게 되었다. EU와 미국은 주요 경제협력개발기구(OECD) 회원국들의 많은 수를 포괄하는 이른바 거대 지역무역협정에 특히 집중하고 있다. 다자무역협상은 침체기를 맞고 있다. 하지만 다자무역협력은 무역정책의 투명성과 분쟁해결을 도모하는 WTO의 일상적인 업무 덕분에 잘 이어지고 있다. 도하라운드의 성공적인 타결이 계속 미뤄지는 가운데서도 이러한 무역협력이 제대로 굴러갈지는 두고 볼 일이다.

WTO가 하는 일을 이해하기 위해서는 WTO의 규칙(법)과 운영 방식 및 절차를 깊이 살펴볼 필요가 있다. 어느 국가 혹은 관세영역(customs territory)이든지, WTO의 회원국이 된다는 것은 상품무역, 서비스무역, 지적재산권 보호, 분쟁해결, 그리고 국가무역정책의 정기 검토 등 5개 영역에서 정책 자율성에 대한 제약을 받아들인다는 점을 의미한다. 뒤에서 우리는 이들 영역을 하나하나 논의한다. 이를 통해서 WTO의 '기초'를 간단명료하게 소개하고자 한다. 우리는 WTO의 간단한 역사(제1장)로 시작해서 WTO의 핵심적인 기능(제2장)을 간추린다. 제3장은 상품무역에 관련된 규칙을 요약하고 설명한다. 제4장은 서비스무역, 지적재산권 보호, 그리고 서명국에만 적용되는 소위 복수국 간 협정을 다룬다. 복수국 간 협정은 앞으로 더 퍼질지 모르는데, 아무런 합의점을 찾지 못한 이슈에 대해 몇몇 국가들만이라도 협력할 수 있는 발판이기 때문이다. 제5장은 WTO의 독특한 특징인 분쟁해결제도로 옮겨가고 회원국 무역정책의 투명성 증대를 꾀하는 절차를 토론한다. 제6장은 GATT/WTO의 개발도상국에 대한 접근법을 살펴보고 회원국 간의 엄청난 이질성을 논의한다. 우리의 결론인 제7장은 WTO의 작동과 진화에 관한 현재의 논쟁 및 향후 수년 내에 WTO가 나아갈 방향을 미래지향적이고 정책지향적인 시각에서 논의한다.

세계무역체제의 주요 특징을 묘사할 때, 우리는 WTO 규정을 해석하기 위해 역사적으로 발전해왔고 급격히 팽창하고 있는 판례 중 일부를 선택한다. 이렇게 하는 이유는 분쟁해결기구의 패널과 상소기구(AB: Appellate Body), 즉 WTO '법원'의 1급심과 최종심의 추론과정이 WTO의 핵심 규율을 이해하는 데에 도움을 주고 WTO가 실제로 작동하는 방식을 알 수 있게 해주기 때문이다. 여기에서 인용되는 모든 패널 및 상소기구 보고서는 WTO 웹사이트에서 내려 받을 수 있다. 이 책의 길이를 줄이고 읽기 쉽도록 만들기 위해서 모든 보고서에 대한 상세한 인용 정보를 싣지 않는다. WTO에 관한 방대한 저술도 마찬가지이며 단지 선택적으로만 인용한다. 광대한 참고문헌 대신에 추가 읽기자료를 간단히 덧붙이고, 관심 있는 독자들에게 WTO에 관한 기타 저술을 안내한다.

❚❚ 주

1) 종종 보상이 이뤄지지 않는다는 사실은 왜 보호무역이 지속되는지를 설명하는 데 도움을 준다. 하지만 그것은 실제적인 문제이지 개념적인 문제는 아니다.

2) 고전적인 사례는 우루과이라운드 동안 사무총장에 관하여 어느 GATT 대표가 한 발언이다. "여보시오, 당신과 나 사이에는 차이점이 하나 있는데, GATT에게 나는 계약자이지만 당신은 피계약자입니다." WTO의 창설 이후에도 이러한 사정은 달라지지 않았다. WTO 사무국의 우두머리인 사무총장은 사실상 아무런 권한이 없다. 사무총장의 직분은 사무국을 운영하고 회원국의 집합적 이익을 수호하는 것이다. WTO의 규칙과 절차에 의하면, 사무총장은 중개자 혹은 중매자로 활동할 수 있을 뿐 의사결정자는 아니다.

3) John H. Jackson, *Sovereignty, the WTO, and Changing Fundamentals of International Law* (Cambridge: Cambridge University Press, 2006).

1장

세계무역체제의 간단한 역사

이 장의 구성

• 가입절차와 무역 자유화 협상 라운드의 전개 ┊ • 결론

이 장은 세계무역체제가 어떻게 등장했는지 간단히 설명한다. 우리는 어떻게 몇몇 동류국가들이 제2차 세계대전을 계기로 제한적인 무역협정, 곧 관세 및 무역에 관한 일반협정(GATT)을 체결했는지, 그리고 어떻게 이 협정이 국제무역관계에 놀랄만한 확실성과 안정성을 부여했고 무역 참여국들의 신뢰를 얻어 끝내 세계무역기구(WTO)로 계승되었는지 보여줄 것이다.

1947년에 GATT가 탄생하게 된 것은 양차대전 사이에 적대적인 근린궁핍화(beggar-thy-neighbor) 보호주의, 경쟁적 평가절하, 자본통제 등을 경험했기 때문이다.[1] 이른바 '스무트-홀리 관세법(Smoot-Hawley Tariff Act)'으로 미국의 평균 관세율이 38퍼센트에서 52퍼센트로 상승하자 미국의 무

역 상대국들은 보복적 무역제한조치를 실시했다.[2] 무역의 흐름이 다른 시장으로 전환됨에 따라 그 대응으로 보호주의 조치들이 취해지고 또 다른 보복이 뒤따르면서 도미노효과가 발생했다.

제2차 세계대전이 끝날 무렵 정치지도자들은 세계대전의 재발 가능성을 낮추는 국제제도를 수립하려고 했다. 새로운 국제기구들은 국제관계와 통화 및 환율을 관리하고(유엔과 국제통화기금[IMF]), 경제재건 비용을 지원하고 경제개발을 촉진하는(세계은행[World Bank]) 데에 목적을 두었다. 유엔이 일방적인 공격에 대한 집단적인 대응을 위한 것이라면, 세계은행과 국제통화기금은 공격의 원인을 다루기 위한 것이었다. 세계은행과 국제통화기금을 수립한 이유는, 미국 정치인 롯지(Henry Cabot Lodge)가 표현한 대로, 유엔체제는 지옥행을 피하기 위한 것이지만 천국행 티켓은 아니었기 때문이다. 브레턴우즈회의(1944)에서는 세계은행과 국제통화기금을 창설하기로 합의했고, 무역에 관한 이야기는 별로 없었다. 무역은 국제무역기구(ITO: International Trade Organization)라는 별도의 협상에서 다뤄질 예정이었다. 무역은 전후체제의 중심 요소로 여겨졌다. 무역이 늘어나면 실질소득이 증가할 것으로, 또 시장에 대한 무차별적 접근을 통해서 정치적 갈등이 다른 분야로 비화되는 것을 막을 수 있을 것으로 기대되었다.

국제무역기구는 아바나헌장(Havana Charter)이라는 일련의 법적 문서를 관장할 제도적 장치로 고안되었다. 아바나헌장은 1948년에 이른바 준비위원회의 최종 협상이 열렸던 장소의 이름을 땄다. 국제무역기구헌장은 재화 무역 및 상품협정은 물론, 고용정책, 제한적 영업관행(restrictive business practices) 등 같은 주제도 규율했다. 국제무역기구는 야심찬 계획이었다. 협상 초기에 준비위원회의 회원국들은 협상을 두 갈래로 나누고, GATT를 따로 다루기로 합의했다. 당시 GATT는 무역에 대한 국가장벽을 규정한 장으로 국제무역기구의 관할하에 놓일 예정이었다. 12개 선진국, 11개 개발도상국 등 총 23개국은 1947년에 GATT의 내용에 대한 협상을 타결했다.[3] 1947년 4월과 10월 사이에 준비위원회 회원국들은 제네바에서 관세 협상을 마무리 지었다. 이 협상은 최초의 다자무역협상 라운드였고, 그 최종 결과물은 GATT의 중요한 부분이 되었다. GATT는 아바나헌장의 타결과 발효가 아직 이뤄지지 않은 가운데 1948년 1월 1일부터 임시로 발효되었다.

미국 행정부가 국제무역기구 설립헌장을 미 의회에 제출하지 않기로 결정하면서 아바나헌장은 영원히 발효되지 못했다. 그 대신, GATT가 점차 독립적인 제도로 발전하기 시작했다. GATT의 규정들은 특정한 상위 기관을 언급하지 않았는데, 그것은 국제무역기구가 맡을 역할이었기 때문이다. 공식적으로는 상품무역의 자유화를 위한 협정일 뿐이었지만, 사실상 GATT는 국제제도로 차츰 진화해갔다. GATT 체약국들은 제도적 기초를 갖지 못한 채 그때그때 제도적 혁신을 통해 눈앞의 필요에 대응했다. 이러한 '기능적 제도주의'는 GATT가 정당성을 확보할 수 있도록 도와주었다. 왜냐하면 GATT의 구성은 일반적으로 필요에 대한 합의들로 이뤄져 있었기 때문이다. 모든 결정이 컨센서스로 내려진다는 사실도 정당성을 떠받쳐주었다 (컨센서스는 어느 누구도 명시적인 반대의사를 표명하지 않을 때 비로소 결정이 채택된다는 것을 의미한다). 이처럼 GATT 참가국들은 공식적으로는 한 협정의 체약 당사국들이었다.[4] 하지만 그들은 상위 기관을 두고 운영되는 어느 한 기구의 회원국처럼 행동했다.

가입절차와 무역 자유화 협상 라운드의 전개

GATT에 대한 가입은 주권국가 및 국제무역에 관하여 완전한 주권을 보유한 관세영역에게 열려 있었다. 관세영역으로서 중국의 홍콩은 GATT의 체약국이 되었고 WTO에 가입할 수 있었다.[5] 1994년 당시 GATT 체약국은 128개국이었고, 이들은 WTO의 창립 회원국이 되었다. 2015년 초에 WTO의 회원국은 160개국으로 늘었다. 여기에는 중국과 러시아 등 주요 국가들이 포함되었고, 15개국 이상이 가입 협상을 진행하고 있다 (표 1.1).[**] GATT 시절에 비하면, WTO 가입은 훨씬 더 까다롭고 엄격한 과정으로 종종 수년씩 걸리기도 한다.

** 역자 주) 2022년 말 현재 WTO 회원국은 총 164개국이며, 가입절차를 밟고 있는 국가는 24개국이다.

표 1.1 GATT/WTO 협상 라운드와 회원국

라운드 명칭	연도	참가국 수
제네바	1947	19
안시	1949	27
토키	1950	33
제네바	1956	36
딜론	1960~1961	43
케네디	1962~1967	74
도쿄	1973~1979	85
우루과이	1986~1994	128
도하	2001~?	160 이상

출처: Bernard Hoekman and Michel Kostecki, *The Political Economy of the World Trading System* (Oxford: Oxford University Press, 2009)에서 인용.

GATT는 제2차 세계대전 막바지에 협상이 이뤄졌다. 당시 세계는 두 진영으로 나뉘어 있었고, 국민적 민감성은 이전의 적국들과의 협력 전망에 중대한 영향을 미쳤다. GATT로의 가입을 촉진하기 위해서 GATT 제35조는 가입 신청국이 기존의 GATT 체약국을 상대로 한 약정에 '전혀 참여하지 않아도' 무방하도록 용인했다. 즉, 두 국가는 모두 GATT 체약국이 되면서도 양자관계에서는 GATT협정의 구속을 받지 않을 수 있었다. WTO협정은 이보다 더 상세한 조항(제13조)을 두고 있다. 동 조항에 의하면, 두 회원국 중 어느 일방이 양자

관계에서 WTO협정의 적용에 동의하지 않으면, 그들에게는 WTO 규율이 적용되지 않는다.

비적용 조항은 WTO협정에 대한 유보는 아니다. WTO협정에 대한 유보는 허용되지 않는다. 비적용 규정은 두 국가가 WTO 회원국이 될 수 있도록 허용하지만, 서로에 대해서는 WTO협정 상의 약정을 공유하지 않도록 한다. WTO협정이 발효될 즈음(1995) 일곱 개의 양자적 유보가 있었다. 이 중 다섯 개는 미국이 아르메니아, 몰도바, 조지아, 키르기즈 공화국(키르기스스탄), 몽골 등을 대상으로 했고, 하나는 터키가 아르메니아를 상대로, 그리고 나머지 하나는 엘살바도르가 중국을 상대로 한 유보였다. 이들 대부분은 나중에 폐지되었다.

GATT협정의 관할 범위는 시간이 가면서 확대되고 수정되었다. 몇몇 주요 이정표는 표 1.2에 나타나 있다. 초창기에는 가입 협상, GATT협정의 수정을 불러온 1950년대 중반의 검토회의(Review Session), 미국의 이익을 반영하기 위한 농업정책 규율의 배제, 1957년 유럽경제공동체(EEC: European Economic Community)의 창설, 후진국의 경제개발에 관한 새로운 규정의 도입 등에 관한 것이었다. GATT는 규칙으로부터의 선택적 이탈을 요구하는 정치적 압력을 수용하는 데에 매우 유연했다. 예를 들어, 1962년에 면섬유 무역에 관한 GATT 규칙이 폐지되었다. 이 규칙은 다년도 다자섬유협정(MFA-I에서 MFA-IV까지)으로 계승 발전했다. 다자섬유협정은 GATT의 기본 원칙에 부합하지 않은 복잡한 수량제한체제다. GATT는 40년 동안 다자섬유협정을 사실상 용인했다. 우루과이라운드에서 섬유 및 의류에 관한 협정(ATC)이 타결됨으로써 다자섬유체제는 종말을 고했다.

1960년대 중반부터 협상 라운드가 이어지면서 GATT의 관할 범위에 더 많은 비관세 정책이 포함되었다. GATT 시기 동안에 GATT 체약국들은 여덟 차례의 다자협상 라운드를 진행했다 (표 1.1). 케네디라운드(1964~1967)에 이르기까지 협상가들은 기본적으로 관세장벽의 축소에 몰두했다. 케네디라운드부터 협상의 초점은 무역 자유화의 거대 장벽으로 인식되던 비관세장벽(NTBs) 쪽으로 점차 이동하기 시작했다. 볼드윈(Baldwin 1970)의 독특한 비유에 따르면,[6] 관세 철폐는 늪에서 물을 빼내는 것과 비슷했다. 물속에 감춰져 있던 많은 바위와 나무줄기들이 드러나듯이 비관세장벽들도 계속해서 드러났다. 도쿄(1973~1979), 우루과이(1986~1994), 도하(2001~현재) 등 후속 라운드에서 비관세장벽의 축소를 향한 발걸음은 이어졌다. 원래 협상가들은 비관세장벽이라는 용어를 경제적 이유(반덤핑, 상계, 긴급수입제한)로 부과되는 비관세장벽으로 이해했다. 비관세장벽은 점차 확대되어 모든 비재정적 영역의 규제를 포괄했다.

첫 결과로 도쿄라운드(1979)에서 무역기술장벽(TBT: Technical Barriers to Trade)협정에 대한 협상과 뒤이은 우루과이라운드(1994) 동안 위생 및 식물위생조치(SPS: Sanitary and Phytosanitary measures)협정이 탄생했다. 이와 같이 무역

표 1.2 GATT에서 WTO까지: 연표

연도	사건
1947년	23개 GATT 창립 체약국들이 관세 협상을 타결함.
1948년	국제무역기구 설립을 위한 아바나헌장의 비준이 계류 중인 가운데 1948년 1월 1일 GATT협정이 임시 발효됨.
1950년	중국의 GATT 탈퇴. 미국 행정부는 국제무역기구 설립 협정 비준안의 의회 제출을 포기함.
1960~1961년	관세 협상을 위한 딜론라운드
1962년	면섬유에 관한 장기 협정에 합의함으로써 섬유 수출품에 대한 쿼터 제한을 GATT 규칙의 예외로 허용함.
1964~1967년	케네디라운드
1965년	GATT협정에 제4부(무역과 개발)를 추가하여 개발도상국의 — 그리고 개발도상국을 대상으로 한 — 무역정책을 위한 새로운 지침을 수립함.
1973~1979년	도쿄라운드에서 다양한 영역의 무역정책에 관한 코드(code) 협약이 성사되어 국가들이 자발적으로 서명할 수 있게 됨.
1982년	GATT 각료회의 — 거의 10년 만에 처음인 — 에서 새로운 라운드의 의제에 대하여 합의하지 못함.
1986년	우루과이라운드가 우루과이 푼타 델 에스테에서 개시됨.
1993년	협상 종료 계획 시점보다 3년 뒤에 우루과이라운드가 서비스 및 지적재산권에 관한 새로운 규칙, 그리고 WTO 창설 협정을 포함하는 '일괄타결'로 종결됨.

계속 ▶▶

표 1.2 계속

연도	사건
1994년	마라케쉬 각료회의에서 WTO 설립과 우루과이라운드의 결과를 구체화하는 최종의정서가 승인됨.
1995년	WTO가 1월 1일에 128개 회원국으로 출범.
1997년	40개 정부가 최혜국대우(MFN) 원칙에 기초하여 컴퓨터 및 통신 제품에 대한 관세를 철폐키로 합의함(정보기술협정).
1999년	시애틀 각료회의가 대규모 시위 와중에 무산되고 새로운 '새천년' 라운드를 개시하지 못함.
2001년	도하개발아젠다 라운드가 카타르에서 개시됨. 중국의 WTO 가입.
2002년	EU는 아프리카, 카리브해 및 태평양 국가들을 상대로 일방적인 특혜를 호혜적 경제동반자협정으로 전환하려는 협상을 시작함.
2003년	중간 검토회의로서 칸쿤 각료회의는 투자 및 경쟁정책에 관한 협상의 개시에 합의하지 못한 채 어수선하게 종료됨.
2004년	7월에 4개의 싱가포르이슈 중에서 3개를 제외하는 협상틀에 합의함. 한 가지 이슈(무역원활화)만 남게 됨.
2005년	섬유 및 의류에 관한 협정 마지막 단계가 이행되어, WTO 회원국들이 부과 중인 수량제한조치를 철폐함.
2006년	도하라운드의 중단이 선포됨. 미국은 15번째 양자무역협정에 서명함.
2008년	교착상태를 타개하려는 협력 후에 도하 협상은 또 다시 무산됨.
2012년	WTO에 보고된 특혜무역협정의 수가 450개를 넘어섬.

계속 ▶▶

연도	사건
2013년	WTO 발리 각료회의에서 WTO 후원 아래 체결된 최초의 다자협정인 무역원활화협정(TFA)을 비롯하여 개발 관련 조치에 관한 소규모 합의가 이뤄짐.
2014년	도하라운드 종결을 위한 '로드맵'을 정의하는 데에 진전을 이룸. 그전에는 인도가 국내적 농업 지원에 관한 우려가 해소될 때까지 무역원활화협정 의정서의 채택을 거부하면서 로드맵 합의가 지연됨. 12월 말에 488번째 분쟁이 WTO에 제소됨.
2015년	도하라운드의 종결 양식에 대한 합의를 위한 노력이 재개됨. 인도가 무역원활화협정 의정서를 수용하기로 결정한 후 동 협정의 비준과 시행으로 관심이 이동함. EU와 미국은 '거대' 특혜무역협정(PTAs) 협상에 대부분의 관심을 집중함.

출처: Bernard Hoekman and Michel Kostecki, *The Political Economy of the World Trading System* (Oxford: Oxford University Press, 2009) 재구성 및 저자 작성.

참여국들은 적어도 원칙상 국내산업의 경쟁력에 직결되지 않는 비관세 정책에 관하여 협상하기 시작했다. 우루과이라운드에서 지적재산권과 서비스무역에 관한 규율들이 처음으로 협상 테이블에 올랐다. 그로 인해 세계무역체제는 산업구조와 규제제도에 영향을 끼치는 국내정책까지도 아우르게 되었다. 그러한 정책들은 미국을 필두로 한 일부 회원국들이 해외에서 '시장 접근'을 방해한다고 주장했으나, 전반적으로 국내산업만을 차별적으로 보호하는 것으로 이해될 수는 없었다.

GATT/WTO의 법적인 틀은 정치적 흥정에 의해서 진화해왔다. 흥정의 조건은 어느 시점에서든(그리고 시간이 지남에 따라) 정부 행위자와 비정부 행위자들의 영향을 받았다. 처음에는 대체로 관세협정이었는데, 평균 관세율이 점차 낮아지면서 비관세 정책 쪽으로 관심이 이동했다. 이 때 이익집단들은 변경된 의제 목록을 추가하려고 했다. 특정 이익집단의 중요성은 아무리 강조해도 지나칠 수 없다. 이처럼 WTO가 서비스 및 무역 관련 지적재산권에 관한 협정에까지 확장된 것은 고소득국의 특정 산업 집단(통신서비스회사, 은행, 제약회사)이 자사 상품의 해외시장 진출을 촉진하고 싶었기 때문이다. 그 보상으로 개발도상국들은 농산물과 섬유 및 의류의 무역에 영향을 주는 정책 규율을 대폭 강화하라고 요구했다. 이러한 보상이 필요했던 이유는 1960년대와 1970년대에 농업과 섬유 및 의류는 선진국에서 해당 부문에 고용된 노동자들과 농민들의 압력으로 GATT의 규칙과 규율의 범위에서 제외되었기 때문이다.

새로운 규율을 재촉한 또 다른 동인은 1980년대 미국 일방주의의 등장이었다. 미국의 일방주의는 1974년/1988년 미국 무역법 제301조 등의 규정에 바탕을 두었다. 동 조항에 의하면, 미국 무역대표부(USTR)는 자국의 지적재산권을 보호하지 않는 행위를 비롯한 미국 수출품에 피해를 끼치는 정책을 유지하는 국가들을 찾아내고 보복할 수 있었다. 이 책의 후반부에서 논의되겠지만, 그러한 일방주의 압력이 항상 성공을 거두지는 않았다. 이와 같이 EU는 도하라운드 동안 아직 결실을 보지 못한 경쟁정책을 WTO에 포함시키려고 노력하고 있고, 일부 회원국들은 노동기준을 협상 테이블 위에 올려놓으려는 시도를 거듭해왔다.

결론

1947년에 체결된 제한적인 무역협정이 어떻게 1995년에 온전한 국제기구로 발전하게 되었는지에는 두 가지의 기본적인 이유가 있다. 첫째, '점진주의(incrementalism)'로서, 무역 참가국들은, 천천히 그러나 의도적으로, 단계적으로, 실용적이면서 유연한 방식으로 움직였다. 둘째, GATT의 '실용주의(pragmatism)'로서, 특히 모든 결정은 컨센서스로 채택되어야 한다는 관념이다. 이를 통해서 약정이 확대될 때에도 모든 체약국이 동참할 수 있고 어느 국가도 소외되지 않을 수 있었다. 그 실현에 오랜 시간이 걸린다고 하더라도, 무역 참가국들은 그들 모두가 참여할 수 있는 무역 레짐을 선택했다.

■■ 주

1) 이 장과 다음 장에서 사용된 자료는 Bernard Hoekman and Michel Kostecki, *The Political Economy of the World Trading System* (Oxford: Oxford University Press, 2009)의 제1장과 제2장, 그리고 Petros C. Mavroidis, *The GATT: A Commentary* (Oxford: Oxford University Press, 2005)의 일부이다.

2) Douglas Irwin, *Peddling Protectionism: Smoot-Hawley and the Great Depression* (Princeton, N.J.: Princeton University Press, 2011) 참고.

3) GATT 창립 회원국은 호주, 벨기에, 브라질, 버마, 캐나다, 실론, 칠레, 중국, 쿠바, 체코슬로바키아, 프랑스, 인도, 레바논, 룩셈부르크, 네덜란드, 뉴질랜드, 노르웨이, 파키스탄, 남로디지아, 시리아, 남아공, 영국, 미국이었다. 나중에 중국, 레바논, 시리아는 탈퇴했다.

4) GATT의 최상위 기관은 전체 회원국으로 구성되는 체약당사국(CONTRACTING PARTIES)이며 컨센서스 방식으로 결정을 채택한다.

5) GATT로부터의 탈퇴는 제31조에 따라 가능했다. 예를 들면, 중화인민공화국(People's Republic of China)에서 분리된 중화민국(Republic of China)은 본래(1948년 5월 21일) GATT 체약국이었으나 1950년 5월 5일 서한을 통해 GATT에서 공식 탈퇴했다.

6) Robert N. Baldwin, *Non-Tariff Distortions in International Trade* (Washington, DC: Brookings Institution, 1970).

2장

세계무역기구의 개요

이 장의 구성

- 기본사항
- 무역정책 약속
- 오직 관세를 통한 보호
- 무차별
- 상호주의
- 정책 약속의 집행

- 투명성
- 안전밸브
- WTO의 구조와 운영
- 협상 메커니즘과 접근법
- 의사결정
- 결론

이 장에서 우리는 세계무역기구(WTO)의 제도적 구조와 핵심적인 법리 원칙들을 간략하게 설명한다.

GATT는 제도적 뼈대를 갖추지 못했다. 출범 초창기에 GATT는 공식적인 체약국 회의가 열리는 때를 제외하면 심지어 어떤 실체로 존재하지도 않았다. 제도적 요소들은 시간이 지남에 따라 '실천을 통한 학습'의 과정을 거쳐 생겨나게 되었다. 그러한 '제도적 혁신'은 현재이 세계무역레짐의 구조에 내한 영감을 주었다. 이처럼 WTO는 백지 상태에서 출발하지 않았다. 실제로 GATT에서 WTO로 전환될 때에도 그 목적에는 아무런 변화가 없었다. 1947년 GATT협정의 전문에 나타난 목적들은 생활수준의 향상, 완전고용의 보장, 실질소득 및 유효수요의 꾸준한 대폭 증대, 세계 자원의 최대한 활용, 재화의 생산 및 교환의 확대 등이다. 이어서 동 전문은 이 목적들을 달성함에 있어 관세 및 기타 무역장벽의 실질적인 축소와 같이 호혜적이고 상호 유익한 장치는 물론, 국제무역에서 차별 대우의 철폐가 필요하다고 말한다. 그 어디에서도 자유무역이 궁극적인 목표라고 언급하지 않는다. 이 점은 WTO에서도 마찬가지다. 따라서 대중의 믿음과 다르게, WTO의 '공식적인' 목적은 지구적 자유무역이 '아니다'. 무역은 목적 그 자체가 아니라 전문에 열거된 목적을 달성하는 수단이다.

GATT와 WTO 간의 주요 차이점 중 하나는 GATT는 국가들이 서명할지 말지를 결정할 수 있는 '코드' 형식의 새로운 규율을 가진 다분히 선택요리에 가까웠다는 점이다. 그러나 WTO에서는 더 이상 그렇지 않다. 또 다른 큰 차이는 분쟁해결 영역에 있다. GATT는 국제관계의 고전적인 패러다임을 반영하고 있었는데, 재판소의 설치와 결정의 채택은 분쟁 당사자들의 동의에 의존했다. WTO하에서는 분쟁해결패널의 성립, 패널 보고서의 채택, 분쟁해결 판결의 불이행 시 보복 권한 부여 등의 절차를 사실상 막을 수 없다. GATT에서는 분쟁해결 절차의 차단이 가능했다. 또 다른 차이는 WTO는 '무역정책검토 제도'와 지난 10여 년 동안에 빛을 보게 된 많은 다른 수단들을 통하여 투명성과 감독기능을 강화할 수 있는 더 강한 권한을 위임받았다는 점이다. 끝으로, GATT는 소수 동류국가들로 구성된 '클럽'으로 출발했지만, 결국에는 보편적 회원제에 가까운 WTO가 되었다.

기본사항

WTO는 회원국의 무역정책을 규제하는 일련의 법적인 의무들로 구성된다. 이 의무들은 상품무역협정(GATT-1994), 서비스무역에 관한 일반협정(GATS), 무역관련 지적재산권협정(TRIPS) 등에 구체화되어 있다. WTO는 무역의 결과를 정의하지 않는다. 다시 말해서 WTO는 무역의 흐름을 관리하려고 하지 않는다. WTO의 운영과 기능을 이해하는 데 있어서 7개 영역이 특히 중요하다.

   i. 무역정책 약속
  ii. 오직 관세만이 허용 가능한 보호 수단이다.
 iii. 무차별
 iv. 상호주의
  v. 의무의 집행
 vi. 투명성
vii. 안전밸브

무역정책 약속

WTO에 가입하려 할 때 세 층위의 법적 의무들이 부여될 수 있다.

i. '다자적'인 의무: 가입 즉시 모든 회원국을 구속하는 규정들. WTO에 가입한 국가는 WTO협정과 모든 부속협정(이른바 '다자'협정)에서 제시된 의무들을 준수해야 한다.

ii. '복수국 간' 의무: 해당 법적 의무에 동의한 WTO 회원국만을 구속하는 규정들.

iii. 가입의정서상의 의무: WTO에 가입하는 국가들에게 부여되고 기존 WTO 회원국과의 법적인 관계를 특정한 방식으로 규율하는 '특수' 의무. 예를 들면, 중국의 WTO 가입 협상에서 특별한 긴급수입제한조치가 타결되었다. WTO 긴급수입제한조치협정(Safeguards Agreement)에서 요구되는 것과 달리, WTO 회원국들은 중국에 대해 차별적인 긴급수입제한조치를 취할 수 있도록 허용되었다.

오직 관세를 통한 보호

'보호'라는 단어 그 자체는 WTO협정에 나타나지 않는다. 우리는 이 책에서 보호라는 용어를 외국 제품보다 국내 제품에 일차적으로 특혜를 부여하려는 조치와 동의어로 사용한다.

상품무역의 경우, 국내 상품을 보호하기 위해 허용되는 유일한 수단은 관세다. WTO 회원국은 상품무역을 제한하기 위하여 쿼터(수량 할당)나 비관세장벽(NTBs)을 사용할 수 없다. 보조금에 대한 규율도 있는데, 이는 아래에서 논의될 것이다.

무차별

무차별원칙은 두 개의 구성요소, 즉 최혜국대우(MFN) 원칙과 내국민대우 원칙으로 되어 있다. 최혜국대우는 어느 한 회원국에서 생산된 제품은 다른 국가에서 생산된 제품과 동등한(매우 유사한) 대우를 받아야 한다는 원칙이다.[1] 내국민대우는 외국산 제품이 일단 국경 통관 요건을 충족하여 어느 국가의 시장에 진입하기만 하면 유사한 또는 직접적으로 경쟁관계에 있는 국내 제품과 동등한 대우를 받아야 한다는 원칙이다. 아래에서 논의하는 바와 같이, 내국민대우 원칙은 재정정책과 기타 정책(규제) 모두에 적용된다. 두 원칙상의 의무는 '결코 불리하지 않은(no less than)' 대우를 제공하는 것이다. 각 정부는 원하는 경우 (국내 제품보다) 외국산 제품을 우대할 자유는 있지만, 이때에도 모든 외국산 제품은 동등한 대우를 받아야 한다는 최혜국대우 원칙을 지켜야 한다. 최혜국대우는 무조건적으로 적용되지만, 그 예외로는 자유무역지대 혹은 관세동맹의 수립, 개발도상국에 대한 특혜 대우, 신규회원국에 대한 기존 회원국의 WTO 비적용 조항 발동 등이다

(제13조).

 최혜국대우 원칙은 많은 경제적, 정치적 이점을 지니고 있다. 경제적인 측면에서, 정부 정책이 외국 공급자들을 서로 차별하지 않는다면 수입업자와 소비자들은 가장 저렴한 외국 공급자로부터 구매할 유인을 계속 갖게 될 것이다. 이러한 효율성 주장에 더하여, 무차별은 협상가들에게 자유화의 유인을 약화시키는 '양허 침식(concession erosion)'을 막는 효과적인 방어막이다. 최혜국대우 형식의 규율이 없는 상태에서, 만약 B국이 A국에게 한 약속을 훼손하는 식으로 C국과 협상할 수도 있다고 A국이 느낀다면, A국은 B국과 협상하기를 원하지 않을 것이다.

 정치적인 측면에서, 최혜국대우는 대국들이 소국들을 상대로 시장 지배력을 남용하지 않게 하거나 외교정책적인 이유로 경쟁국들에게 더 좋은 대우를 제공하지 못하도록 보장해 준다. 또한, 최혜국대우는 어느 국가가 협상된 약속으로부터 이탈하는 비용을 높여서 협력을 유지하는 데 도움을 준다. 만약 어떤 국가가 무역장벽을 높이길 원한다면, 그 국가는 높아진 무역장벽을 모든 WTO 회원국들에게 적용해야 한다. 이로 인해 무역 자유화의 후퇴에 따른 정치적 비용이 증가하고, 국내의 친무역 이익집단들에게 WTO 협상을 지지하도록 유도함으로써 약속의 신뢰성(가치)을 향상시킨다. 마지막으로, 최혜국대우는 협상비용을 줄여주는데, 일단 어느 한 국가를 상대로 협상이 타결되면 그 결과는 모든 국가들에게 적용된다.

이 덕분에 다른 국가들은 비슷한 대우를 받기 위하여 협상할 필요가 없게 된다. 대신, 협상은 이른바 주 공급자, 즉 제품의 주 수출업자에게 국한될 수 있다.

내국민대우 원칙은 내국세 및 기타 유사한 조치를 부과하여 무역 자유화 약속을 훼손하지 못하도록 막기 위한 것이다. 따라서 이는 양허 침식 주장의 또 다른 측면이며, 다만 이번에는 양허 침식이 국내 상품을 이롭게 한다는 점만 다를 뿐이다. 아래에서 논의하는 바와 같이, 내국민대우는 매우 광범위한 규칙이다. 내국민대우 의무는 특정한 관세양허가 이뤄졌는지 여부에 관계없이 적용되며 모든 정책을 대상으로 한다. 어떤 차별적 정책이 수출업자에게 피해를 입혔는지 안 입혔는지 또는 어느 정도의 피해였는지는 상관없다. 중요한 것은 차별 그 자체의 존재 여부다.

상호주의

상호주의는 GATT의 기본 원칙이다. 그것은 최혜국대우 규칙에서 비롯될 수 있는 무임승차의 여지를 줄이고, 자신의 무역 자유화에 대한 반대급부를 얻으려는 욕심을 제한하기 위한 것이다. 일반적으로 국가들은 무임승차를 최소화 하는 데에 상당한 성공을 거두었다. 예를 들면, '국제화'는 무역 양허를 주고받은 국가들로부터 들어온 총수입량에서 양허 대상이 된 상품의 수입량이 차지하는 비율로 정의된다. 미국은 딜론라운드(1960~1961)와 케네디라운드(1964~1967) 당시 약 90퍼센트의 국제화 수준을 보였다.[2] 아래에서 지적하겠지만, 그 이후에도 매우 비슷한 비율이 유지되었다.

상호주의는 절대적인 관점이 아니라 바그와티(Jagdish Bhagwati)가 말한 '차분(first-difference)'의 관점에서 종종 정의된다. 즉, 국가들은 절대적으로 비슷한 수준의 보호 정책을 수립하려고 노력하기보다는 정책에 있어서 동일한 변화를 취하려고 한다. 상호주의는 국가들이 WTO에 가입할 때 보다 구체적인 의미로 적용된다. 신규 회원국은 이전의 협상 라운드에서 타결된 시장 접근에 관련된 모든 혜택을 누릴 수 있기 때문에, 기존 회원국들은 예외 없이 가입 후보국에게 '입장료'를 지불하도록 요구한다. 이는 실제적으로 한 국가는 무역정책을 WTO 규칙에 부합하도록 할 뿐만 아니라 자국 시장에 대한 접근을 자유화해야 함을 뜻한다. 이 때 가입 후보국은 그 보상으로 시장 접근의 확대를 요구할 수 없다는 점에서 반대급부는 존재하지 않는 셈이다. 가입 후보국이 얻는 것은 과거에 회원국들 사이에 합의된 전체 양허이다.

상호주의의 근거는 정치경제학 저술에서 찾을 수 있다. 자유화의 비용은 잘 조직되어 있고 보호 축소에 반대하는 특정 산업에 집중되는 게 보통이다. 자유화의 혜택은 총액 면에서 종종 자유화의 비용보다 훨씬 큰 반면에 다수에게 돌아가기 때문에 자유화의 이득을 보는 이들에게는 스스로 정치적으로 조직화할 개인적 유인이 크지 않다. 한편 수출지향적인 국내 이익집단은 국내 정치시장에서 자유화를 지지하는 유인을 갖는다. 국내 무역제한을 축소한 반대급부로서 외국의 수입 장벽을 낮춤으로써 자유화로부터 이득을 얻을 것이기 때문이다. 상호주의가 작동하려면, 시장 개방을 선호하는 이익집단들이 그들이 원하는 바를 얻는 다른 수단을 갖지 않는 것이 중요하다. 그러한 대안 중 하나는 시장 개방의 확대를 양자적인 방식으로 협상하는 것이다. 양자적 대안은 다자 차원의 상호주의를 약화시킨다. 양자주의는 수출 산업이 다자적 자유화를 지지할 유인을 감소시킬 수 있기 때문이다.

정책 약속의 집행

만약 어느 한 국가가 타국 정부의 조치로 인하여 시장 접근 약속이나 WTO 규율이 무효화되거나 훼손되고 있다고 인식한다면, 그 국가는 이에 대하여 관련 당사국의 주의를 환기하고 해당 정책의 변경을 요구할 것이다. 만약 만족스런 결과를 얻지 못하면 WTO 분쟁해결절차를 발동할 수도 있다. WTO 분쟁해결절차는 중립적인 전문가로 구성되는 패널의 설치를 말하며, 패널은 문제의 조치가 WTO 규율에 위반되는지 여부를 결정한다. 민간인 당사자는 WTO 분쟁해결기구에서 법적인 지위를 갖지 못한다. 오직 정부만이 사건을 제소할 권리를 갖는다. 분쟁해결절차는 일방적인 보복 조치를 사용하지 못하게 한다. 이 점은 소국들에게 특히 중요한데, 일방적인 조치들은 비효과적이고 그만큼 신뢰할 수 없을 것이기 때문이다.

투명성

정책 약속을 집행하기 위한 전제조건은 회원국들이 유지하고 있는 무역정책에 관한 정보다. 투명성은 법적인 의무로서 GATT 제10조, GATS 제3조, TRIPS 제63조 및 기타 수많은 WTO 규정들에 담겨있다. WTO 회원국은 자국의 무역 규제를 출판하고, 무역에 영향을 끼치는 행정부 결정들을 검토할 기구를 수립하고 유지하며, 타국 정부의 정보 요청에 응하고, 무역정책의 변경 사항을 WTO에 통보할 의무를 지닌다. 다양한 WTO협정과 결정에는 200여 개의 통보 의무가 규정되어 있다. 이러한 의무들은 회원국에게 관련 기구나 기관을 설치하여 통보 요건을 충족하도록 요구하고 있다. 이와 같은 내부적 투명성은 WTO 회원국들의 다자적 감독으로 보완되고, WTO 사무국이 준비하고 WTO 이사회에서 논의되는 정기적인 국가별 보고서, 즉 이른바 '무역정책검토제도(TPRM: Trade Policy Review Mechanism)'로써 촉진된다.

투명성은 하나의 제도로서 WTO의 '주인의식'을 보장한다는 점에서 매우 중요하다. 시민들이 WTO가 무엇을 하는지 알지 못하면 WTO의 정당성은 약화될 것이다. 시민사회가 자국 정부에 의해서 추진되고 있는 무역정책 전반에 대해 평가할 때 이용할 수 있는 독특한 정보원이 바로 무역정책검토 보고서들이다. 경제적인 시각에서 보면, 투명성은 무역정책 관련 불확실성과 리스크 프리미엄을 줄이는 데 도움을 줌으로써 투자자들의 요구를 충족시킨다.

안전밸브

WTO는 회원국 정부들이 특수한 상황에서 무역을 제한할 수 있도록 신축성을 원한다는 점을 알고 있다. 세 유형의 조항을 통해 무역제한조치를 사용하도록 허용하는데, 즉 비경제적 목적을 달성하기 위해서, '공정한 경쟁'을 보장하기 위해서, 그리고 경제적인 이유로 무역에 개입하기 위해서다. 첫 번째 규정은 공공보건이나 국가안보를 보호하기 위한 정책을 포함한다. WTO 회원국은 '광우병'에 걸린 쇠고기의 수입을 막을 수 있고, 교전 상대국에게 자금을 제공하기 위한 수입품을 차단할 수 있다. WTO는 회원국들에게 수입 경쟁으로부터 심각한 피해를 입은 산업을 보호할 수 있도록 허용함으로써 '공정한 경쟁'을 보장한다. 그 바탕에는 경쟁으로 인하여 국내 경쟁자들이 중대한 피해를 볼 때 정부가 개입할 권리를 가져야 한다는 생각이 깔려있다. 개입의 암묵적 근거는 그러한 경쟁은 피해 산업이 환경 변화에 적응하는 과정에서 정치적, 사회적 문제들을 야기한다는 점이다. '공정 무역' 같은 형태의 조치는 보조금을 받은 수입품에 대한 상계관세(CVDs: countervailing duties), 국내 시장가격보다 낮은 가격으로 판매되는 수입품에 대한 반덤핑관세(AD duties)를 부과하는 권리를 포함한다. 끝으로, 세 번째 유형의 안전밸브는 심각한 국제수지 불균형이 있거나 정부가 유치산업을 지원하려고 할 때 허용되는 조치이다. 달리 말해서, GATT에 제안하는 한 가지 방법은 다음과 같다. 교역 참여국들은 '기본' 관세에 대해서 또 '국가 비상' 관세에 관하여 약속을 교환한다. 이때 비상 관세는 건강에서부터 생산자 후생 관련 우려사항 등 비상시에 적용된다.[3]

WTO의 구조와 운영

WTO협정의 4개 부속서는 회원국의 권리와 의무를 규정한다. 부속서1은 세 부분, 즉 각각 GATT, GATS, TRIPS협정 등으로 구성된다. 부속서2는 분쟁해결의 규칙과 절차에 관한 양해로 이뤄진다. 부속서3은 무역정책검토제도를 포함한다. 부속서4는 서명국만을 구속하는 이른바 복수국 간 협정을 포괄한다.

 WTO협정 제2조에 따르면, WTO의 임무는 다자무역협정(부속서1~3에 구체화됨)의 이행과 운영, 협상 포럼의 제공, 분쟁해결양해(DSU)의 집행, 무역정책의 다자적 감독 등이다. 또한, WTO는 세계은행과 국제통화기금과 협력하여 글로벌 경제정책 결정에 있어서 일관성을 증진하는 임무도 지닌다 (제3조).

WTO의 최고 기관은 모든 회원국으로 구성되는 각료회의이며 적어도 2년마다 한 차례 개최된다. 표 1.2의 연표에서 볼 수 있듯이, 많은 경우 각료회의는 실패로 끝나곤 했다. 각료회의가 열리지 않는 기간 동안 WTO는 제네바 주재 대사나 고위급대표 수준의 관리들로 구성되는 일반이사회에 의해서 운영된다. 따라서 필요한 경우, 일반이사회는 무역 분쟁을 판결하는 기관(분쟁해결기구)이나 회원국의 무역정책을 검토하는 기관(무역정책검토기구)으로 변모한다. 세 개의 부속 이사회가 일반이사회의 일반적인 지도하에서 운영되는데 (도표 2.1), 상품무역이사회, 무역관련지적재산권이사회, 서비스무역이사회 등이다. 별도의 위원회는 특수한 협정이나 WTO 규율(이를테면, 특혜무역협정의 감독, 무역-환경 연계성, WTO의 재정과 행정)의 운영을 담당한다. 이러한 상설 기관에 더하여, 작업단이 설치되어 WTO 이사회나 부속 기관에서 결정된 위임 사항을 바탕으로 쟁점들을 다룰 수도 있다.

모든 WTO 회원국은 모든 이사회, 위원회 등등에 참여할수 있다. 다만, 분쟁해결패널, 상소기구(AB), 섬유 및 의류에 관한 협정의 이행을 감독하기 위해 설립된 섬유감시기구 (Textile Monitoring Body), 그리고 복수국 간 협정을 취급하는 위원회는 예외다. 대개 대국들만 거의 모든 회의에 정기적으로 참석한다. 종종 자원이 제약 때문에 개빌도상국들은 주요 회의나 자신들에게 특별한 관심 이슈를 다루는 회의에만 참여한다. 어떤 회원국은 아예 제네바에 대표부를 두지 않

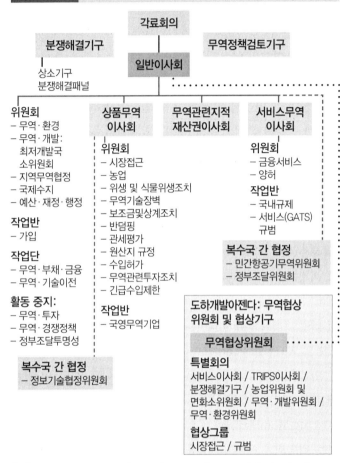

도표 2.1 WTO의 구조

각료회의

분쟁해결기구 | 무역정책검토기구
일반이사회

상소기구
분쟁해결패널

위원회
– 무역·환경
– 무역·개발:
  최저개발국
  소위원회
– 지역무역협정
– 국제수지
– 예산·재정·행정

작업반
– 가입

작업단
– 무역·부채·금융
– 무역·기술이전

활동 중지:
– 무역·투자
– 무역·경쟁정책
– 정부조달투명성

복수국 간 협정
– 정보기술협정위원회

**상품무역
이사회**

위원회
– 시장접근
– 농업
– 위생 및 식물위생조치
– 무역기술장벽
– 보조금및상계조치
– 반덤핑
– 관세평가
– 원산지 규정
– 수입허가
– 무역관련투자조치
– 긴급수입제한

작업반
– 국영무역기업

**무역관련지적
재산권이사회**

**서비스무역
이사회**

위원회
– 금융서비스
– 양허

작업반
– 국내규제
– 서비스(GATS)
  규범

복수국 간 협정
– 민간항공기무역위원회
– 정부조달위원회

**도하개발아젠다: 무역협상
위원회 및 협상기구**

무역협상위원회

특별회의
서비스이사회 / TRIPS이사회 /
분쟁해결기구 / 농업위원회 및
면화소위원회 / 무역·개발위원회 /
무역·환경위원회

협상그룹
시장접근 / 규범

출처: WTO, www.wto.org/english/thewto_e/whatis_e/tif_e/org2_e.htm.
주: 이 도표는 무역원활화협정을 포함하고 있지 않다. WTO 회원국의 2/3가 비준하면 무
   역원활화협정은 또 하나의 GATT협정이 되고 상품무역이사회 산하의 위원회를 갖게
   될 것이다 (실제로 2017년 2월 22일 르완다, 오만, 차드, 요르단이 비준하면서 그렇게
   되었다 – 역자 주).

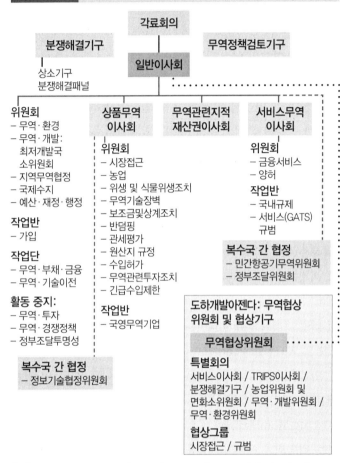

는다. 그런 회원국은 거의 예외 없이 모든 회의에 참석할만한 인력을 갖추지 못하고 있다.

종합하면, 가입 작업반(1995~2014년 기간에 평균 25개), 분쟁해결패널, 비공식 회원국 협의체 등을 비롯하여 상설이든 임시든 다양한 WTO 기관들이 운영되고 있다는 사실은 제네바 WTO 본부나 인근에서 매년 2,000개 이상의 회의가 개최된다는 것을 뜻한다. 일상적인 활동은 본국의 지시에 따라 일하는 제네바 대표부 소속 관리들이나 특정 회의를 위해 본국에서 파견된 대표단에 의해서 수행된다. WTO의 운영방식을 묘사할 때 자주 사용되는 비유는 지리적으로 분산된 네트워크다. 그 네트워크는 제네바와 각국 수도에 기반을 둔 관리들로 이뤄져 있고, WTO에서 자신의 이익을 보호하려고 정부에게 로비하는 각국의 산업과 비정부기구들도 연결되어 있다. 그러나 오직 정부만이 WTO에서 지위를 보유하며, 오직 정부 대표만이 공식 회의에 참석할 수 있다.[4]

지금까지 살펴본 것처럼, WTO 사무국은 상대적으로 소규모이고 독립적인 권한도 별로 없다. 사무국을 보면 WTO는 회원국 중심적인 기구라는 사실이 재확인된다. 사무국은 회의를 준비하고 조직하는 일을 돕는데, 이 때 각 기관의 의장들로부터 지시를 받는다. 이 의장들은 다른 회원국들이 임명한 어느 한 회원국의 대표가 맡는 게 일반적이나, 사무국은 자신의 권한하에서 주도권을 행사할 여지가 거의 없다. 이와 같이, 분쟁해결조치나 협상의 개시를 결정하는 것은 사무국이 아니라 전적으로 WTO 회원국의 책임이다.

WTO에 대한 비판은 종종 사무국에서 이뤄지는 일처리 방식에 대한 것이다. 사무국은 WTO 창설 때부터 다방면에서 공격을 받아왔다. 그러한 비판은 어느 것이든 사무국이 아니라 회원국에게 돌아가야 한다. 국제통화기금이나 세계은행의 경영진은 자신에게 위임된 구체적인 임무를 해석하고 이행함에 있어서 상당한 재량권을 행사한다. 그와 대조적으로, WTO 경영진은 회원국의 면밀한 감독을 받는다.[5]

WTO 사무국이 하는 일은 대개 회원국들에게 기술지원과 물자지원을 제공하는 것이다. 사무국은 이사회의 회의를 조직하고, 위원회·작업반·협상반 등의 요구에 따라 보조자료를 준비한다. 사무국이 제공하는 지원에는 회원국을 위한 기술적 원조와 훈련활동까지 포함된다. 사무국의 지원활동은 2000년 이후 크게 증가했고, 몇몇 회원국들은 신탁 기금의 형태로 사무국에 추가 예산을 제공했다.

기술적 원조와 훈련활동이 더 중요해졌다는 사실은 훈련·기술협력처(ITTC)라는 단독 부서를 신설한 데서 잘 드러났다. 훈련·기술협력처는 WTO의 연례 기술지원 계획을 실행한다. 이 기관이 기술지원에 관한 정책과 조정에 책임을 지고 있지만, 실제 기술지원은 WTO의 운영 부서들에 의해서 제공된다. 도하라운드에서 회원국들은 도하개발아젠다 신탁기금(WTO DDA Global Trust Fund)을 창설하기로 합의했다. 기술지원을 위한 모든 기금에 대해서 공여자는 조건을 붙일 수 없고, 사무국은 WTO 무역·개발위원회에 보고하도록 되어 있다. 이 글을 집필할 당시 도하개발아젠다 신탁기금의 연간 예산은 약 2,500만 스위스프랑으로 WTO 예산의 약 10퍼센트에 해당했다.

2014년 WTO의 예산은 대략 1억 9,700만 스위스프랑이었다 (이러한 예산 규모는 2022년 현재에도 비슷한 수준으로 유지되고 있다 – 역자 주). WTO 예산에 대한 재정 분담금은 회원국의 세계무역 점유율을 기초로 정해지고, 세계무역 점유율이 매우 작은 회원국들에게는 최소 분담금이 적용된다. 상위 10대 무역 대국들은 전체 분담금의 3분의 2 이상을 차지한다. EU의 분담금은 EU 회원국 각각에 대해서 책정되고, EU 내 역내무역을 포함하기 때문에, EU와 28개 회원국들의 분담금을 모두 합하면 WTO의 최대 기여분이 된다.

협상 메커니즘과 접근법

협상 라운드를 개시하려면 WTO 회원국(각료회의 수준)의 결정을 필요로 한다. 무역협상위원회(TNC)는 협상들을 감독한다. 모든 WTO 회원국과 WTO 사무총장이 무역협상위원회에 참여한다. 협상이 성공적으로 타결되려면 전체 회원국이 그 협상 결과에 만족해야 한다. 역사직으로, 미국 행정부의 '신속처리(fast-track)' 권한(이 경우, 미국 의회는 협상 결과에 대해 가부 표결할 뿐 합의안의 세부 사항을 재론할 수 없다)

의 만료와 같은 외부적 요인들은 협상 타결에 결정적이었다.

WTO에서 시장접근 문제에 관한 협상은 다른 형식을 띠었다. 이른바 요청-제안(request-offer) 협상방식이 매우 빈번했고 지금도 여전히 핵심적인 협상 메커니즘이다. 이 협상방식에서 어느 한 회원국은 다른 회원국에게 구체적인 양허 — 이를 테면, 특정 상품이나 상품군에 대한 관세 축소, 생산 보조금 지출의 제한, 서비스 시장에 대한 외국인 참여 장벽의 철폐 등등 — 를 요청하고, 다른 회원국은 그에 대한 답변 또는 자신의 요구를 제안한다. 이 같은 주고받기식의 흥정은 협상의 중심 요소다. 최혜국대우 원칙은 최종 합의된 모든 양허가 여타 모든 회원국에게도 적용되도록 한다.

요청-제안 협상방식은 공식(formula) 접근방식으로 보완 또는 대체될 수도 있다. 공식 접근법은 특정 정책 영역을 개혁할 때 적용될 구체적인 규칙을 중심으로 작동한다. 그 예로는 모든 관세양허는 35퍼센트씩 축소되어야 한다는 관세 인하 공식 — 이른바 선형 인하 방식 — 이 있고, 아니면 보다 복잡하게 관세율이 높을수록 감축률이 커지는 '비선형' 인하 방식이 있다. 비선형 인하 공식으로 잘 알려진 사례는 도쿄라운드 협상에서 사용되었던 '스위스 공식(Swiss formula)'이다.[6] 비선형 공식은 낮은 관세율보다는 높은 관세율을 인하하는 효과를 갖고, 따라서 회원국 간 관세양허 수준의 편차를 줄일 수 있다. 공식 접근법은 도하라운드에서 농산물과 비농산물의 시장접근에 관한 논의에서 이용되고 있는 중요한 협상 원칙이다.

공식 접근방식은 상호 무관세화(zero-for-zero) 협상의 형식을 띠기도 한다. 상호 무관세화 협상은 특정 상품군이나 특정 부문에 대한 관세를 철폐하기 위한 것이다. 이러한 일이 일어난 예는 1996년 정보기술협정(ITA)인데, 이 협정에서 서명국들은 정보기술 상품에 대한 관세를 철폐하기로 합의했다. 그와 같은 방식의 협상을 추진할 때 생기는 문제는 충분한 수의 회원국이 참여함으로써 비서명국의 무임승차에 대한 우려를 제거하는 일이다. 정보기술협정의 경우, 세계무역의 약 90퍼센트를 대표하는 참가국들이 정보기술협정을 수락하겠다고 1997년 4월 1일까지 통지할 때 비로소 발효되도록 규정했다. 원래 29개 서명국들은 정보기술 상품의 세계무역에서 83퍼센트를 차지했기 때문에 90퍼센트 무역 점유율 기준에 미치지 못했다. 그러나 1997년 들어 많은 국가들이 정보기술협정에 가입할 의사를 보이면서 90퍼센트 기준이 충족됨에 따라 정보기술협정이 발효되었고, 1997년 7월 1일에 처음으로 단계별 관세 인하가 이뤄졌다. 정보기술협정 협상의 모든 결과들은 자동적으로 '다자화'되었는데, 그것은 관세 인하가 무차별원칙을 기반으로 적용되기 때문이다. 이는 GATT의 최혜국대우 원칙에서 비롯되었다. 정보기술협정 같은 협정들은 때때로 임계협정이라 불린다. 정보통신협정의 경우에는 세계무역의 90퍼센트였던 것처럼, 임계협정이 발효되기 위해서는 일정한 임계치의 국가들이 참여해야 한다.

서비스의 경우, 대개 요청-제안 접근방식에 입각하여 협상을 진행한다. 물론 공식 협상방식도 사용되었다. 공식 접근법에서 초점은 보호의 평균 수준이나 편차가 아니라 회원국들이 선택할 규칙의 유형이다. 한 예는 이른바 기본통신 참조문서(Reference Paper for Basic Telecommunications)인데, 그에 따르면 회원국은 독립적인 규제기관을 설립하고 외국 통신사업자에게 동등한 조건으로 네트워크 접근을 허용해야 한다. 도하라운드에서 일부 회원국들은 모든 회원국이 약속하기로 합의할 규정들을 담은 소위 '표준 양허 일정표(model schedule)'에 대한 동의를 얻어내려고 노력했다. 정보통신협정 또 여타 상품무역의 상호 무관세화 협상에서처럼 무임승차 우려가 문제였다. 왜냐하면 서비스무역에 관한 일반협정에 참여하는 국가의 수는 상당 부분 회원국들이 제시하는 구체적인 양허에 달려있기 때문이다. 이 책을 쓰는 시점에 일부 WTO 회원국들은 서비스무역협정(TiSA) 협상을 병행하려고 시도했다. 이 협정은 최종적으로 임계협정이나 특혜무역협정(PTA)으로 발전할 수도 있는데, 그 여부는 참가국들이 어느 정도로 비참여국들의 무임승차 문제를 우려하느냐에 좌우된다. 1990년대 후반에 있었던 서비스무역에 관한 일반협정상의 금융서비스에 관한 협상의 경우, 주요 국가들은 일정 임계치 이상의 국가들이 해당 협정(제4장 참조)에 가입할 것으로 요구했다.

상품무역협정(GATT)과 서비스무역일반협정(GATS) 모두에서 최저개발국들은 무임승차가 가능하다. 최저개발국은 종종 시장접근의 자유화 약속을 요구받지 않는다. 일반적으로

'발전' 수준을 근거로 내세우지만, 사실 그러한 무임승차가 허용되는 것은 해당 저개발국들이 너무 규모가 작아(가난하여) 그들의 시장이 세계의 다른 국가들의 수출업자들에게 관심을 별로 끌지 못하기 때문이다.

민간부문을 비롯한 시민사회가 협상에 또는 상설위원회와 기타 WTO 기관에서 진행되는 논의에 참여할 수 있는 공식적인 통로는 존재하지 않는다. 대신에 시민사회 단체들은 본국 정부를 상대로 로비를 벌이거나 언론매체와 시위를 통해 압력을 가해야 한다. 이것이 곧 무역체제의 작동과정에서 나타나는 양면게임(two-level game)이다. 그 게임에서 오직 정부만 WTO에서 활동할 수 있지만, 모든 이해당사자 및 이해상관자 집단은 자국의 정부가 협상에서 취할 입장을 결정한다.

의사결정

대부분의 의사결정은 컨센서스에 따라 이뤄진다. 컨센서스는 만장일치를 의미하지는 않는다. 그것은 어떤 회의에서 어느 대표도 안건에 반대하지 않는다는 뜻이다. 컨센서스에 도달하려면 이슈연계를 필요로 하기 때문에 복잡한 과정을 거칠 수 있다. 컨센서스는 무역체제의 보수적 경향을 강화시킨다. 변화를 위한 안건은 그에 대한 반대가 없을 경우에만 채택될 수 있나. 컨센서스는 교착상태의 가능성을 만들어내지만, 결정의 정당성을 높이는 데 도움을 준다.

관행적으로 컨센서스가 원칙임에도 불구하고 공식적으로는 '1국 1표'에 기초한 표결도 사용될 수 있다. 세계무역 점유율을 바탕으로 하는 가중투표는 WTO에서 일어나지 않을 것이다. 표결이 이뤄질 경우, 최혜국대우나 내국민대우 같은 일반·핵심 원칙에 관한 수정은 만장일치를 요한다. WTO협정문에 대한 해석, 회원국의 의무에 대한 면제 결정은 4분의 3 다수의 승인을 필요로 한다. 3분의 2 다수결은 위에서 언급한 일반원칙 이외의 이슈에 대해 수정을 가할 때 필요하다. 특별한 규정이 없거나 컨센서스에 도달하지 못할 경우에는 원칙적으로 단순 다수결로 충분하다. WTO 설립협정 제10조에 의하면, 회원국은 자신이 반대한 수정안이 표결로써 통과되더라도 그에 구속받지 않으며, 그로 인해 그 회원국의 권리와 의무에 변화가 발생하게 된다. 각료회의는 수정안을 수용하지 않는 회원국에게 WTO로부터 탈퇴하거나 의무면제를 부여하도록 요구할 수 있다. 의무면제는 대국에게는 의미가 없고, 소국에게는 그럴 필요가 없기 때문에, 앞으로 일어날 것으로 기대할 수 없는 일이다. 더구나 법률적인 수정은 일반적으로 보다 큰 틀의 다자협상의 한 부분으로 추진된다는 점도 주목해야 한다. 실제 표결은 일어나지 않는다. WTO 회원국들은 가입과 의무면제 요청의 경우에 표결 조항을 적용하지 않고 계속 컨센서스를 바탕으로 처리해가기로 결정했다.

WTO의 회원국이 160개국을 넘는다는 점을 감안하면 컨센서스 방식은 문젯거리가 될 수 있다. 어느 한 회원국이 자신이 원하는 것을 얻기 위해 또는 어떤 이슈의 진전을 막기 위해 컨센서스를 전략적으로 이용할 경우다. 컨센서스의 위력을 엿볼 수 있는 한 예는 2014년 중반에 인도정부가 2013년 말 발리 각료회의에서 채택된 새로운 무역원활화협정(TFA)을 WTO협정 부속서에 편입시키는 데 필요한 의정서에 동의하지 않기로 한 결정이다. 사실 인도가 이 기회를 이용해서 발리패키지(Bali package) 이슈들을 재론한 것은 무역원활화 — 농업과 식량 비축에 대한 국내적 지원에 관한 WTO 규범의 완화 — 보다는 인도에게 중요한 이슈에서 더 많은 것을 얻어내려는 노력의 일환이었다.

전통적으로, 컨센서스는 논쟁적인 이슈에 대해 합의점을 이끌어내기 위한 것으로 주요 당사자들과 이해관계자들이 참여하는 소규모 회의를 통해서 이뤄졌다. 그러한 모임을 나타내는 용어가 '그린룸(Green room)' 회의다. 원래 그린룸은 소그룹 소통이 종종 이뤄졌던 WTO 사무총장 응접실의 녹색 장식에서 유래했다. 그린룸 회의는 몇몇 회원국만 참석하는 고위급회의라는 점 때문에 해가 갈수록 악평을 받았다.[**] 그 이후 소규모 회의는 개최 장소에 관계없이 그린룸 회의로 불리는 관행이 등장했다. 그린룸 프로세스는 1990년대 후반에 더욱 논란거리가 되었다. 많은 개발도상국들은 (투명성과 포용을

[**] 역자 주) 그린룸 회의는 정치적 판단을 요하는 의제에 대한 토론 및 최종 결정을 위해 WTO 사무총장의 초청 형식으로 개최된다. 참석국은 약 20여 개국으로 유동적이지만 보통 30개국을 넘지 않는다.

강조하는 비정부기구들의 지원을 받아) 소규모 회의에서 배제되는 것에 반대했다. 이 책의 마지막 장에서 논의하겠지만, 수십 년 동안 그린룸 프로세스를 공식화하려는 방안이 제시되었다. WTO의 의제를 관할하는 집행위원회를 수립하는 것인데, 세계무역 점유율 같은 합의된 기준에 입각하여 핵심 상임 회원을 정하고 여기에 소규모 국가들을 순번제 회원으로 추가하는 식이다. 현재까지 이러한 방향으로 WTO에서 아무런 진전을 볼 수 없었다. WTO의 회원국이 많은 상황에서 그린룸 프로세스와 유사한 회의는 불가피하다는 점도 사실이다.

도하라운드 동안 그린룸 프로세스를 보다 포용적이고 투명하게 만들려는 시도가 있었다. 한가지 제도가 채택되었는데, 각료회의에서 특정 각료를 '진행자(facilitator)'로 임명하고 어떤 주제에 대한 토의 내용을 모든 회원국에게 전달하고 협의하는 일을 맡기는 것이다. 이 제도는 G20과 같은 회원국 연합체가 많이 등장하면서 거래비용을 줄이려는 장치로 여겨질 수도 있다. 비평가들은 WTO의 심각한 한계점 중 하나로 WTO의 운영에 투명성이 결여되어 있다고 주장하지만, 큰 진전도 있었다. WTO 웹페이지는 WTO가 작성하거나 WTO에 제출된 문서의 대부분에 대한 접근을 허용하고 있다. 그 문서들은 1947년 GATT하에서는 접근에 제약이 따랐고 대중에게 공개되지 않았다.

결론

WTO는 현 상태로 보면, 원칙상 진정한 다자기구다. WTO의 회원국 수는 유엔에 버금가고, 모든 회원국은 WTO가 관할하는 거의 모든 협정에 구속된다. '복수국 간(plurilateral)' 협정이라는 형식으로 몇몇 예외가 합의되었다. 무역관련 지적재산권협정(TRIPS)을 제외하면, WTO는 대부분 네거티브 방식의 합의이다. 즉 WTO 회원국은 자신이 원하는 대로 국내정책을 자유롭게 추진할 수 있다. 그럼에도 불구하고 WTO 회원국은 무차별원칙을 존중해야 하고, 곧 수입품은 국내 생산품과 동일한 대우를 받아야 한다.

▪ 주

1) 초기 GATT 체약국들은 소수(약 23개국)에 불과했기 때문에, 최혜국대우의 기준점은 GATT/WTO 비회원국을 포함한 모든 국가에게 제공되는 최고의 대우이다.

2) Michael Finger, "Trade Liberalization: A Public Choice Perspective," in Richard Amacher, Gottfried Haberler and Thomas Willett, ed., *Challenges to a Liberal International Economic Order* (Washington, DC: American Enterprise Institute, 1979), 421-453.

3) 판례법은 몇몇 국가 비상사태 시 기본적 의무에 대한 예외를, 그에 상응한 입증 책임과 더불어, 합법적인 것으로 인정했다.

4) EU(공동 대외무역정책을 갖춘 완전한 공동시장)의 경우, 회원국들은 WTO에서 유럽집행위원회에 의해서 대표된다. 관행적으로, 개

별 회원국은 WTO 회의에서 무역정책처럼 집행위원회에 배타적 권한이 위임된 이슈에 대하여 발언할 수 없다.

5) 예를 들면, WTO 사무국은 WTO 협정들을 해석해서는 안 되며, 기존의 혹은 제안된 법안이 WTO 규범에 합치하는지 여부를 판단해서도 안 된다. 이러한 문제는 회원국들이 결정할 사안이다.

6) 스위스 공식은 $T=MX/(M+X)$로 정의된다. X는 어떤 상품에 대한 초기 관세양허, M은 적용 가능한 최고 관세율, T는 그 상품의 최종 관세양허를 나타낸다.

3장

상품무역

이 장의 구성

- 관세, 기타 국경조치 및 무차별
- 수량제한조치
- 무역원활화
- 국내 조치: 내국민대우
- 내국민대우 의무의 범위
- 내국민대우 위반의 성립
- 보호 목적의 규제
- 소결론
- 국가비상조치
- 산업(국가비상조치)
- 반덤핑
- 상계관세와 보조금
- 긴급수입제한조치(세이프가드)
- 유치산업 보호
- 관세 재협상
- 범경제적 예외
- 제도적 예외와 차별의 허용
- 특혜무역협정
- 개발도상국의 특별차등대우
- 면제
- 결론

상품무역은 세계무역기구(WTO)의 '심장부'에 해당한다. 상품무역협정은 가장 먼저 타결된 협정이자 서비스무역의 편입을 어느 정도 예고한 협정이다. 이 장은 상품무역에 관한 기본 규범을 설명한다. 원래의 GATT협정은 우루과이라운드에서 상당한 수정을 거쳤다. WTO 회원국은 GATT 원문에 우루과이라운드에서 채택된 일련의 양해각서를 '추가'했다. 그리고 관세양허, 가입, WTO협정 발효 시 계속 유효한 의무면제 등에 관한 의정서를 비롯해 1947년 이래 GATT 체약국들이 채택한 결정들로 이뤄진 이른바 원조 GATT(GATT acquis)를 덧붙이기로 합의했다. 분쟁해결 상소기구는 '원조 GATT'라는 용어 그 자체를 인정하지 않지만, GATT 시기의 모든 공식 결정들이 현재 WTO협정의 일부임에는 의심의 여지가 없다.[1]

이어서 우리는 GATT의 주요 법적 원칙의 의미와 내용을 논의한다. 그 핵심 항목은 글상자 3.1에 요약되어 있다. 지면의 제약 때문에 경제적, 정책적 이슈의 기본 배경에 대한 자세한 논의를 생략한다. 후속 장에서 이러한 이슈들의 일부가 다뤄지겠지만, GATT의 내용을 이해하기 위해서 보다 '법률적인(legal)' 접근이 필요하다.

글상자 3.1   GATT의 주요 규정

(제1조)	최혜국대우 의무
(제2조)	관세양허표
(제3조)	내국민대우
(제5조)	상품 통과의 자유
(제6조)	반덤핑관세 및 상계관세의 허용. 반덤핑에 관한 1994년도 GATT협정과 보조금 및 상계조치(SCM)협정으로 대체됨.
(제7조)	관세 부과 목적의 상품 평가는 실제 가치에 기

	초함. 제7조의 이행에 관한 1994년도 GATT 협정으로 대체됨.
(제8조)	수출 및 수입 관련 수수료는 비용에 기초함
(제10조)	무역 규칙 및 규제의 공표 의무
(제11조)	수량제한조치의 금지
(제12조)	국제수지 방어를 위한 무역제한 허용
(제13조)	수량제한조치의 무차별적 적용
(제16조)	수출보조금의 금지. 보조금 및 상계조치협정으로 보완됨.
(제17조)	국영무역기업의 최혜국대우 준수
(제18조)	개발도상국의 유치산업 보호 및 국제수지 방어를 위한 무역제한 허용(제7조보다 약한 조건)
(제19조)	국내 산업에 심각한 피해를 야기할 경우 특정 상품의 수입을 제한하는 긴급조치 허용. 긴급수입제한조치협정으로 보완됨.
(제20조)	일반적 예외 규정 – 비경제적 목적(보건, 안전) 달성을 위한 무역제한 허용
(제21조)	국가안보를 위한 예외
(제22조)	무역 분쟁 당사국 간 협의 의무
(제23조)	분쟁해결 규정. 분쟁해결 규칙 및 절차에 관한 협정으로 보완됨.
(제24조)	자유무역지대 및 관세동맹 성립 기준
(제28조)	관세양허표의 재협상 허용
(제28조의2)	무역 장벽 축소를 위한 정기적인 협상라운드 요청
(제33조)	신규 회원국의 가입 허용
제4부	개발도상국에 대한 특별대우

WTO에 가입하면 수량제한조치(QRs)를 철폐할 의무(GATT 제11조)와 상품에 대한 관세의 상한선을 설정하기 위한 관세협상에 참여할 의무(제28조의2)가 따라온다. 그렇게 협상된 상한선은 일반적으로 관세 '양허(bindings)'라 불리고, 그 이상 초과할 수 없는 최대치의 관세가 된다. 상한선을 설정하기 때문에 보상이 지급되지 않는 한 합의된 수준 이상의 관세 변동은 불가능하다 (제28조). 따라서 거래비용에 관한 일정한 확실성이 존재한다. 관세를 양허할 의무는 없으며 협상에 의해서 결정된다. 구속력 있는 의무는 무차별원칙을 준수하는 것이다. 무차별원칙은 국경 (무역)정책과 국내 규제 및 조세 정책, 다시 말해서 국내 상품과 수입품 모두에게 적용되어야 하는 조치들에 관하여 WTO 회원국을 구속하는 법적인 의무이다.

관세, 기타 국경조치 및 무차별

수출과 수입에 대한 수량제한조치(QRs)는 GATT 제11조에 의해서 금지되고 보조금도 규제되기(GATT 제16조와 WTO 보조금 및 상계조치협정) 때문에 국내 상품을 위한 보호막으로 오직 관세만 허용된다(GATT 제2조). 관세는 양허 여부에 관계없이 무차별적으로 적용되어야 한다(제1조). 관세는 오직 수입품에만 관련되기 때문에 무차별 의무는 두 개의 수입품 간의 차별을 금지하는 셈이다.

관세양허가 체결되려면 상품을 공통의 언어로 정의해야 한다. 동일한 상품도 서로 다른 방식으로 표현될 수 있고(의자, 좌석, 사무가구 등), 언어 그 자체로 복잡성이 더해진다(영어 chair, 불어 chaise, 이탈리아어 sedia, 독일어 Stuhl, 네덜란드어 stoel 등). 국제상품분류체계(HS: Harmonized System)는 공통 언어의 역할을 한다. 국제상품분류체계는 벨기에 브뤼셀에 본부를 둔 국제기구인 세계관세기구(WCO)에서 고안한 상품 분류 체계이다. 이 분류체계는 여러 국가들이 합의한 방식으로 상품을 규정한다. 상품 설명은 단위(digit)로 표시된다. 단위가 적을수록 상품 범주가 보다 일반적이고(예를 들면, 2단위 번호에서 '자동차'라는 용어를 발견할 수 있다), 단위가 많을수록 상품 범주가 더 구체적이다 (예를 들면, 8단위 번호에서는 '무게 2톤 미만에 1.5리터 이하의 엔진과 공해방지장치를 장착한 승용차'와 같은 것을 찾을 수 있다).

WTO는 관세양허표를 분류체계의 6단위까지 규정하기 때문에, 국제상품분류체계는 WTO가 작동하는 데에 있어서 중요한 역할을 한다. 많은 WTO 회원국들은 상품분류체계를 수립하는 국제조약에 공식적으로 가입하지 않았지만, 사실상 모든 WTO 회원국은 6단위 분류체계를 따르고 있다. WTO 회원국은 6단위 이상으로 자유롭게 관세 품목분류표와 WTO 관세양허표를 짤 수 있다. 이와 관련하여 통일상품분류체계에 관한 국제협약(HS Convention) 제3조 3항은 다음과 같다. "이 조의 어느 규정도 체약당사국이 그 나라의 관세 또는 통계 분류표상에 국제상품분류체계의 수준을 초과하여 품목세분류를 행하는 것을 방해하지 아니한다. 다만, 동 세분류가 이 협약 부속서에 규정된 6단위번호 수준을 초과하여 부가되고 부호화되는 경우에 한하여 그러하다."

WTO 회원국은 단위를 늘려서(품목을 세분함으로써) 높은 수준의 관세양허를 회피할 수 없다. 이처럼 보다 세분화된 관세는 6단위 혹은 그 이하 단위의 최고 관세보다 높아서는 안 된다. 미국의 관세양허표에 나타난 한 예를 통해 이 부분을 설명할 수 있다. 상품분류체계 제87장은 "철도차량 이외의 차량과 부품 및 그 부대용품"이라는 제목을 달고 있다. 코드 제8708호의 제목은 "코드 8701호부터 8705호까지 해당되는 자동차의 부품과 부대용품"이다 (이 두 범주는 트랙터, 10명 혹은 그 이상의 사람을 운송하는 자동차, 주로 사람의 운송을 위한 승용차에 해당한다). 코드 8708.10호는 '범퍼와 그 부품'으로 되어 있고, 코드 8708.10.60호는 '범퍼'로 표기된다. 미국은 분류체계의 제87장에 있는 8단위 코드 품목의 관세를 2.7퍼센트로 설정했다. 이 말은 10단위 혹은 12단위 수준의 품목에 부과되는 관세는 최대 2.7퍼센트를 초과할 수 없다는 뜻이다.

세계관세기구의 상품분류체계위원회는 기술과 국제무역 양상의 변화를 고려하여 정기적으로 분류체계를 검토하고 그 개정을 권고한다. 최초의 개정은 1992년 1월 1일에 발효되었고 (HS1992), 보다 큰 폭의 개정은 1996년 1월 1일부터 이뤄졌다 (HS1996).^{**} WTO의 관세양허위원회는 간소할 절차를 수립하여 위와 같은 개정사항뿐 아니라 장차 GATT상의 양허에 따른 분류체계의 변경사항도 이행했다 (GATT Doc. BISD 39S/300). 이는 과거의 모든 양허를 재정리하는 데 드는 행정비용을 줄이기 위해서 필요했다.²⁾

WTO 회원국은 자국 상품이 차별 대우를 받고 있다고 주장하려면 그 상품의 원산지를 규정할 필요가 있다. 최혜국대우는 WTO 회원국에 원산지를 둔 상품에 대해 적용되지만, 비회원국을 원산지로 하는 상품에는 해당되지 않기 때문이다. WTO협정은 원산지를 부여하는 통일된 표준을 포함하고 있지 않다. WTO 회원국은 원산지 부여를 위한 독자적인 표준을 선택할 수 있다. 하지만 그 원산지 표준을 국내 상품과 수입 상품 간에 무차별적으로 적용해야 한다.

관세에 있어서 무차별은 다양한 원산지(어떤 회원국이든지)의 상품을 동일한 방식으로 대우해야 할 의무(GATT 제1조)에 가깝다. 즉 회원국 본국이 외국산 자동차에게 부과하는 관세상의 대우는 제3국산 자동차에 대한 대우와 똑같아야 한다.³⁾ 본국이 외국과 제3국의 두 자동차를 동일하게 대우할 의무가 있는지의 물음에 답하기 위하여, GATT는 외국산 자동차와 제3국산 자동차 간의 비교 가능성이 먼저 설정될 것을 요구한

**   역자 주) 이후 국제상품분류체계는 2002년(HS2002), 2007년(HS2007), 2012년(HS2012), 2017년(HS2017), 그리고 2022년(HS2022)에도 개정되었다.

다. 이로부터 '유사성(likeness)'이라는 관념이 개입된다.

유사성은 결코 저절로 해석되는 용어가 아니다. GATT/WTO 법체계는 다양한 기준을 활용하여 유사성을 판정하지만 관세 분류가 가장 지배적인 기준이다. 이 때문에 회원국들은 '관세 분류'를 충분히 상세하게 만들 필요가 있다. 경험상 6단위의 관세 분류로 충분한 듯하다. WTO 회원국들은 재량껏 대체 상품 간에 관세를 구분하기 때문에 대체 상품들이 서로 다른 관세 품목에 놓일 정도다. 이에 관련된 수많은 판례법이 존재하지만,[4] 관세 분류를 유사성 판단의 지배적 기준으로 가장 설득력 있게 인정한 것은 일본-SPF규격목재사건(Japan-SPF Dimension Lumber)에 대한 패널 보고서다.

어느 한 체약국이 자국 상품을 수입하는 다른 체약국의 관세 대우에 관하여 유사성 문제를 제기할 경우, 그 주장은 수입국의 관세 분류에 근거해야 한다.

이점에 대해 패널은 규격 목재에 대한 캐나다의 정의는 일본의 관세 분류와는 무관한 개념이며 국제적으로 수용되는 그 어떤 관세 분류에도 속하지 않는다고 지적했다. 그러므로 패널은 캐나다의 규격 목재 개념은 GATT 제1조1항에서 말하는 동종 상품을 구성하는 적합한 근거가 되지 않는다고 결론 내렸다.

(§§ 5.11-5.12)

GATT 제1조는 '법률상' 차별이나 '사실상' 차별을 명시적으로 언급하지 않는다. 상소기구는 캐나다-자동차사건(Canada-

Autos)에 관한 보고서에서 이 문제를 명확히 했다. 상소기구
는 GATT 제1조 1항이 법률상의 차별뿐만 아니라 사실상의
차별도 포괄하고 있음을 확인했다. GATT 제1조에 대한 위반
이 성립하기 위해서 실제적인 무역 효과를 보여줄 필요가 없
다. WTO 회원국이 일부 회원국만을 위하여 더 우호적인 경쟁
의 '기회'를 제공하는 것만으로 충분히 GATT 제1조의 위반이
성립한다.[5]

또한, GATT 제1조의 문구는 WTO 회원국은 비회원국산 수
입품을 회원국산 수입품보다 우대해서는 안 된다는 점을 분
명히 하고 있다. 달리 말해서, WTO 회원국산 수입품은 원칙
적으로 가장 좋은 대우를 받게 될 것이다. 이로부터 최혜국대
우 조항이 유래한다. 최혜국대우는 관세와 기타 모든 수입 관
련 조치에 적용될 경우 무차별원칙을 의미한다. 물론 국가들
은 국경에서 관세 이외의 조치를 적용할 수도 있다. GATT 제
2조에 관한 양해는 '통상적인 관세'와 '기타 관세 및 과징금'을
구별하고 가능하면 두 범주의 관세가 모두 양허되어야 한다고
규정하고 있다 (관세양허의 정도는 법적인 의무가 아니라 협
상의 문제이기 때문에).[6] 게다가 기타 국경 관행과 조치도 수
입품에 영향을 미칠 수 있는데, 상품이 국경에서 소비하는 시
간과 검역 등이 그렇다.

최혜국대우 의무는 상품의 수입과 수출에 관련된 모든 이점
에 해당된다. '이점'이라는 용어는 GATT/WTO 판례법에서
매우 포괄적으로 해석된다 (AB, EC-Bananas III). 최혜국대

우 의무 때문에 WTO 회원국은 어떤 이점이든지 모든 WTO 회원국에게 '즉시' '무조건적으로' 확대 적용할 수밖에 없다.

수량제한조치

수입 또는 수출에 대한 수량제한조치(QRs)는 그 자체로 불법이다. 심지어 무차별적인 수량제한조치도 GATT 제11조 위반인데, 동 조항에는 차별 여부를 판단하는 기준이 들어있지 않기 때문이다. '수량제한'이라는 용어는 그 의미가 자명하지 않다. GATT는 제11조의 적용 범위에서 관세와 조세를 제외함으로써 약간의 명확성을 기하고 있다. 국경에서 집행되는 국내 조치들도 제외된다 (GATT 제3조 해석지침). 예를 들어, 석면 함유 물질의 판매를 금지하는 조치에 대하여 제소할 경우 GATT 제11조가 아니라 제3조에 따라서 판정된다. 관행에 따르면(즉 사우디아라비아 가입의정서), 생산 쿼터도 GATT 제11조에 의거한 제소의 대상이 아니다.

GATT는 쿼터, 수출입 허가 또는 '기타 조치'를 통해서 실행되든지 상관없이 수량제한을 불법화하고 있다. '쿼터'는 수치화된 목표치를 설정해야 하고, '허가'는 문서로 발급되어야 한다. 하지만 '기타 조치'는 해석하기 쉽지 않다. 문제는 그 조치에 사실상의 수량제한 사례가 포함되느냐, 또 만약 그럴 경우, 그 경계는 어디까지냐. 일본-반도체사건(Japan-Semiconductors)에 대한 GATT 패널 보고서에 의하면, 정부가 민간 당사자에게 인센티브를 제공하여 GATT 제11조에 반하여 행동하도록 했다면, 그러한 행위는 GATT 규범을 위반한 것이다. 반도체 사건에서 일본 회사들은 가격을 인상했고(그로 인해 수출이 감소되었다), 그 원인은 일본정부가 제공한 인센티브(행정지도 및 비용과 가격에 대한 모니터링)에 있었다.

이 패널 보고서는 두 가지 점에서 중요하다. 첫째, 엄밀하게 쿼터라고 말하지 않는 조치라도 무역을 축소하는 효과를 낳으면 GATT 제11조가 적용된다. 둘째, 정부 조치가 민간 당사자들에게 구체적인 행위를 요구하지는 않지만 그렇게 하도록 인센티브를 제공하는 경우에도 GATT 제11조의 적용을 받을 수 있다. 이 보고서는 GATT 제11조의 해석을 다루는 모든 후속 패널 보고서에서 인용되었다. 심지어 민간의 행위라도 그것이 정부에 의해서 '유발'된 것이면 GATT 제11조 상의 금지 대상이 될 수 있다. 정부의 책임 여부를 판단하는 기준은 꽤 낮은 편으로 동기 유발만으로 족하다. 말하자면, 정부 조치가 그 자체로 무역제한적이지 않은 경우에는, 회원국들은 그 조치로 인하여 민간 당사자들이 직간접적으로 무역을 제한할 수도 있을 가능성을 배제할 의무는 없다(아르헨티나-원피가죽사건, Argentina-Hides and Leather에 관한 패널 보고서). 사실상의 쿼터라는 주장이 법적으로 인정받으려면, 원고는 문제의 조치와 무역 (감소) 수준 간의 인과관계를 증명해야 한다.

무역원활화

WTO는 세관 통관 절차에 관련된 구체적인 규정들을 많이 포함하고 있다. 즉 통관 중인 상품의 대우에 관한 GATT 제5조, 상품의 평가에 관한 GATT 제7조 및 우루과이라운드 관세평가협정, 수수료와 절차에 관한 GATT 제8조, 국가의 무역규제의 투명성을 요구하는 GATT 제10조, 선적전검사협정(PSI: Agreement on Pre-shipment Inspection),[7] 수입허가절차협정(Agreement of Import Licensing Procedures), 원산지규정협정(Agreement on Rules of Origin) 등이다. 이 협정들은 상품이 국경을 넘어갈 때 어떤 대우를 받아야 하는지에 관한 규칙과 규범을 규정한다. 그리고 무역업자들이 그들에게 요구되는 바를 알 수 있도록 정부가 투명성과 정보 제공에 관련하여 지켜야 하는 규범을 수립한다. 또한, WTO 회원국들이 공통의 절차를 채택하도록 유도하는 수단이기도 하다. 관세평가협정(Customs Valuation Agreement)은 관세 징수를 목적으로 상품을 평가할 때 적용되어야 하는 원칙들을 제시한다. 반면 원산지규정협정은 WTO 회원국들이 최혜국대우에 기초하여 무역을 할 때 사용하는 규칙들의 통일성을 기하기 위한 것이다 (즉 특혜무역협정에서 적용되는 규칙을 제외하고 있다). 이들 협정 모두가 성공을 거두지는 못했다. 통일성 개선 프로그램의 추진을 맡은 기술위원회에서 (그 사무국의 역할을 하는 세계관세기구의 도움을 받으면서) 거의 20

년 동안 논의했음에도 불구하고, WTO 원산지규정위원회는 아직도 공통의 원산지 규칙에 합의하지 못하고 있다.

이러한 규정들은 2013년에 무역원활화협정(TFA)으로 보완되었다. 무역원활화협정은 관세평가협정과 기타 협정(즉 반덤핑협정과 보조금 및 상계조치협정)의 선례를 따라 하나 혹은 그 이상의 GATT 조항 — 이 경우에는 GATT 제5조, 제8조, 제10조 — 에서 다뤄지는 문제에 관한 규범을 확대 적용했다. 무역원활화협정은 세 부분으로 구성되어 있다. 제1절(Section I)은 실질적인 규율을 제시하고, 제2절(Section II)은 특별차등대우(SDT: special and differential treatment) 규정을 명시하고, 개발도상국들이 규율을 시행할 때 취할 접근법을 정의하고 있으며, 제3절(Section III)은 제도적 장치를 다루고 있다.

무역원활화협정 제1절은 정보의 공표에 관한 규정을 포함한다. 여기에는 규제안에 대한 의견 제출 기회의 제공, 무역업자들의 요청 시 사전판정 제공, 결정의 불복 및 재심, 수수료와 과징금, 상품의 반출 및 통관, 도착 전 처리, 전자 납부 장려, 리스크 관리체계, 상품 반출과 최종 납부금의 분리, 통관 후 회계 심사의 이용, 리스크 관련 기준과 법령 준수 기록에 근거하여 '인가된 운영자'를 위한 추가적인 원활화 조치, 항공기 선적 등 속성 반출과 그 요건에 관한 절차, 부패성 상품의 반출 요건 등이 해당된다. 또한, 무역원활화협정은 회원국들의 공동 행동을 촉구하는 조항도 담고 있는데, 국경당국 간 협력, 상품의 초국경 이동에 관련된 서류 요건, 통과의 자유 및 보다 일반적인 세관 협력 등이다. 무역원활화협정에는 개발도상국의 의무조치 이행을 돕기 위한 혁신적인 조치도 들어있는데, 이에 대해서는 제6장에서 논의한다.

국내 조치: 내국민대우

내국민대우 의무가 필요한 이유는 모든 국내 정책(수단)은 WTO 회원국이 일방적으로 입안하고 수립하는 데다, 그로 인하여 관세양허를 무효화할 여지가 크게 남아있기 때문이다. 이러한 여지를 줄이기 위해 국내 상품과 일단 해당 시장에 진입한 외국 상품 간에 차별하지 못하도록 하는 의무로써 관세양허를 보완하고 있다. GATT 제3조의 목적은 국내 정책을 차별적으로 적용할 때 발생하는 '양허 침식(concession erosion)'을 막는 것이다. 그것은 교역 참가국들이 가까스로 (그리고 대가를 지불하고) 얻은 양허의 가치를 보호하기 위해 필요로 하는 보험인 셈이다.

이와 같이 내국민대우는 관세양허를 회피할 목적으로 국내 정책수단을 기회주의적으로 (보호주의적으로) 사용하지 못하게 하는 방어막이다. 과세의 경우, '미세 조정'된 조세정책 수단이 정부에게 더 많이 허용될수록, 정부가 근린궁핍화 정책을 추구할 유혹도 더 커진다. 만약 모든 (동종) 국내 상품이 수입품에 부과되는 세금보다 더 높은 세금을 내야 한다면, 과세는 보호의 수단으로서 매력이 떨어진다.[8] 제2차 일본-알코올음료사건(Japan-Alcoholic Beverages II)에 대한 상소기구 보고서(p. 16)는 다음과 같이 지적하고 있다.

GATT 제3조의 일반적이고 기본적인 목적은 국내 과세 및 규제 조치를 적용할 때 보호주의를 피하는 것이다. 더 구체적으로 말하면, 제3조는 "국내 조치가 국내 생산을 보호할 목적으로 수입품이나 국산품에게 적용되지 않도록 하려는 것"이다. 이러한 방향에서 제3조는 국내 상품과 수입 상품에게 동등한 경쟁 환경을 제공할 의무를 WTO 회원국에게 부여하고 있다.

이로부터 난해한 법률용어가 뒤따르는데, 곧 국내 상품에 이롭도록 차별하지 않을 의무는 일방적인 수단을 활용하여 국내 상품을 '보호'하지 않을 의무가 된다. 하지만 '보호'라는 용어는 서로 다르게 해석될 수 있다. 현재로서는 보호에 대한 명확한 정의는 없다. 판례법은 보호의 의미를 제시하려고 지금까지 애써왔다.

내국민대우 의무의 범위

내국민대우 의무는 양허된 관세와 양허되지 않은 관세 모두에게 적용된다. GATT 제3조의 문구는 이 점을 분명하게 다루지 않고 있지만, 상소기구는 제2차 일본-알코올음료사건에 대한 보고서에서 그에 관한 모든 의문을 제거했다. "제3조의 내국민대우 의무는 국내 생산의 보호를 목적으로 하는 국내 과세 및 기타 국내 규제조치의 사용을 일반적으로 금지하고 있다. 이 의무는 제2조에서 양허되지 않은 상품에도 적용된다."

GATT 제3조는 상품에 대한 직접세(2항)뿐 아니라 간접세 및 비재정적 조치(4항)도 포괄한다. 상품에 대한 재정적 조치는 해당 상품의 가격을 변경함으로써 교역에 영향을 미친다. 이 때문에 GATT 제3조 2항(재정적 조치에 관한 규정)에는 "교역에 영향을 미치는"이라는 문구가 없고 동 조항의 4항(비재정적 조치에 관한 규정)에 그 문구가 들어있다. 상품의 자유이동에 관한 EU 규칙은 상품의 자유 이동에 미치는 영향이 미미하거나 고의적이지 않은 행위를 처벌하지 않는 방향으로 적용 범위가 축소되고 있다. 그와 달리, WTO 재판기관은 "영향을 미치는"이라는 단어를 매우 폭넓게 해석한다. 지금까지 GATT 제3조를 둘러싼 소송에서 "영향을 미치는"이라는 기준을 충족하지 못한 사건은 하나도 없었다.

두 가지의 정책조치, 즉 보조금과 정부조달은 GATT 제3조 8항에 의거하여 내국민대우 의무에서 명확히 면제된다. 보조금 문제는 별도의 다자협정인 WTO 보조금 및 상계조치협정(SCM)에서 규율하고 있다. 이 협정은 정부가 특정 주체에게 혜택을 제공하는 조치들로 정의된다. 이어서 동 협정은 보조금을 조치가능 보조금과 금지 보조금으로 구분한다. 후자에는 명백한 수출보조금이 해당된다 (SCM 제4조). 조치가능 보조금은 자동적으로 정의되는데, 정부가 관여하여 특정 주체에게 혜택을 부여하지만 금지 보조금이 아닌 조치를 말한다.

보조금의 분류는 중요한 법률적 효과를 수반한다. 금지 보조금과 조치가능 보조금에 대한 방어 수단은 서로 중복된다. 수입하는 WTO 회원국은 보조금의 양만큼 상계관세(CVDs)를 일방적으로 (이에 관한 SCM 규범에 따라) 부과할 수 있다. 차이점도 존재한다. WTO 회원국은 보조금을 지급하는 회원국에게 금지 보조금을 철회하도록 또는 조치가능 보조금을 철회/수정하도록 요구할 수 있다. 이를 준수하지 않으면, 피해를 입은 회원국은 보조금을 지급하는 국가를 상대로 보조금 액수만큼(금지 보조금의 경우에) 또는 피해 액수만큼(조치가능 보조금의 경우에) 보복 조치를 취할 수 있다.

피해란 '동종'(즉 동일한 상품 시장에서 경쟁하는) 상품을 생산하는 생산자에게 발생한 손해로 정의된다. 피해를 경쟁자들의 관점에서 정의함으로써 보조금 및 상계조치협정은 보조금의 후생적 의미에 대한 문제제기를 배제하고 있다. 즉 보조금을 지급하는 정부의 목적이 무엇인지, 목적 달성을 위해 보조금이 효과가 있는지 등은 상관하지 않는다.

조달은 내국민대우 의무의 대상에서 제외되어 있다. 그 사실은 WTO 회원국의 정부기관이 재판매용이 아닌 물품을 구매할 때 국내 공급업체를 우대할 수 있다는 것을 뜻한다. 정부조달 시장의 중요성 측면에서, 또 많은 WTO 회원국들이 조달 관련 재량권에 대한 제한을 꺼린다는 점을 감안하여 일부 WTO 회원국들은 복수국 간 협정(즉 서명국만을 구속함)

을 체결했다. 그 협정을 통해서 이들은 각자의 양허표에 기재된 기관들의 모든 구매에 대한 내국민대우 의무를 다시 도입했다 (제4장 참조).

내국민대우 위반의 성립

GATT 제3조 2항(재정적)과 4항(기타 국내 정책)에서 문구가 서로 다른 점을 볼 때, 두 조항 중 어느 하나의 대상이 되는 조치들의 적법성을 판단하는 기준도 달라야 한다. 그러나 GATT 제3조 1항은, 재정적인 조치든 혹은 비재정적인 조치든 '상관없이', 국내 법규를 보호주의적인 용도로 사용하지 못하도록 하고 있다는 법률학적 견해가 부상하고 있다.

내국민대우 의무는 이중 비교를 요한다. 외국 상품에 대한 대우는 국내의 동종 상품에 부여된 대우보다 불리해서는 안 된다(내국민대우 시각). 그리고 어느 한 외국 상품에게 부여된 국내 조치상의 최혜국대우는 즉각적이고 무조건적으로 모든 동종의 외국 상품에게 부여되어야 한다(최혜국대우 시각). 결과적으로, 국내 상품에 부여된 대우는 모든 동종의 외국 상품에도 부여되어야 한다. GATT 제3조의 위반이 발생하기 위해서는 국내의 경쟁(동종) 상품을 보호하기 위해 WTO 회원국이 규제 수단을 통해 개입했다는 사실이 성립되어야 한다. 따라서 원고는 해당 상품(국내-외국)이 '동종'이라는 점, 그리고 문제의 조치가 국내 상품을 더 이롭게 대우하고 있다는 점을

WTO 재판기관에게 설득시켜야 한다.

GATT/WTO 판례법이 상품의 유사성을 결정하는 요인으로 적시하는 사항은 (i) 수요 측면의 요인이 관련될 것, (ii) 계량경제학적 혹은 기타 지표가 사용될 수 있을 것, (iii) 모든 동종상품은 직접적으로 경쟁 내지 대체 관계에 있을 것 등이다.[9] GATT 시대에 중요한 사례는 국경세조정사건(Border Tax Adjustments)이었다.[10] 그 사건에서 한 작업반 보고서는 유사성의 판단기준, 즉 상품이 직접적인 경쟁 또는 대체 관계에 있는지 여부를 정의했다 (§18). 일부 기준은 상품의 유사성 여부를 사안별로 결정하기 위해 제시되었는데, 해당 시장에서 그 상품의 최종 용도, 국가마다 다른 소비자의 기호와 습성, 그 상품의 속성·본질·품질 등이다.

제2차 일본-알코올음료사건 및 한국-알코올음료사건(Korea-Alcoholic Beverages)에 대한 상소기구 보고서는 유사성 성립 기준으로 공급 측면의 요인을 배제했다. 동 보고서들은 해당 기준을 시장에서의 수요 측면에 국한시키고 있다. 첫 번째 보고서는 유사성을 결정할 때 가격탄력성 같은 경제적 기준을 적용하려고 시도했다. 두 번째 보고서는 물리적 특성, 소비자 선호, 최종 용도 등의 다른 기준들을 사용하도록 원고들에게 허용했다. 유럽공동체-석면사건(EC-Asbestos)에서 상소기구는 '합리적인 소비자'라는 기준을 임묵석으로 채택하고, 석면이 건강에 끼치는 위험성을 아는 소비자라면 석면이 포함된 상품보다는 석면이 없는 건축자재를 선호할 것이라고 주장했다. 그 의미는 이러한 추정을 증명하기 위해 시장에서 증거를 찾을 필요가 없다는 것이었다 (§117).

경제적 시각에서 보면, 수요 측면의 특성만을 눈여겨보는 것은 큰 의미가 없다. 상품이 비슷해지려면, 직접적인 경쟁 혹은 대체 관계에 있는 두 상품이 공유하는 것 이상으로 몇몇 속성을 공통적으로 지니고 있어야 한다. 지금까지 WTO 판례법은 한 가지의 추가 속성을 제시했는데, 바로 관세 분류였다 (제2차 일본-알코올음료사건에 대한 상소기구 보고서). 동일한 국제상품분류체계에 속하면서 직접적인 경쟁 혹은 대체 관계에 있는 두 상품은 유사한 상품으로 간주된다. 최근 필리핀-증류주사건(Philippines-Distilled Spirits)에서 상소기구는, 비록 동일한 관세 분류 코드를 공유하지 않더라도, '치열한 경쟁' 관계에 있는 상품은 동종 상품으로 여전히 간주될 수 있다고 주장했다 (§§ 236ff.).

유럽공동체-석면사건에서 상소기구는 국경세조정사건에 관한 GATT 작업반 보고서에서 언급된 네 가지의 유사성 평가 기준(물리적 속성, 최종 용도, 소비자 인식, 관세 분류)은 서로 연결되어 있기 때문에 패널이 종합적으로 검토해야 하는 수단들에 불과하다는 입장을 취했다. 말하자면, 패널은 제출된 모든 관련 증거를 검토해야 한다. 이 증거는 특정 상품의 유사성을 그때그때 사안별로 분석하기 위한 틀이 된다 (동보고서의 § 102). 동 보고서의 주장에 의하면, 상품이 공통의 물리적 속성을 공유하는 정도는 '유사성'의 유용한 지표가 될 수 있기 때문에 물리적 속성은 별도로 검토되어야 한다. 이 사건에서 상소기구는 석면이 포함된 건축자재와 석면을 포함하지 않은 건축자재는 GATT 제3조 4항의 취지에 따른 동종 상품이 아니라고 보았다. 이와 같이 상소기구는 '물리적 특성' 기준을 매우 중요시했다.

보호 목적의 규제

어떤 조치가 내국민대우 위반이 되기 위한 핵심 조건은 그 조치가 보호를 제공하는 효과를 갖는 것이다. 이 부분은 GATT/WTO 법체계에서 가장 약한 영역 중 하나다. 보호란 무엇인지 명확한 정의가 존재하지 않기 때문이다. 많은 사법기관들(보다 최근에는 입법기관들)은 보호가 규제를 통해 실제로 부여되었는지 판단하기 위해 간접지표를 사용한다. 그러나 이 분야에 관한 WTO 판례법은 모호하다.

재정정책과 관련하여, GATT 제3조 2항은 (i) 동종의 국내 상품에 부과되는 내국세를 초과하는 세금을 외국 상품에 부과하면 안 되고, (ii) 직접적으로 경쟁 혹은 대체 관계에 있는 국내 상품을 보호하려는 방식으로 외국 상품에 세금을 부과해서도 안 된다. 앞 (i)에서 핵심 단어는 초과(in excess)라는 부분이다. 판례법에서 초과의 의미는 과세에 있어서 순수한 산술적 차이를 뜻할 뿐 차이의 크기와 무관하다 (물론 위반이 성립하려면 더욱 무거운 조세가 외국 상품에게 부과되어야 한다).

(ii)의 요건이 위반되기 위해서 조세 격차가 최소 허용치 이상이어야 한다 (이것도 사안에 따라 그때그때 결정된다).

비재정적 조치의 경우, GATT 제3조 4항은 국내 동종 상품에게 부여하는 대우보다 외국 상품을 불리하게 대우하지 않을 의무를 부과하고 있다. 어떤 규제가 보호주의적인 방식으로 운용되고 있는지 입증하기 위해서 원고 측이 보호의 효과 내지 보호의 의도를 보여줄 필요가 없다. 이처럼 차별적 조세제도가 시장에 미치는 효과가 미미하기 때문에 내국민대우를 위반하지 않았다는 주장은 GATT 제3조에 대한 위반의 성립 요건으로서는 중요하지 않다.

요컨대, 규제를 통한 개입이 보호를 제공하기 위한 것인지 결정함에 있어서 무역 효과나 규제 의도는 중요하지 않다. 이러한 '사법 적극주의(judicial activism)'는 보장되지는 않는다. 왜냐하면 재판관들은 WTO 회원국의 규제 의도에 대한 심리라는 '가장 중요한 부분'뿐만 아니라 '보호주의 의도', 곧 무역 효과를 보여주는 간접지표마저(비록 불완전하지만) 스스로 포기했기 때문이다. 그런 상황에서 참인 가설을 기각시키는 제1종 오류(type I error)가 발생하는 것도 놀랍지 않다.

한 예는 알코올 성분 35도 미만 음료, 35도와 39도 사이의 음료, 그리고 알코올 성분 39도 이상 음료 등 세 종류로 알코올음료를 구별하는 칠레의 법률에 관련된 사건이다. 첫 번째 종류의 음료 상품에는 27퍼센트의 종가세(ad valorem)를 부과했지만, 세 번째 종류의 음료 상품에는 47퍼센트의 종가세를 부과했다. 원고 측은 알코올 성분이 39도를 약간 넘는 일부 수입 상품은 35도 미만의 칠레 상품과 거의 마찬가지이며, 또 조세 차이는 칠레 상품을 보호하기 위한 수단이라고 주장했다. 칠레는 해당 상품의 대다수는 국내산이어서 아무런 보호 효과가 발생하지 않는다고 응답했다 (§ 58). 칠레-알코올음료 사건(Chile-Alcoholic Beverages)에 대한 상소기구 보고서는 실체적 발견에 동의하면서도 그 타당성은 인정하지 않았다.

> 그러나 신조세체계(New Chilean System)가 보호주의 적으로 적용되고 있음을 드러내주는 여타 요인들보다 위와 같은 사실이 그 자체로 더 중요하지는 않다. 특정한 과세 범주 안에서 국내 상품 대 수입 상품의 상대적 비중은 1994년도 GATT 제3조 2항 두번째 문장에 입각하여 칠레 조세체계의 전체적 효과를 적절하게 판단하는 데에 있어 결정적인 기준은 아니다. 앞서 지적한 바와 같이, 이 규정은 국내 상품에 대해 직접적인 경쟁 혹은 대체 관계에 있는 '모든' 수입 상품에 동등한 경쟁 여건을 제공하는 것이다. 칠레가 주장하는 것처럼 단순히 특정 과세 범주에 들어있는 수입 상품만을 대상으로 하는 것은 아니다. 패널이 파악한 신칠레조세체계의 누적 효과에 따르면, 국내에서 생산되는 문제의 증류주 중 약 75퍼센트는 낮은 세율을 적용받고, 직접적인 경쟁 혹은 대체 관계에 있는 수입 상품의 약 95퍼센트는 더 높은 세율을 적용받는다. (§ 67: 따옴표로 강조표시는 원문)

결과적으로 칠레는 GATT 제20조(예외 규정)에 의거하여 자신의 정책을 변호할 것을 요청받았다. 칠레는 그렇게 하지 않기로 결정하고, 결국 신조세체계를 다자 규칙에 부합하는 방향으로 개정해야 했다. GATT 제20조(아래에서 논의되는)를 동원하는 것이 만병통치약은 아니다. 입증 책임이 규제 시행 국가에게 돌아가기 때문이다. 다른 한편, GATT/WTO 판례법은 GATT 제20조의 예외 목록은 추가의 여지가 없는 총목록이라고 일관되게 해석해왔다. 따라서 규제상의 구별이 그 목록에서 언급된 예외가 아닌 다른 이유에 근거한 경우에는(예를 들면, 사치세), 비록 보호주의적인 의도나 효과를 수반하지 않는다 해도, 불법이 될 위험이 있다.

칠레 사건에서 상소기구가 내린 결론은 제3조의 해석을 재고할 필요가 있음을 보여준다. 내국민대우 의무는 원래 '무차별'의 수단으로 고안된 것이지 '탈규제'의 수단으로 고안된 것은 아니다. 그러나 그러한 일들이 종종 빚어질 것이다. 왜냐하면 사치세의 예에서처럼 GATT 제3조에 대한 지배적인 해석을 따를 것이기 때문이다. WTO 재판기관들도 이러한 상황에 몰리게 되었는데, 그들의 초점은 GATT 제3조의 총체적인 기능인 보호주의에 대한 투쟁에 맞춰져 있지 않았기 때문이다. 보호는 때로는 상당히 명확하지만 또 때로는 포착하기 어려운 개념이다. 그러나 WTO 재판기관들의 신뢰성은 그들의 결정에 어느 정도의 일관성이 있느냐에 의해 주로 판단될 것이다. 그러한 일관성의 핵심 요소는 보호의 의미에 관한 일종의 이론 내지 이해이다. 이것은 정확히 지금까지의 판례법에서 누락되어 있는 부분이다.

'신세대' WTO협정들 — 무역기술장벽협정(TBT), 위생 및 식물위생조치협정(SPS) — 은 이 점에서 문제가 덜하다. 이 협정들은 무차별 의무에 관하여 보다 정교한 이해를 바탕으로 하고 있다. 어떤 국내 규제에는 GATT 제3조, 무역기술장벽협정 그리고/또는 위생 및 식물위생조치협정 등이 동시에 적용될 수 있다. 이런 일이 벌어지면, 위생 및 식물위생조치협정이 우선 적용된다. 그 이유는 무역기술장벽협정 제1조 5항은 위생 및 식물위생조치협정이 무역기술장벽협정에 우선한다고 규정하고, 또 유럽공동체-석면사건의 판례는 무역기술장벽협정이 GATT보다 우선한다고 판시했기 때문이다.

무역기술장벽협정에 따르면, WTO 회원국은 기술규제나 기술표준(무역기술장벽협정에 정의되어 있는)을 시행할 때 내국민대우 의무를 존중해야 하고(무역기술장벽협정 제2조 4항에 따라 준수되어야 하는 관련 국제표준이 존재하지 않는다는 가정에서), 나아가 자국의 법이 규제상의 목적을 달성하는 데에 '필요'하다는 점을 확실히 해야 한다. 여기에서 필요성이란 WTO 회원국들은 자신이 적절하다고 판단하는 목적을 자유롭게 추구할 수는 있지만, 동시에 그 과정에서 국제무역에 끼치는 부정적인 영향을 최소화할 수 있는 수단을 선택해야 함을 뜻한다. 필요성은 WTO 회원국들이 자신의 목적을 설정할 때 사회적 요구를 실현하기 위한 최선의 수단을 항상 사용해야 한다는 의무를 회원국들에게 지우는 것은 아니다.

그렇지만 실제로 이런 방향으로 나아가고 있는데, 이 원칙은 국제무역 조치 중 최악의 조치는 사용되지 않을 것이라고 기본적으로 가정하기 때문이다. 이로부터 보호가 정말 의도된 것인지 그리고/또는 실제 제공되었는지를 조사할 때 활용되는 간접 증거로서 필요성 요소가 떠오르고 있다.

무역기술장벽협정은 최근 세 사건(US-Clove Cigarettes, US-Tuna II[Mexico], US-COOL)에서 해석된 바 있다. 이 사건들을 통해서 미국은 무차별 의무를 준수하지 않은 것으로 나타났다. 이와 관련하여 위생 및 식물위생조치협정은 훨씬 더 나아갔다. 이 협정에 따라 WTO 회원국들은 과학적 증거와 위험 평가 절차(만약 그에 관련된 과학적 증거가 존재하지 않는 경우에 한하여, 정부는 소위 '사전예방(pre-cautionary)' 원칙을 발동할 수 있다)에 입각하여 개입해야 하고, 자신의 보건 및 환경 정책에서 일정부분 통일성(SPS 제5조 5항)을 담보해야 한다.

과학과 정책 통일성 요건은 추가적인 간접 지표로서, 허와 실을 구별하는 데 도움을 주고 재판기관들이 잘못된 긍정이나 부정을 최소화하도록 해준다. 물론 그렇다고 해서 '획일적인 해결책'이 마련된 것은 결코 아니다. 그러나 무역기술장벽협정과 위생 및 식물위생조치협정이 시행되었을 때 올바른 방향에서 몇몇 중요한 조치들이 취해졌다. 어떤 조치들을 과학적인 위험 평가에 기초해서 취하도록 요구하기 때문에, 전문 과학자들이 패널에 출석할 것이고 패널은 모순적인 증거를 종종 마주할 것이다. 패널은 분쟁을 판결하는 데 도움을 얻기 위해서 재판부가 임명한 전문가에게 일상적으로 의존해 왔다. EU가 호르몬 처리 쇠고기의 판매에 대해 부과한 금지 조치의 적법성 여부를 둘러싼 분쟁인 미국-양허중지사건(US-Suspended Concession)에서 상소기구는 패널이 전문가를 선발할 때 정당한 절차를 준수해야 한다고 판시했다. 구체적으로 상소기구는 EU가 생각하기에 목적에 부합하지 않는 국제표준을 채택했던 기관에 소속된 두 전문가를 패널이 선정한 것은 잘못이라고 밝혔다.

소결론

지금까지의 논의를 종합하면 다음과 같다. WTO 규범을 준수한다는 것은 수량제한조치 사용의 금지, 관세를 확정할 의무(이 때 의무의 정도는 국내적 요구와 국제협상에 따라 다르며, 관세 확정은 거래비용을 증가시키는 변동성을 막아준다), 두 가지 형식의 보조조치(수출보조금 같은 금전적인 보조, 내국민대우 규정에 의거한 규제적 보조)를 사용하지 않을 의무 등을 뜻한다. 그 외에 WTO 회원국들은 무역정책을 자유롭게 추구할 수 있다. 다만, 동종의 국내 상품과 외국 상품을 차별하지 않는다는 제약이 따른다. 이처럼 범위가 축소된 것은 GATT 창설자들이 좀 더 광범위한 적극적 통합(정책의 수렴)보다는 이른바 '소극적 통합'에 국한된 협력을 원했기 때문이다.

국가비상조치

WTO 회원국은 WTO에서 허용하는 국가비상조치를 원용하거나 양허안을 재협상함으로써 기존의 양허 약속에서 이탈할 수 있다. GATT의 많은 규정들이 기본적인 의무(관세의 양허, 수량제한조치의 금지, 무차별)로부터의 이탈을 허용하고 있다. 우리는 이를 세 범주로 분류한다.

i. '산업적' 비상조치: WTO의 기본적인 의무와 양립하지 않는 조치로서, 수입품에 대해 경쟁관계에 있는 특정 산업을 지원하기 위한 것. 여기에서 초점은 국내 생산자에게만 맞춰져 있다.

ii. '범경제적' 비상조치: 거시경제 문제 또는 공공재(보건, 안전 등)의 공급을 목표로 하는 정책. (i)과 달리, 여기에서 일차적 목적은 사회 전반의 후생 개선에 있다.

iii. '제도적' 비상조치: 각 회원국 특유의 이슈를 해결하거나 무역체제 전반의 기능을 보호하기 위한 조치.

산업(국가비상조치)

우리는 '산업적' 비상조치를 다섯 가지의 법적 수단으로 세분한다. 즉 반덤핑, 상계조치, 긴급수입제한, 유치산업 보호, 관세 재협상 등이다. 앞의 세 조치는 문헌에서 '비상 보호' 수단으로 보통 언급된다. 왜냐하면 보호란 특정한 비상사태(각각

덤핑, 보조금 지급, 또는 수입 증가)가 발생할 때 비로소 작동되기 때문이다. 다른 한편, 유치산업 보호는 WTO 회원국이 어느 특정 산업 부문을 개발하기로 결정할 때 필요한 것으로 '외부적'인 비상사태의 발생에 의존하는 것은 아니다. 관세양 허안에 대한 재협상도 마찬가지다. WTO 회원국은 미리 합의된 기간에 혹은 언제든지 관세 보호의 재조정을 요청할 수 있다. 위 다섯 개의 수단은 모두 기본적으로 국내 생산자의 이익을 보호하기 위한 것이다.

반덤핑

WTO는 덤핑, 즉 수출업자가 국내 혹은 본국 시장가격보다 낮은 가격으로 물품을 수출시장에 판매하는 행위를 금지하지 않는다. 덤핑이 그 자체로 불법은 아니다.[11] WTO 회원국들은 덤핑에 대한 반대 조치를 취할 '권리를 갖고 있으나 그러한 조치를 취할 의무를 지지는 않는다'. 덤핑에 대항하는 조치를 취할 경우에는 'WTO 반덤핑협정'을 준수해야 한다. 이 협정은 반덤핑관세 부과의 적법성에 초점을 맞추고 있다. 즉 이 협정은 반덤핑관세의 사용을 억제하기 위한 것이 아니다.

반덤핑조치는 고소득 국가와 개발도상국을 가릴 것 없이 가장 빈번하게 사용되는 비상 보호 수단이다. 총수입 대비 반덤핑 건수의 비율을 보면, 개발도상국들은 반덤핑조치를 가장 많이 사용하고 있을 뿐만 아니라 반덤핑조치의 주 대상이 되고 있다 (표 3.1). 교역 당사자 입장에서 보면 반덤핑조치 때문에 시장접근 여건에 관련된 불확실성이 증가한다. 반덤핑 관세가 최종적으로 부과되었는지에 상관없이, 덤핑에 대한 조사만으로 수입을 위축시킬 수 있다. 덤핑 조사는 반덤핑조치의 대상이 되는 공급업자와 거래를 끊으라는 신호를 수입업자들에게 보내는 것이다. 지금 중국은 가장 많은 조사를 받고 있고, 여타 개발도상국을 비롯한 많은 국가들에서 최고 수준의 반덤핑관세를 부담할 상황에 처해 있다.

표 3.1 상위 10개 반덤핑조치국(1995~2014년)

조치대상국	건수	비중	조치발동국	건수	비중
중국	1,022	22.1%	인도	715	15.5%
한국	341	7.4%	미국	521	11.3%
대만	258	5.6%	EU	457	9.9%
미국	257	5.6%	브라질	363	7.8%
태국	189	4.1%	아르헨티나	314	6.8%
일본	185	4.0%	호주	278	6.0%
인도	181	3.9%	남아공	228	4.9%
인도네시아	181	3.9%	중국	215	4.6%
러시아	133	2.9%	캐나다	186	4.0%
브라질	122	2.6%	터키	170	3.7%

출처: 세계무역기구(2014년 3월 1일, www.wto.org/english/tratop_e/adp_e/
adp_e.htm에서 자료 다운로드).
주: 1995년부터 2014년 6월까지 세계무역기구에 보고된 전체 조사 건수는 4,627건임

반덤핑조치는 수입경쟁 당사자에게는 약간의 위안이 될 수도 있지만, 수출업자에 의해 심화된 경쟁에 적응하는 데에 별다른 도움을 주지 못한다. 오히려 반덤핑조치는 그러한 적응을 회피할 유인을 만들어낼 수 있다. 비상 보호조치는 보다 일반적인 무역 자유화를 지탱하는 중요한 수단일 수 있다는 주장도 가끔 제기된다. 반덤핑조치 건수가 늘어난 것이 무역체제에 나쁜 것만은 아니라는 시각이다. 예를 들어, 반덤핑조치를 가장 많이 사용하는 인도의 경우를 보자. 반덤핑조치가 급격히 늘어난 기간에 인도는 일반적인 수입 자유화도 단행했다. 그러나 이 사실이 반덤핑은 자유화를 위한 효율적인 수단이라는 뜻은 아니다. 비상 보호조치가 수입경쟁에 적응하는 차원에서 발동된 것이라면, 기업, 노동자, 공동체 등이 시장 상황의 변화에 적응하는 능력을 개선하는 조치를 취하는 것이 더 나은 정책이다. 다른 영역과 마찬가지로, 이 경우에는 무역정책이 아닌 다른 수단을 사용할 필요가 있다.

반덤핑협정은 각국의 집행기관이 따라야 하는 절차 요건을 상세하게 명시하고 있다. 반덤핑관세는 조사를 통해서 덤핑이 발생했고 그로 인해 동종 상품을 제조하는 국내 생산자에게 실질적인 피해가 가해졌다는 사실이 밝혀져야만 부과될 수 있다. 덤핑 마진(dumping margin)은 꼭 실제 가격을 반영할 필요는 없다. 즉 반덤핑협정은 문제의 '덤핑 업자'가 협조하지 않거나 해당 회사의 본국 시장 매출액이 특정 기준치 아래로 떨어진 경우에는 조사 당국이 본국 시장가격(반덤핑

용어로는 정상가치)을 '산정'할 수 있도록 허용하고 있다. 피해의 기준은 오직 직접적인 경쟁자에게 가해진 피해만을 말한다. 일부 국내 법규들은 '공공 이익' 조항을 두어서 조사 당국이 반덤핑조치가 수입품 사용자들에게 어떤 영향을 끼치는지 결정하도록 요구하고 있다. 그러나 이것은 WTO의 요구사항은 아니다.

반덤핑협정은 반덤핑관세의 상한선을 설정하고 있다. 반덤핑관세는 조사 기간에 밝혀진 덤핑 마진을 결코 초과할 수 없다.[12] 반덤핑관세는 5년 이후에는 소멸되어야 한다 (일몰조항 [sunset clause]). 다만, 반덤핑관세를 없애면 덤핑과 손해가 지속되거나 재발할 가능성이 있는 경우에는 일몰조항이 적용되지 않는다.

반덤핑관세는 기업에게 적용된다는 점을 알아두자. 이는 마진이 수출회사 수준에서 계산되기 때문이다. 반덤핑관세는 꼭 세금의 형식을 띨 필요는 없다. 많은 국가들은 덤핑 해법에 대해 해당 수출업자와 협상을 벌인다. 그 협상 결과에 따라 수출업자들은 수출량을 줄이거나 수출시장의 가격을 인상하는 데 동의한다. 그러한 경우에 수출업자들은 협상이 없었더라면 수입국의 국고로 들어갔을 법한 이익의 일부를 차지할 수 있다. 하지만 세금은 전국 단위로 부과된다. 경제적으로 바람직하지는 않지만, 동일 국가에서 들어오는 모든 수출품에 반덤핑관세가 부과될 것이다. 수출업자들은 개별적으로 조사를 받는다. 수출업자의 수가 너무 많으면 표본을 추출하기도 한다. 표본의 수출업자들은 개별적으로 계산된 모든 마진의 가중 평균치를 지불하게 된다. 신규 생산자(반덤핑 용어로 '신규 선적자')들은 그 반덤핑관세를 지불하고 개별적인 조사를 요청할 수 있다.

반덤핑관세는 하나의 통관 조치이지만, 기능적으로 보면 경쟁 법규에서 유래한 것임을 알아두자. 반덤핑관세의 원래 취지는 약탈을 방지하는 것이었다.[13] 실제로 대부분의 분석가들과 종사자들은 과거와 달리 약탈이 더 이상 반덤핑조치의 동기가 아니라는 점에 동의할 것이다. 반덤핑은 단순한 보호주의일 뿐이다. 코닥-후지사건(Kodak-Fuji)의 판례에 의하면 반덤핑에는 GATT 제3조가 적용되지 않는다. 동 판례는 경쟁 법규가 GATT 제3조의 적용범위 안에 놓여있음을 인정했다. WTO 회원국들은 매우 엄격한 반트러스트법('경쟁에 대한 피해')을 통하여 국내적 가격차별에 대처하지만, 국제적 가격차별은 상당히 느슨한 기준('경쟁자에 대한 피해')에 입각하여 접근하고 있다.

상계관세와 보조금

WTO 보조금 및 상계조치협정(SCM)은 보조금의 지급과 상계관세(CVDs)의 부과 요건을 규정하고 있다. 상계관세는 보조금을 받은 수입품에 대해 수입 시에 부과된다. 상계관세의 발동 요건은 보조금이 지급되었고 그 보조금으로 인하여 동종 상품을 생산하는 국내 생산자에게 실질적인 피해가 발생했음이 조사를 통해 밝혀지는 것이다. 상계관세는 5년 후에는 소멸되어야 한다 (일몰조항). 다만, 검토 결과, 상계관세를 없앨 경우에 보조금 지급 행위와 피해가 지속되거나 재발할 가능성이 있다고 판단되는 경우에는 그렇지 않다. 위에서 논의한 대로, 보조금은 GATT 제3조 8항에 따라 내국민대우의 한 예외다.

보조금은 정부가 비용을 부담하면서 특정 수신자에게 혜택을 부여하는 일체의 조치를 말한다. 금지 보조금과 조치가능 보조금으로 구분된다.[14] '금지' 보조금에는 수출보조금(수출되는 상품에 지급하는 보조금)과 '국산부품' 보조금(부가가치의 일부가 국내산일 경우에 지급되는 보조금)이 해당된다. 이 두 종류의 보조금은 불법이다. 어느 패널이 보조금 지급 사실을 적발했을 경우에 보조금을 지급한 회원국은 즉각 보조금을 철회해야 한다. 기타 모든 보조금은 조치가능한 보조금이다.

보조금의 영향을 받은 회원국들은 상계관세를 부과하거나 보조금이 금지된 것인지 아니면 조치가능한 것이지 여부에 대해 다툴 수 있다. 한 회원국이 보조금을 철회하지 않는 경우에, 다른 회원국은 상계관세를 부과하면서 '동시에' 보복조치(분쟁해결양해 제22조상의 보복)를 취할 수는 없다. 상계관세는 즉각적인 '구제'를 제공한다. 즉, 상계관세는 조사 절차가 마무리되는 시점(대개 1년)에 보조금의 효과를 상쇄하기 위해 부과된다. 그러나 보조금에 대응하는 것은 상당히 기나긴 여정이다. 일반적으로 대국들은 보조금을 받은 수입품에 대하여 보조금 수혜 여부를 조사하여 상계관세를 부과하는 것과 보조금 문제를 분쟁해결패널에 제소하는 것 중에서 선택할 수 있다.[15] 소국들은 불리한 위치에 처하는 경향이 있는데, 보조금 때문에 제3의 시장에서 자국의 수출이 더 크게 위축되기 때문이다. 그러한 경우에 소국들은 상계관세라는 무기를 사용할 수 없다. 이 점은 호주, 브라질, 아르헨티나, 뉴질랜드 등 주요 농산물 수출국들이 왜 농산물 보조금에 관한 규율을 협상하는 데에 강조점을 두고 있는지 이유를 설명해준다.

긴급수입제한조치(세이프가드)

WTO 긴급수입제한조치협정(SGA)에 따라, 회원국은 수입의 증가로 인해 국내 생산자에게 심각한 피해가 발생할 때 일시적으로 관세를 인상하거나(따라서 긴급수입제한조치는 GATT 제2조상 관세양허표에 대한 예외이다), 수량제한조치를 실시하며(이 점에서 긴급수입제한조치는 GATT 제11조에 대한 예외이다), 또는 관세 할당(TRQ)을 부과할 수 있다. 무역협정에 긴급수입제한조치 규정을 둠으로써 자유화 협상을 원활하게 만들 수 있다. 왜냐하면 어떤 산업이 수입 경쟁이 심화되는 상황에 제대로 적응하지 못할 경우, 정부가 임시로 보호조치를 내릴 수 있다는 일종의 보험을 국가들에게 제공하기 때문이다.

긴급수입제한조치는 4년 이상의 기간 동안 부과될 수 없고 단 한 차례 동일한 기간만큼 갱신될 수 있다. 부과된 모든 긴급수입제한조치에는 동일한 기간 동안의 '평화조항(peace clause)'이 뒤따라야 한다 (즉, 만약 A국이 철강에 대해 4년 동안 긴급수입제한조치를 시행하고 그 갱신을 원하지 않는다면, 긴급수입제한조치의 시행 기간 직후에 바로 철강에 대해 또 다른 긴급수입제한조치를 취할 수 없다).

긴급수입제한조치와 반덤핑/상계관세 간의 주요 차이점은 긴급수입제한조치는 최혜국대우 의무를 준수해야 한다는 점이다. 다시 말해서, 긴급수입제한조치는 원산지에 관계없이 해당 상품의 모든 수입에 동일하게 적용된다 (반면 반덤핑/상계관세는 국가별로 다르게 부과된다). 또한, 반덤핑관세는 종종 특정 기업에게 적용된다. 그것은 덤핑 마진이 해당 기업의 가격 책정 전략(그리고 당국의 계산 방법)에 의존하기 때문이다. 1980년대에 사용되던 가장 흔한 형식의 긴급수입제한조치는 수출자율규제(VER)다. 수출자율규제는 특정 상품의 수출을 국가 단위로 제한하는 합의를 말한다. 이것은 WTO협정 위반이다. 최혜국대우 의무를 충족하기 위해서 긴급수입제한조치협정은 쿼터의 형식을 띠는 긴급수입제한조치는 기존 시장점유율에 비례하여 해당 수출업자들에게 배분될 수 있다고 규정한다. 그러나 비중이 지나치게 큰 수출업자들을 더 세게 '때림'으로써 쿼터의 배분을 '조절'할 수 있다. 원칙적으로 긴급수입제한조치를 시행하는 국가는 그로 인해 영향을 받은 회원국들의 수출품에 대한 관세를 낮춤으로써 그들에게 보상해야 한다. 하지만 이 의무는 긴급수입제한조치가 3년 이상 부과되었을 경우에만 적용된다.

위에서 논의된 모든 비상 보호조치는 수입 때문에 틀림없이 피해가 발생했다는 일정한 인과성 기준을 전제한다. 많은 경제학자들은 이 부분을 비판해왔다. 수입뿐 아니라 많은 요인들이 적응 압력('피해')을 유발한다. 소비자 기호 혹은 기술의 변화가 그 예다. 이는 산업의 피해에 대한 정부의 적절한 대응방안은 피해의 원인과는 별개로 적용되는 일반적인 적응정책임을 말해준다.

유치산업 보호

GATT 제18조 C절에 따라 WTO 회원국은 관세양허 내지 쿼터 금지에 반하는 무역정책을 사용하여 특정 산업의 수립 및 발전을 촉진할 수 있다(유치산업 보호). 오직 (GATT 제18조 4항에 정의된) 개발도상국만이 이 조치를 발동할 수 있다. 그러한 조치의 필요조건은 그로 인해 영향을 받는 수출 당사자에게 보상을 제공하는 것이다. 이 규정은 빈번히 사용되지 않았다. 첫째, 보상 요건 때문에 그렇다. 둘째, 개발도상국들이 높은 수준의 관세양허를 이미 했거나, 국내에서 생산되는 상품에 대한 관세를 전혀 양허하지 않고 제18조 C절의 발동 필요성을 미연에 방지했기 때문이다.

관세 재협상

앞에서 다룬 네 규정은 임시적인 보호조치를 허용하고 있다. 실제적으로 정부는 보다 장기적인 관점에서 보호 수준을 높이고 싶어 할지 모른다. GATT 제28조는 관세양허의 재협상을 통하여 이를 허용한다. 동 조항은 WTO 회원국들을 보상하는 차원에서 다른 관세의 인하를 위한 협상을 포함한다. 협상 과정을 촉진하기 위해 GATT 제28조는 참가자의 수를 애초부터 관세양허를 협상했던 국가들로 한정하고 있다.

WTO하에서 그러한 초기 협상권(INRs)을 가진 국가들에 더하여 주요 공급국 혹은 상당한 이해당사국들(해당 수입시장에서 초기 협상권 보유국들보다 더 큰 시장점유율을 가진 국가들로 정의되는 – GATT 제28조에 대한 해석지침 참조)도 관세양허를 수정하는 WTO 회원국들로부터 보상을 요구할 수 있다. 이 국가들은 관세가 인하될 상품군을 함께 결정한다. 협상이 성공적으로 타결되면, 새로운 관세율이 통지되고 최혜국대우에 기반하여 적용된다. 만약 아무런 합의가 이뤄지지 않으면, 보호의 변경을 원하는 회원국은 여전히 그렇게 할 수 있다. 그와 같은 경우에 GATT 제28조는 영향을 받는 수출업자에게 허용되는 대응방안의 범위를 제대로 정의하지 않고 있다. 예를 들면, 1995년 EU의 확대 후에 스웨덴, 핀란드, 오스트리아 등은 자신의 일부 관세를 유럽공동체 수준으로 인상해야 했다. 후속 협상에서 어떤 합의도 도출되지 않앉고, 이에 캐나다는 보복하겠다고 위협했다. 그 사건에서 캐나다는 보복을 하지 않았다. 따라서 의견 차이가 존재할 경우, 어떤 대응 수단이 허용되어야 하는지는 여전히 해결되지 않은 문제다.

범경제적 예외

범경제적 예외에 관한 세 개의 주요 조항은 경제 일반(GATT 제12조 및 제18조 B절), 공공질서(GATT 제20조), 그리고 국가안보(GATT 제21조) 등의 예외에 관한 것이다.

　GATT 제12조(선진 산업국을 위한)와 제18조 B절(개발도상국을 위한)은 무역제한 조치를 사용하여 국가의 대외적 재정 상태를 방어할 수 있도록 허용하고 있다. 이 조항들이 포함된 것은 GATT/ITO 협상이 이뤄지던 시기에 유행한 고정환율제 때문이다. 고정환율제하에서, 국제수지 적자를 겪고 있는 국가는 자국의 통화를 쉽게 평가절하 할 수 없다. 수입제한(수출 보조금과 함께)은 명목상의 평가절하와 동일하기 때문에, 국제수지 문제를 해결하기 위한 (임시적인) 수입 장벽을 허용하는 것은 이해가 된다. 1948년 이래 대부분의 국가들은 변동환율제로 이동했다. 환율이 국제수지 불균형을 해결하는 더 적합한 도구가 되는 상황에서, 위와 같은 GATT 조항들은 대체로 불필요한 것이 되고 말았다.

　GATT 시대에 개발도상국들은 수량제한조치(QRs)를 은

폐하기 위하여 GATT 제18조 B절을 자주 사용했다. 우루과이라운드 동안 GATT 제18조 B절상의 수량제한조치의 범위가 축소되었고 감독도 강화되었다. 원칙적으로, 과징금이나 기타 조치들은 일률적으로 적용되어야 한다. 그것은 국제수지 시각에서 볼 때도 마찬가지다. 미국이 1997년에 인도를 상대로 제기한 유명한 사건에서 인도는 농산물과 공산품 등 2,700여 개에 달하는 관세 품목에 대한 자신의 수량제한조치가 정당하다고 주장했다. 그러나 패널은 인도의 조치가 GATT 제11조 1항과 제18조 11항을 위반했고 농업협정하에서 미국에게 부여된 혜택을 무효화 내지 침해했다고 밝혔다. 더 중요한 점은 국제수지 제약은 사법적 심사의 대상이 될 수 있다고 패널이 말했다 (상소기구도 확인했다)는 사실이다.

　GATT 제20조는 GATT 의무에서 이탈할 수 있는 정당한 사유의 목록을 담고 있다. 동일한 상황에 처한 국가들 간에 임의로 또는 부당한 방식으로 차별을 가하거나 국제무역에 대한 제한을 은폐하는 방식이 아니라면, 공중도덕, 인간과 동식물의 생명 또는 건강, 예술적, 역사적 또는 고고학적 가치가 있는 국보, 고갈될 수 있는 천연자원(국내 생산 또는 소비에 대한 제한에도 적용되는 경우) 등을 보호하기 위한 조치를 취할 수 있다.

　GATT/WTO 판례법은 GATT 제20조의 해석에 관한 많은 논점을 명확히 했다. 첫째, 입증의 책임(burden of proof)은 GATT 제20조를 원용하는 WTO 회원국이 진다. 즉 회원국은 자신의 정책이 동 조항을 원용하는 정당한 이유가 되는지 보여주어야 한다. 입증의 책임이라는 용어는 '생산(증거 제출)의 책임(*burden of production*)'과 '설득의 책임(*burden of persuasion*)'으로 더 세분되고, 후자는 종종 '심사기준(*standard of review*)'으로 표현되기도 한다. 설득의 책임은 GATT 제20조에 포함된 세부 항목마다 다양하다. 어떤 항목은 해당 조치가 단순히 추구 목적(무역제한 여부에 상관없이)에 관련될 것만을 요구하지만, 다른 항목은 추구 목적에 도달하기 위해 무역제한을 최소화하는 조치를 채택하도록 요구한다. 둘째, GATT 제20조의 목록은 배타적인 것이다. WTO 회원국은 자신의 의무에서 이탈하고자 하는 경우 규정상의 예외를 취지에 부합하도록 원용해야 한다.

셋째, WTO 회원국이 사용하는 '수단'만이 정당화될 수 있다. WTO 재판기관은 회원국이 추구하는 '목적'에 대해서는 심리할 수 없다. 예를 들어, 한 회원국이 동물의 생명을 보호하기 위하여 GATT 제20조 b항을 원용한다면, WTO 패널이나 상소기구는 문제의 동물이 보호할 가치가 없다는 이유로 그 회원국의 원용을 기각할 수 없다. 이것은 GATT가 소극적인 통합을 추구한 자연스러운 결과이다. 따라서 WTO 재판기관은 국내/연방 법원과 동일시될 수 없다.

넷째, GATT 의무에 반하는 기타 조지의 적빕성은 GATT 제20조의 세부 항목 중 하나를 이용하여 성립되어야 한다. 준수 여부를 판단하는 법적 기준은 GATT 제20조 각각의 항목마다 동일하지 않다. 예를 들면, 동 조의 b항은 해당 조치가 목표 달성에 필요한 것이어야 한다(즉 목적 달성을 위해 필요한 것 그 이상으로 무역을 제한하지 않아야 한다)고 규정하고 있다. 하지만 h항은 해당 조치가 목적의 달성에 관련 있는 것이어야 한다고만 규정한다 (상당히 덜 엄격한 기준으로서 적절성 기준과 다소 비슷하다. 즉 무역제한 여부에 상관없이 특정 조치가 어떤 목표를 달성하는 데 적합한가이다).

일단 실질적인 적합성이 충족되면, WTO 회원국은 GATT 제20조의 '전문'에 부합하는 방식으로 예외적 조치를 적용해야 한다. 여기에서 제20조의 세부 항목과 전문이 서로 구분된다. 세부 항목은 실질적인 적합성에 관한 것이고, 전문은 WTO 의무에 반하는 조치의 적용에 관한 것이다. 제20조의 전문은 동일 조건에 처한 여타 회원국들을 동등하게 대우하면서 자국의 예외 조치를 취하도록 WTO 회원국에게 요구하고 있다.

GATT의 1989년 미국-참치(멕시코)사건(US-Tuna[Mexico]) 패널 보고서는 돌고래 보호를 목적으로 하는 미국의 조치는 일방적인 것으로 불법이라고 판시했다. 이런 관점에서 보면, WTO 차원의 협상을 통해 얻어진 해결책만이 WTO 규범에 부합하는 셈이다. 그러한 해결책이 존재하지 않는 상태에서 일방적인 정책의 추구로 인한 거래비용은 훨씬 더 높다. 미국-새우사건(US-Shrimp)의 상소기구는 이런 종류의 사고방식을 뒤바꾸었다. 상소기구는 관할권의 정당한 행사가 무엇을 말하는지 천명하지 않았다. 그렇지만 상소기구는 규제의 이익과 규제 활동 사이에 연관성이 존재해야 한다고 밝혔다. 이 사건에서는 그와 같은 연관성이 존재했다. 왜냐하면 새우의 많은 부분이 미국의 배타적 경제수역에서 잡혔기 때문이다. 상소기구의 보고서(§§ 133)를 인용하면

> 우리는 GATT 제20조 g항에 관할권의 암묵적인 한계가 존재하는지, 그리고 만약 존재한다면 그 한계의 성격과 정도는 무엇인지에 대하여 판정하지 않는다. 다만 우리는 우리가 심리하는 사건의 구체적인 상황에서 제20조 g항의 취지에 맞게 해당 이동성 및 멸종위기 해양 개체군과 미국 간에 충분한 연관성이 존재한다는 점을 지적할 뿐이다.

이 판결은 GATT 판례법 중에서 가장 극적인 역전 사례일 것이다. 주권의 명확한 양도가 없는 상태에서 WTO 회원국은 그것이 무차별적인 한 정책을 자유롭게 추진할 수 있다는 의미이다. 그러나 WTO 재판기관이 GATT 제3조와 제20조의 관계를 다루는 방식에는 논리적인 비일관성이 있다. 두 조항은 모두 무차별적인 행위를 요구하고 있고, 어느 한 조항이 다른 조항의 예외가 될 수 없다. 특히 최근의 판례법은 GATT 제20조의 적용 요건을 완화했다. '~에 관련된'이라는 문구는 과거에 '일차적으로 ~하기 위한'으로 해석되었으나, 이제는 단순히 추구하는 목적과의 합리적인 연결성을 의미하게 되었다. 사용되는 수단이 일차적으로 그 목적을 달성하기 위한 것이 아니어도 무방하다. '필요한'이란 목적 달성 시 절대적으로

최소한의 제한을 가하는 수단으로 이해되곤 했다. 미국-도박 사건(US-Gambling) 이후에는 최소한의 제한을 가하는 수단 중 규제 국가에게 '합리적으로 이용 가능한' 수단으로 그 의미가 축소되었다.

GATT 제21조는 WTO 회원국이 국가안보를 보호하기 위해 필요한 경우 WTO 의무에 반하는 무역제한조치를 취하도록 허용한다.[16] GATT 제21조를 원용한 것에 대하여 패널에 제소한 사례는 거의 없다. GATT 패널까지 다다른 유일한 사례는 니카라과와 미국 간의 분쟁이었다. 그러나 보고서는 채택되지 않았고, 따라서 그 법률적인 가치도 제한적이다 (US-Nicaragua Trade). 이 점에 관하여 중요한 것은 그러한 사건에서 적용된 심사의 기준이다. 문제는 GATT 제21조에 나타나는 '필요한'이라는 용어가 전반적으로 적용 가능한 심사기준에 입각해 있기 때문에 부차적인 중요성을 가져야 하는지 여부다.

오늘날 그 보고서는 유일한 패널 보고서로 남아있고, GATT 이사회에서 이뤄진 후속 논의는 국가안보 사건을 다룰 때 낮은 심사기준을 선택한다.[17] 이것은 놀랄만한 일이 아니다. 이와 비슷한 심사기준은 EU처럼 훨씬 더 통합된 무역체제에서 동일한 범주의 사건들에 적용되고 있다. 물론 장단점은 존재한다. 낮은 심사기준은 이론적으로 악용될 소지가 크지만, 아직까지 그러한 염려는 근거가 없는 것으로 나타났다.

제도적 예외와 차별의 허용

국가비상조치의 마지막 범주는 그 동기가 체제적인 것으로, 회원국들이 핵심 원칙들을 위반하는 행동을 취할 수 있도록 허용한다. 다수의 회원국들은 이것이 무역체제의 이익에도 부합하는 것으로 받아들인다. 그 주요 예는 특혜무역협정(자유무역지대와 관세동맹), 개발도상국에 대한 특별차등대우(특별대우), 그리고 면제 등이다.

특혜무역협정

GATT 제24조는 특혜무역협정과 관세동맹의 창설을 허용한다. 이러한 예외를 두는 이유는 분명하지 않다. 협상의 기록을 보아도 뚜렷하게 드러나지 않는다. 개발에서부터 국경무역의 촉진까지 협상참여자마다 이 규정에 관한 합의 도출을 위해서 제각각 다른 이유를 제기했다. 어쩌면 궁극적으로 새로운 정치단위체의 형성으로 이어질 수 있는 광범위한 통합 구상에 국가들이 참여할 수 있도록 허용해야 했을 것이다. 19세기 연방 독일의 창설에 디딤돌을 놓았던 관세동맹(Zollverein)의 경우처럼 말이다. 특혜무역협정의 요건은 다음과 같다.

1. 통합 후의 대외 무역장벽은 평균적으로 더 높아지지 않아야 한다 (GATT 제24조 5항).
2. 역내의 실질적으로 모든 상품무역에 대한 모든 관세와

기타 상업적 규제는 합리적인 기간 내에 제거되어야 한다 (GATT 제24조 8항).

3. 특혜무역협정은 WTO에 통보되어야 한다 (GATT 제24조 7항).

GATT 제24조에 나타난 기준이 충족되는지 여부는 WTO 상품무역이사회가 지역무역협정위원회(CRTA)의 권고를 바탕으로 결정한다. 1947년도 GATT에는 제24조의 효과적인 집행 규정이 없었다. 1957년 유럽경제공동체(EEC)를 수립한 로마조약(Treaty of Rome)에 대한 심사에서부터 이후의 특혜무역협정들까지 GATT의 법적 요건에 부합하는지 여부에 대하여 만장일치로 결론내리는 경우는 사실상 없었다. 그 이유는 유럽경제공동체가 자유무역 규정에서 농업을 제외함으로써 제24조를 위반했다고 판정하면 유럽의 6개국이 GATT를 탈퇴할 수도 있다는 우려가 작용했기 때문이었다. 이것이 선례가 되어 협정들이 승인되지 않은 채 '넘쳐나고 있다'. 이러한 정치적 요인에 더하여, 보충적인 원인은 GATT 제24조의 모호성이다. 의견 차이가 있는 부분은 '실질적으로 모든 무역'을 어떻게 정의하는지, 관세동맹의 대외 무역정책이 평균적으로 더 제한적이 되었는지 여부를 어떻게 결정하는지, 협정의 완전한 이행까지의 합리적인 기간은 무엇인지 등이다.

2006년 현재 그리고 '투명성 기제'를 제정한 덕분에 특혜무역협정에 대한 다자적 심사는 더 이상 없다. 지역무역협정위원회는 '정보교환' 체계로 발전했다. 특혜무역협정을 수립하는 당사자들은 질의에 응답하고 추가적인 정보를 제공할 것이다. 그 이상은 아니다. 그런 과정을 거친 후에 한 보고서가 작성되겠지만, 특혜무역협정이 다자 규칙에 부합하는지에 관한 법률적 의견이 되지는 못할 것이다. 제공된 정보에 만족하지 않는 회원국들은 언제든지 GATT 패널에서 그 적법성을 다툴 수 있다. 그러나 회원국들은 좀처럼 그렇게 하지 않는다.

1947년도 GATT에 비하여, WTO는 특혜무역협정을 평가하는 기준과 절차를 명료하게 했다. 특혜무역협정의 이행을 위한 과도기간은 최장 10년이다. 그러나 예외적인 상황에 대한 고려가 이뤄진다. 관세동맹 형성 전후의 관세 및 기타 상업적 규제에 대한 전반적인 평가는 WTO 사무국이 '수집한 관세율의 가중 평균치 및 관세에 대한 총체적인 평가'에 기초해야 한다. 이 때 이전의 대표 기간 동안에 WTO 회원국별로 세분화된 관세 목록의 수입 통계가 사용된다. 다른 한편, GATT 제24조 8항에 나타나는 '실질적으로 모든 무역'의 정의는 WTO에서 명확해지지 않았다. 그 부분적인 이유는 그렇게 할 유인이 별로 없기 때문이다. 즉, 보완재 상품을 제외하면, 특혜무역협정의 비회원국은 통합의 수준이 낮은 특혜무역협정을 마주하는 게 더 낫다. 그러한 특혜무역협정에서는 무역전환 효과가 덜하기 때문이다.

관세동맹은 대외무역정책 요건을 충족하기 위해서 GATT 제24조 5항과 제24조 6항에 부합해야 한다. 제24조 6항에 의하면, WTO 회원국이 관세동맹에 참여하여 관세양허를 높이려할 경우 GATT 제28조에 따라 보상적 조정에 관한 재협상에 들어가야 한다. 보상적 조정은 다른 관세 목록에 대한 관세를 낮추거나 기타의 보상을 제공하는 것이다. 적정 기간 안에 합의에 도달하지 않으면, 관세동맹은 원하는 대로 진행할 수도 있으며, 그로 인해 영향을 받는 회원국은 그에 상응하는 양허를 철회(보복)할 수 있다.

2015년 초 현재, 모든 WTO 회원국들은 적어도 한 개의 특혜무역협정에 가입해 있다. 500여 개의 특혜무역협정에 대한 협상이 이루어졌고, 이 중 약 300개가 WTO에 통보되었다.[**] 특혜무역협정의 확산은 역설적인 현상이다. 다자 수준에서 상당한 관세 인하가 진행됨에 따라 지역화의 유인도 줄었어야 했기 때문이다. 국가들이 글로벌한 시각(최혜국대우)과 특혜적 시각을 동시에 추구하는 게 어떻게 가능할 수 있는가? 특혜무역협정의 과잉을 설명해주는 한 요인은 그 협정이 단순히 상업적인 (무역) 목적으로만 추진되지 않는다는 점이다. 참여국들의 집행 의지가 강하기만 하면, WTO보다 특혜무역협정이 정책 개혁을 위해 더 강력한 '고정' 효과를 낼 수 있다. 또한, 특혜무역협정은 아직 WTO에서 다뤄지지 않는 국내 수

[**] 역자 주) 1948년부터 2022년 말까지 특혜무역협정에 대한 누적 통보 건수는 806건이며, 이 중에서 발효 중인 특혜무역협정에 대한 누적 통보 건수는 582건이다. 2022년 말 현재 발효 중인 특혜무역협정은 355개다.

단에 관한 규범을 포함할 수도 있다. 이를 통해서 동류국가들과 함께 '국내'정책에 대한 협력을 시험해보는 실험실을 국가들에게 제공한다.

경제학자들은 특혜무역협정을 회의적으로 바라보는 경향이 있다. 이들은 특혜무역협정 때문에 무역이 세계에서 가장 효율적인 공급자로부터 더 비싸고 특혜를 받는, 즉 관세 면제의 덕으로 특혜무역협정 안에서 더 많이 팔 수 있는 협정상대국으로 전환된다고 지적한다. 이것이 꼭 특혜무역협정이 후생을 감소시킨다고 말하는 것은 아니다. 특혜무역협정으로 무역이 전환되기보다 무역이 창출될 수도 있는데, 소비자들이 덜 효율적인 국내 생산자로부터 보다 효율적인 협정상대국 회사로 갈아타도록 유인하기 때문이다. 하지만 특혜무역협정은 그 회원국들에게 이롭지만, 무역 전환을 겪는 국가들에게는 부정적인 충격을 여전히 가할 수 있다.

중요한 물음은 특혜무역협정이 다자적 자유화를 느리게 하느냐이다. 이는 경험적인 문제이고, 대답하기 어려운 문제다. 왜냐하면 특혜무역협정이 없었더라면 어떻게 달라졌을 것인지 판단하는 것은 무척 어렵기 때문이다. 특혜무역협정은 다자적 자유화의 디딤돌이 될 수 있다. 특혜무역협정을 수립함으로써 그로부터 배제된 국가들이 WTO 협상을 통해 특혜무역협정의 역외 관세를 인하하여 무역 전환의 가능성을 감소시키려 한다면 그렇다. 유럽공동체의 출범과 확장은 GATT 라운드 협상을 추동하는 동력이었다는 주장도 종종 제기되었다.

GATT 제24조와 서비스무역에 관한 일반협정(GATS) 제5조에 들어있는 법적 요건은 특혜무역협정에 참여하는 국가들의 동기나 특혜무역협정의 후생 효과에 대해서 묻지 않는다. 단순히 최혜국대우로부터의 이탈을 경계하는 데 목적이 있다. 지역무역협정위원회는 특혜무역협정의 적합성을 심사하는 정부간(Track I) 기구이다. 동 위원회는 모든 WTO 회원국 대표로 구성되고 컨센서스 방식에 따라 의사를 결정한다. 따라서 이에 관하여 어떤 결정이 내려지기 위해서는, 특혜무역협정에 참여하는 WTO 회원국들이 그들의 특혜무역협정이 WTO에 합치하지 않는다는 점을 확신해야 한다. 이런 일은 결코 일어나지 않았다. 특혜무역협정은 GATT 규범에 '전반적으로' 합치한다고 판정한 몇몇 사례만 있었다. WTO 설립 이후 특혜무역협정이 GATT에 부합한다고 지역무역협정위원회 수준에서 명확하게 승인한 사례는 한 건이었다. 바로 체코와 슬로바키아 간의 관세동맹이다. 이와 같이, 현존하는 특혜무역협정의 나머지 99퍼센트에 대해서는 그 협정들이 WTO 규칙에 합치하는지 여부는 알려져 있지 않다.

이로부터 특혜무역협정의 비회원국이 지역무역협정위원회의 심사 결과에 대하여 WTO 패널에 제소할 수 있느냐라는 질문이 제기된다. 제소국은 특혜무역협정이 GATT 제1조를 위반했다거나 특혜무역협정의 일부 조항들이 GATT 제24조를 위반하고 있다고 주장할 수 있다. WTO의 GATT 제24조의 해석에 관한 양해(우루과이라운드에 채택된)는 관세동맹,

자유무역지대, 또는 관세동맹이나 자유무역지대의 형성에 이르는 잠정협정에 관한 GATT 제24조의 적용으로 인하여 발생하는 모든 문제에 대하여 분쟁해결양해(DSU)가 원용될 수 있다고 말한다. WTO 패널이 전문지식과 시간 제약 면에서 그처럼 복잡한 문제들을 잘 다룰 준비가 되어 있는지에 대해 의문이 제기될 수 있다. 하지만 패널이 특혜무역협정을 포괄적으로 심리하는 것도 생각 못할 바는 아니다.

 WTO 회원국들이 특혜무역협정의 합법성에 대하여 패널에 제소하는 일은 거의 일어나지 않았다. 비록 원고 측이 져야하는 부담이 상대적으로 작음에도 그랬다. WTO 회원국들은 특혜무역협정의 유효성을 다툴 유인이 없는 것처럼 종종 보인다. 그 원인은 사실상 모든 WTO 회원국이 특혜무역협정에 참여하고 있다는 사실(유리집 증후군[glass house syndrome]), 그리고/또는 패널의 능력에도 불구하고 그와 같이 복잡한 문제에 대한 선고를 내리기 위한 필요조건을 결여하고 있다는 사실에서 비롯된다.

개발도상국의 특별차등대우

많은 개발도상국들은 무역 자유화 혹은 GATT의 일부 핵심 원칙으로부터 혜택을 누리지 못하고 있다는 게 공통된 인식이다. 또 소득수준이 높은 국가들은 자국의 시장에 접근할 수 있는 특혜를 개발도상국 상품에게 제공해야 한다는 인식도 퍼져있다. 그 결과로 GATT에 포함된 다양한 규정들을 통해서 개발도상국에게 차등적이고 우호적인 대우를 제공하고 있다.[18] 최혜국대우 의무의 자연스러운 결과물은 '평평한 운동장'이기 때문에, 일부 회원국에 대한 어떠한 차등대우도 일정한 차별을 요한다.

개발도상국들에게 차별적이고 우호적인 대우를 제공하는 법적인 토대는 1979년 (도쿄라운드) 개발도상국의 차등적, 우호적 대우에 관한 결정(Decision on Differential and More Favorable Treatment of Developing Countries)을 통해서 만들어졌다(이른바 권능부여조항[Enabling Clause]). 이 결정은 일반특혜관세제도(GSP: Generalized System of Preferences), 개발도상국을 위한 GATT 규칙의 예외(면제) 등에 법적 근거를 제공한다. 따라서 예를 들면, 개발도상국들은 무역협상에서 자신의 개발 수요에 부합하는 양허를 호혜적으로 부여하면 된다. 그들은 원하는 경우 제24조의 요건을 충족하지 않는 무역협정을 수립할 수도 있다.

무엇이 개발도상국을 구성하는지 WTO 차원의 정의는 없다. 개발도상국의 정의는 소위 '자기 선택(self-election)' 원칙에 맡겨져 있다. 즉 주권이라는 국제법 원칙에 입각하여, WTO 회원국들은 자신이 개발도상국으로서 자격을 갖추고 있는지 스스로 선택할 수 있다.[19] 그러나 일부 개발도상국들은 WTO협정들에서 공식적으로 정의되어 있다. 그 예는 최저개발국(LDC) 그룹이다. 유엔은 1인당 소득 1,000달러 미만의 국가(보조금 및 상계조치협정하에서 수출보조금이 허용되는 국가)들 또는 무역관련 지적재산권협정(TRIPS) 및 공공보건에 관한 선언상의 국내 제약산업을 갖지 못한 국가들(제4장 참조)로 정의한다. 우리는 개발도상국의 대우에 관하여 제6장에서 추가로 논의한다.

면제

면제 절차는 어떤 국가(군)에게 WTO 약정에서 일시적으로 이탈할 수 있도록 허용하기 위한 것이다. 그것은 WTO 회원국이 그러한 면제가 WTO의 이해에 부합한다고 여길 때 가능하다. 중요한 예는 아프리카, 카리브해 및 태평양(ACP) 국가들에게 특혜를 제공하기 위해 EU에게 부여된 면제다. 면제 절차는 GATT에서 WTO 설립협정으로 옮겨왔다. 관련 조항(WTO 설립협정 제9조 3항과 4항)은 다음과 같다.

> 3항. 예외적인 상황에서 각료회의는 이 협정이나 다자무역협정이 회원국에게 지우는 의무를 면제하기로 결정할 수 있다. 다만, 이러한 결정은 이 항에 달리 규정되어 있는 경우를 제외하고는 WTO 회원국 4분의 3 다수결에 의한다.[20]
>
> > a. 이 협정과 관련한 면제 요청은 컨센서스에 의한 결정의 관행에 따라 각료회의에 검토를 위하여 제출한

다. 각료회의는 동 요청을 검토하기 위하여 90일을 초과하지 아니하는 기간을 설정한다. 동 기간 동안 컨센서스가 도출되지 아니하는 경우, 면제 부여는 회원국의 4분의 3 다수결로 결정한다.

b. 다자무역협정(GATT, GATS, TRIPS)에 관련한 면제 요청은 90일 이내의 기간 동안의 검토를 위하여 (관련)이사회에 각각 제출된다. 동 기간의 만료 시 관련이사회는 각료회의에 보고서를 제출한다.

4항. 면제를 부여하는 각료회의의 결정은 동 결정을 정당화하는 예외적인 상황, 면제의 적용을 규율하는 제반조건 및 면제 종료 일자를 명시한다. 1년보다 긴 기간 동안 부여되는 면제의 경우 각료회의는 면제 부여 후 1년 이내 및 그 이후 면제 종료 시까지 매년 면제를 검토한다. 각료회의는 매 검토 때마다 의무면제 부여를 정당화하는 예외적인 상황이 계속 존재하는지 여부 및 면제에 첨부된 조건이 충족되었는지 여부를 조사한다. 각료회의는 연례검토를 기초로 면제를 연장, 수정 또는 종료할 수 있다.

원칙적으로 최혜국대우 규칙 같은 의무조차도 면제될 수 있다. 면제를 부여받았던 정책의 예는 일정한 기준을 충족하는 아프리카 국가들에게 일반특혜관세(GSP)보다 더 나은 조건으로 미국시장 접근을 허용하는 아프리카성장기회법(African Growth and Opportunity Act), 수입국들이 미인증 다이아

몬드에 대해 무역제한조치를 부과할 수 있도록 하는 분쟁 다이아몬드의 킴벌리 프로세스 인증체계(Kimberley Process Certification Scheme), 2013년부터 2021년까지 연장된 최저개발국의 지적재산권 집행 의무에 대한 일반적인 면제 등이다.

결론

GATT 창설자들은 관세를 통한 시장 보호에 초점을 맞췄다. 왜냐하면 GATT 협상이 이뤄질 당시에 관세는 각국 시장을 나누는 데 사용되는 수단이었기 때문이다. 초기의 관세 수준이 매우 높았기 때문에 관세는 국내정책의 중요성을 희석시키는 경향이 있었다. 일련의 신축성 기제를 GATT 안에 도입함으로써 국가들이 상당한 관세양허를 하도록 유도했다. 일종의 양허 침식을 막는 안전장치로서 합의된 최혜국대우 의무는 관세양허의 가치를 보증하고 자유화의 유인을 온전하게 유지하기 위한 것이었다. 여러 해에 걸쳐서 GATT는 관세 수준을 현재의 낮은 수준으로까지 용케 축소했고, 비관세장벽에 관한 협상에도 초점을 모았다. 비관세장벽 협상은 더 힘든 과제임이 드러났다. 이는 오래 끌어온 도하라운드 협상을 타결하지 못하고, WTO 규범에 새로운 국내정책과 국내규제를 포함시키려는 노력에 많은 국가들이 저항하고 있는 데서도 잘 나타난다.

■■ 주

1) 판례법은 GATT/WTO 법규의 형성에 상당한 영향력을 행사했지만, 공식적으로 1994년 GATT의 일부는 아니다.

2) 유럽공동체-닭고기분류사건(EC-Chicken Cuts)에서 상소기구의 2005년 보고서는 국제상품분류체계는 GATT를 해석할 때 법률적인 배경지식을 제공한다고 결론 내렸다. 이는 WTO 분쟁해결패널과 상소기구가 양허의 해석에 관한 분쟁을 판결할 때 국제상품분류체계(그리고 그 해석 규칙)를 검토해야 한다는 의미다.

3) WTO 원산지규정협정은 이 경우에 별 도움이 되지 않는다. 원산지규정협정은 기본적으로 미래의 협상을 위한 틀이다. WTO 회원국은 일방적으로 정의한 자국의 원산지 규정을 무차별적으로 적용하기만 하면 된다.

4) '동종 상품(like products)'은 GATT 제3조의 내국민대우 의무에서는 전혀 다른 의미를 갖는다. 아래를 참조하라.

5) 물론 이러한 시험은 매우 주관적이고 입증도 거의 불가능하다. 특정 조치가 경쟁의 기회에 영향을 끼쳤다고 주장하기 위해서는 효과와 원인에 관한 분석, 곧 경제적 분석이 필요할 것이다. 하지만 계량경제학적 분석은 GATT/WTO 분쟁해결 재판에서 적용되지 않는다.

6) '기타 관세 및 과징금'이 정확히 무엇인지, 그리고 통상적인 관세와의 경계는 어디인지에 대하여 여전히 상당한 혼란이 존재한다. 판례법은 좀 더 명료하다. 즉 두 유형은 모두 협상의 대상이며 양허의 대상이 될 수 있다 (Petros C. Mavroidis, *The GATT: A Commentary* (Oxford: Oxford University Press, 2005), 56–71).

7) PSI는 수출국에서 상품이 수입국으로 선적되기 전에 전문회사가 시행하는 검사를 일컫는다.

8) GATT/WTO에도 훨씬 광범위한 수단이 포함되어 있는데, 이른바 비위반 제소이다. 비위반 제소는 어느 회원국이 다른 회원국의 (비록 합법적인) 정책으로 불이익을 받았다고 주장할 수 있도록 허용한다. 이 수단은 많이 사용되지 않았는데, 그것은 해당 조치가 말 그대로 합법적인 상황에서 효과적인 해결책이 따로 없기 때문이다.

9) 재정적 조치(2항)와 비재정적 조치(4항)를 다룬 GATT 제3조에서 사용하는 용어는 동일하지 않다. 2항은 동종 및 직접적인 경쟁 혹은 대체 관계에 있는 상품을 비교의 기준으로 말하고 있지만, 4항은 동종 상품만을 언급하고 있다.

10) GATT Doc. L/3463, adopted on December 2, 1970, BISD 18S/97 참고.

11) GATT 제6조 1항에 따르면 덤핑은 비난의 대상이다. 상소기구는 덤핑을 '불공정 무역관행'이라고 지칭했다. 그러나 WTO협정 어디에서도 덤핑을 제재하지는 않는다. 실제로 덤핑에 대해 허용되는 유일한 대응방안은 반덤핑협정 제18조 1항에 의거하여 반덤핑관세를 부과하는 것이다. 게다가 WTO는 정부 대 정부 간의 약정이고 덤핑은 순전히 민간 행위이기 때문에 WTO가 덤핑을 제재하는 것도 이상하다. 논리적으로 보면, WTO는 오직 정부의 활동, 즉 관세의 부과 행위에 대해서만 관련된다.

12) 몇몇 국가들은 반덤핑관세를 국내 경쟁자에게 가해진 피해를 상쇄하는 데 필요한 수준으로 제한하는 법을 갖고 있다. 추정된 덤핑마진은 피해 마진보다 종종 훨씬 더 높다.

13) 반트러스트 분석과 관행(적어도 서구에서)은 약탈에 해당되지 않는 한 가격의 차별('덤핑')을 규율하지 않는다. 약탈이란 가격을 악용하여 경쟁자들을 시장에서 내쫓은 다음에 손실을 만회하려는 고의적인 전략이다. 약탈 행위는 경쟁을 훼손하기에 이르고, 따라서 경쟁 법규의 적용을 받게 되어 반덤핑조치를 불필요하게 만든다.

14) 제3의 유형은 비조치가능 보조금으로 환경 보조금, 연구개발 보조금, 지역 보조금 등으로 구성되며, 보조금 및 상계조치협정 제31조에 의하여 2001년에 소멸되었다.

15) 대국들은 WTO 재판기관에서 승리할 수 있고, 또 완강하게 저항하는 국가를 상대하고 있다고 가정하기 때문에 상계관세와 보복조치 중에서 선택해야 할 것이다.

16) GATT 제21조의 제목(안보상의 예외)은 동 규정을 원용하는 당사국에게 입증의 책임이 있다는 점을 분명히 하고 있다.

17) 미국은 GATT 제21조를 원용하면서 헬름스-버튼법(Helms-Burton Act)에 의거한 대 쿠바 무역조치를 정당화했다. 쿠바는 패널의 설치를 공식 요청하지 않았다. 그러나 유럽공동체가 패널 설치를 요

청했고, 양측은 협의 중에 분쟁을 해결했다.

18) 좀 더 광범위한 이슈, 즉 왜 많은 개발도상국들은 통합에 뒤처지는지에 대해서는 Robert E. Hudec, *Developing Countries in the GATT Legal System* (London: Gower, 1987) 참조.

19) 비록, 원칙적으로, 그와 같은 원용에 반대하는 법적 문제제기가 명백히 배제되지는 않으나, 그런 종류의 일은 지금까지 GATT/WTO에서 발생하지 않았다.

20) 과도기간이나 단계별 이행 기간을 조건으로 하는 의무로서 의무면제 요청회원국이 관련기간의 종료 시까지 이행하지 못한 의무에 대한 면제 부여는 컨센서스에 의하여서만 결정된다.

서비스, 지적재산권과 복수국 간 협정

서비스무역에 관한 일반협정(GATS)와 무역관련 지적재산권 협정(TRIPS)은 우루과이라운드의 작품이다. 각각 서비스무 역과 지적재산권을 관할하는 별개의 다자협정이다. 모든 회 원국에게 적용되는 다자협정에 더하여, 세계무역기구(WTO) 는 서명한 국가들에게만 적용되는 이른바 복수국 간 협징도 허용하고 있다. 이 장은 서비스무역과 지적재산권 보호에 적 용되는 주요 규범, 그리고 WTO의 후원하에 운영되는 '클럽'(복수국 간 협정)의 형성에 적용되는 제도적 장치에 초점을 맞춘다.

WTO가 등장하기 전에는 서비스무역과 대다수 지적재산권에 관한 다자 규범이 없었다. 이 영역들에 대한 규칙이 추가된 점은 WTO가 GATT와 구별되는 부분이다. 관련 규범은 각각 GATS와 TRIPS에 포함되어 있다.

서비스무역에 관한 일반협정(GATS)

GATS는 일반적 의무(최혜국대우의 예처럼, 모든 서비스 분야에 적용되는)와 구체적 약속(서비스 분야에 따라 내국민대우와 시장접근을 제공하도록 회원국을 구속하며, 양허표상의 예외가 적용될 수 있다)으로 나뉜다. 이렇게 구분하는 이유는 통관 시 시행되는 관세나 수량제한조치는 서비스의 무형적인 속성상 서비스무역에 영향을 미치기 어렵기 때문이다. 국제무역에 대한 장벽은 대부분 국내규제의 형식을 띠며, 자격 불인정, 영업 혹은 지분 소유에 대한 제약 등등을 포함한다. GATS의

글상자 4.1   GATS의 주요 규정

(제1조)   서비스무역의 정의로서, 서비스 공급의 네 가지 형태를 규정한다 (본문 참조).

(제2조)   최혜국대우 의무. 일회성 면제 원용 가능

계속 ▶▶

(제3조) 통보와 공표. 하나 이상의 문의처 설립 의무

(제4조) 개발도상국의 무역 증진을 위한 선진국의 조치

(제5조) 회원국 간 경제통합협정의 체결을 허용한다.

(제6조) 국내규제. 특정 자격요건 등 서비스 분야 규제의 입안과 이행에 관한 조건

(제7조) 서비스 공급자의 자격, 표준 및 증명의 인정

(제8조) 독점 및 배타적 서비스 공급자는 최혜국대우와 구체적 약속(제16조 및 제17조)을 준수하며 지배적 지위를 남용해서는 안 된다.

(제9조) 영업 관행이 무역을 제한할 수 있음을 인정함. 다른 국가의 요청이 있을 때 회원국 간 협의 의무

(제14조) 일반적인 예외. 비경제적 목적 달성을 위한 조치의 허용

(제16조) 시장접근. 자국의 구체적 약속에 기재되어 있는 경우에, 양허된 서비스 분야에 대한 시장접근을 제한하는 데 사용될 수 있는 정책들을 규정한다.

(제17조) 내국민대우. 자국의 양허표에 기재된 분야로 그에 대한 아무런 조건이나 제한이 명시되어 있지 않은 경우에 적용된다.

(제18조) 추가적 약속. 회원국은 자국의 양허표에 추가적 약속을 기재할 수 있다는 포괄적인 규정. 통신의 경우에 회원국들이 이른바 '참조문서(Reference Paper)'에 약속할 때 사용된다(본문 참고).

(제19조) 구체적 약속의 범위를 확대하기 위한 후속 협상의 요청

주요 규정은 글상자 4.1에 요약되어 있다.

GATS는 초국경 무역뿐만 아니라 서비스 공급자의 초국경 이동 및 서비스 수요자의 일시적 이동을 규율한다. 이러한 '공급형태(modes of supply)'를 망라한 양허는 매우 광범위한 자유화를 의미하기 때문에, 협상참여자들은 GATT보다 더 신축성이 큰 협정을 선택하기로 결정했다. 서비스무역의 자유화 정도는 분야별 양허의 내용에 크게 좌우된다. 이 점은 내국민대우를 일반적 약속으로 규정한 GATT에 대비된다. GATS 하에서 내국민대우는 구체적 약속인 반면에 최혜국대우는 일반적 의무이다.

지금까지 GATS는 실제적인 자유화 면에서 큰 성과를 얻지 못했다. 대신에 이전의 일방적인 자유화 노력을 주로 공고히 하는 방향에서 협상을 진행해왔다. 하지만 GATS는 서비스무역의 추가 개방을 위한 장래 협상의 토대다.

일반적 의무

GATS에 따라 모든 회원국에게 지워지는 일반적 의무는 최혜국대우 의무(제2조), 투명성(제3조), 국내규제에 관한 협상의 의무(제6조), 그리고 몇몇의 다소 피상적인 경쟁 관련 약속(제8조 및 제9조) 등이다. GATT와 다르게, WTO 발효 당시에 제2조의 면제에 관한 부속서에 열거되어 있는 경우 GATS는 최혜국대우 의무에 대한 정치적 예외를 허용한다. 이처럼 회원국은 최혜국대우를 부여하고 싶지 않은 국가들을 명시할 수 있다. 제2조의 면제에 관한 부속서에 의하면, 원칙적으로 그러한 예외는 10년의 기간을 초과하여 지속되면 안 된다.

GATS의 일반적 의무는 하나같이 약한 편이다. 그 예외가 있다면 제6조다. 이 조항은 서비스무역에 영향을 미치는 규제의 효과를 공정하게 판단할 독립기관을 설치하도록 WTO 회원국들에게 요구한다. 또한, 자격요건과 절차, 기술표준 및 면허요건과 관련된 조치가 서비스무역에 대한 불필요한 장벽이 되지 않도록 보장해야 한다. 지금까지 이에 관련된 유일한 작업은 전문직 서비스와, 보다 구체적으로, 회계업무 분야에서 이뤄졌다. 작업반이 설치되어 회계사 자격의 상호 인정을 위한 비구속적 지침을 마련했다. 이 지침은 비록 구체적 약속을 하지 않더라도 회계업무 분야에서 WTO 회원국이 지켜야할 의무를 규정하는 문서로 서비스무역이사회(CTS)에서 채택되었다 (WTO Doc. S/L/64, December 17, 1998). 1999년에는 국제규제에 관한 작업반이 설치되었다. 이 작업반은 면허요건과 절차, 기술표준 및 자격요건과 절차에 관련된 조치가 서비스무역에 대한 불필요한 장벽이 되지 않도록 보장하기 위해서 필요한 규범을 개발했다.

공급형태

상품에 비하여 본질적으로 덜 교역적인 서비스의 특성을 반영하여 GATS 제1조 2항은 서비스무역을 네 가지의 서비스 공급형태(modes of supply)로 정의하고 있다 (표 4.1 참조).

- 모드1(Mode 1) – 서비스 공급자와 서비스 소비자 모두 이동할 필요가 없다(A국에 있는 변호사가 전문지식을 B국에 있는 회사에 팩스로 보낸다).
- 모드2(Mode 2) – 서비스 소비자가 그 서비스가 제공되는 국가로 이동한다(B국의 소비자가 A국에 있는 변호사에게

표 4.1 서비스 공급형태

서비스공급자의 주재	여타 기준	공급형태
서비스공급자가 서비스 수입 회원국의 영토 안에 주재하지 않는 경우	한 회원국의 영토로부터 그 밖의 회원국 영토 안으로 공급되는 서비스	국경간 공급
	한 회원국의 영토 내에서 그 밖의 회원국의 서비스 소비자에게 공급되는 서비스	해외소비
서비스공급자가 서비스 수입 회원국의 영토 안에 주재하는 경우	한 회원국의 서비스 공급자가 그 밖의 회원국 영토 내에서의 상업적 주재를 통해 공급하는 서비스	상업적 주재
	한 회원국의 서비스 공급자가 그 밖의 회원국 영토 내에서의 자연인의 주재를 통해 공급하는 서비스	자연인의 주재

출처: WTO, Guidelines for the Scheduling of Specific Commitments Under the General Agreement on Trade in Services(GATS), Doc. S/L/92 (March 28, 2001).

찾아가서 법률 서비스를 받는다).

- 모드3(Mode 3) − 서비스 공급자가 자신의 서비스를 제공할 국가에 '상업적 주재'를 설립한다(A국의 변호사가 B국에 '로펌'을 설립한다).
- 모드4(Mode 4) − 서비스 공급자(이 경우는 자연인이며 Mode 3에서 말하는 법인이 아님)가 다른 국가에 설립된다 (A국의 변호사가 B국의 법원에서 고객을 대변한다).

모드3은 근본적으로 투자를 자유화하는 국제협정에 해당된다. 예를 들면, 모드3하에서 외국 은행들에게 은행 서비스를 판매하도록 허용함으로써 WTO 회원국은 은행 분야에 대한 외국인 투자를 사실상 개방하는 셈이다.

문헌에서 모드4는 자연인의 임시(비영구) 주재를 자유화하는 수단으로 종종 정의된다. 이 같은 취지는 GATS에 따라 서비스를 공급하는 자연인의 이동에 관한 부속서에 반영되어 있다. 동 부속서의 제4절은 다음과 같다.

이 협정은 회원국이 자국 국경의 보전과 자국 국경을 통과하는 자연인의 질서있는 이동을 보장하기 위하여 필요한 조치를 포함하여, 자연인의 자국 영토내로의 입국 또는 자국 내에서의 '일시적인 체류'를 규율하는 조치를 취하는 것을 방해하지 아니한다 다, 이러한 조치는 구체적 약속의 조건에 따라 회원국에게 발생하는 이익을 무효화하거나 침해하는 방법으로 적용되지 아니한다.

그러나 어떤 것도 WTO 회원국이 모드4 아래에서 장기적인 약속에 참여하는 것을 막지 않는다.

구체적 약속

구체적 약속은 GATS의 핵심이다. 관세양허가 GATT의 핵인 것과 비슷하다. WTO 회원국의 서비스에 관한 약속은 그 구성이 복잡하다. 시장접근과 내국민대우 의무가 적용되는 서비스 분야에 대해서는 포지티브 리스트 형식을 취한다.[**] 하지만 어느 한 서비스 분야와 구체적 공급형태에 대한 시장접근 및 내국민대우의 제공 약속은 그에 대한 예외가 양허표상에 명시되어 있지만 않으면 성립하는 네거티브 방식을 따른다.[***]

서비스의 분류는 보통 유엔 중앙생산물분류(CPC)에 따라 이뤄지며, 상품의 품목분류표처럼 서비스 분야를 정의하기 위해 수치를 사용한다. 각 WTO 회원국의 양허는 세 개의 열로 구성되고, 구체적 약속을 관장하는 세 개의 GATS 조항에 상응한다 (표 4.2 참조).

회원국은 세 가지의 선택지를 갖는다. 회원국은 양허표에 '없음(none)'이라고 기재할 수 있는데, 이는 이를테면 자국 영

[**] 역자 주) 기재한(양허한) 서비스 분야만 자유화, 곧 기재하지 않은 서비스 분야는 자유화 하지 않음을 의미한다.

[***] 역자 주) 자유화한(양허한) 서비스 분야의 경우에 기재된 제한조치 이외에는 규제하지 못함을 뜻한다.

토에 대한 법률 서비스 제공에 아무런 제한을 부과하지 않는 다는 의미이다. '양허 불가(unbound)'는 기본적으로 마음대로 규제하겠다는 뜻이다 (어떤 종류의 양허 약속도 하지 않는 다). 또는 양허 약속을 기술하기 위해서 특정한 언어를 도입할 수도 있다. 2001년 양허표 '작성지침(Scheduling Guidelines)'의 용어를 따르면, 첫 번째 유형은 완전 '자유화 약속 (full commitment, 제42항, 제43항)', 두 번째는 '약속 없음 (no commitment, 제46항)', 그리고 세 번째는 '제한적 자유화 약속(commitment with limitation, 제44항, 제45항)'이다. 이에 더하여 2001년 지침은 '기술적으로 약속 불가(no commitments technically feasible, 제47항)'와 '특수 사례(special cases, 제48항, 제49항)' 등 두 개 수준의 약속 유형을 포함하고 있다.

양허표의 첫 번째 열은 GATS 제16조(시장접근)에 관련된 다. 이곳에 시장접근을 제한하는 여섯 가지 조치를 기재한다. 원칙적으로 WTO 회원국은 양허표에 명시하지 않은 시장접근 제한조치를 발동할 수 없다. 제한조치는 공급형태의 하나, 몇몇 혹은 모두에 대해서 합법적으로 취해질 수 있다. 시장접근 약속이 이뤄진 서비스 분야에서 양허표에 달리 명시되지 않는 한 유지할 수 없는 조치는 다음과 같다.

a. 수량쿼터, 독점, 배타적 서비스 공급자 또는 경제적 수요심사 요건의 형식으로 행해지는, 서비스 공급자의 수에 대한

제한

b. 수량쿼터 또는 경제적 수요심사 요건의 형식으로 행해지는, 서비스거래 또는 자산의 총액에 대한 제한

c. 쿼터나 경제적 수요심사 요건의 형식으로 행해지는, 지정된 숫자 단위로 표시된 서비스 영업의 총 수 또는 서비스의 총 산출량에 대한 제한

d. 수량쿼터 또는 경제적 수요심사 요건의 형식으로 행해지는, 특정 서비스 분야에 고용되거나 혹은 한 서비스 공급자가 고용할 수 있는, 그리고 특정 서비스의 공급에 필요하고 직접 관련되는 자연인의 총 수에 대한 제한

e. 서비스 공급자가 서비스를 제공할 수 있는 수단인 법인체나 합작투자의 특정 형태를 제한하거나 요구하는 조치

f. 외국인 지분소유의 최대 비율한도, 또는 개인별 외국인 투자 혹은 외국인 투자 합계의 총액 한도에 의한 외국자본 참여에 대한 제한

모든 양허표의 두 번째 열은 GATS 제17조, 곧 내국민대우에 관련된 것이다. WTO 회원국은 내국민대우 의무로부터 자유롭게 이탈할 수 있고, 동종 서비스의 국내 공급자에게 제공되는 것보다 낮은 대우를 외국 공급자에게 제공할 수 있다 (제17조 1항). 즉 내국민대우를 제한하는 자유를 완전하게 누리려면 그 칸에 '양허 불가'로 적으면 된다 (표 4.2 참조). 회원국은 어떤 서비스 분야에 대하여 양허표의 모든 칸에 '없음'이라고 쓸 경우에만, 시장접근을 제한하지 않고 또 내국민대

표 4.2 구체적 약속의 GATS 양허표 예시

공급형태	시장접근에 대한 조건과 한계	내국민대우에 대한 조건과 요건	추가적 약속
1. 국경간공급	상업적 주재 필요	양허 불가	
2. 해외소비	없음	없음	
3. 상업적 주재 (외국인직접투자)	경영진의 25%를 내국인으로 할 것	양허 불가	독립 규제 기관의 설치
4. 자연인의 일시적 진입	양허 불가, '수평적 약속'에 명시된 경우는 제외	양허 불가, '수평적 약속'에 명시된 경우는 제외	

출처: 저자 작성

주: '없음'은 어떤 예외도 유지되지 않음을 뜻한다. 즉 시장접근 혹은 내국민대우에 합치하지 않는 조치를 적용하지 않겠다는 양허 약속이다. '양허 불가'는 어떤 종류의 약속도 하지 않는 것을 뜻한다.

우를 준수하겠다는 양허가 성립하게 된다.

양허표의 세 번째 열은 GATS 제18조와 관련이 있다. 동 조항은 추가적 약속을 허용한다. 이것은 이제까지 통신 분야에서 폭넓게 사용되었다. 기본통신협정(Agreement on Basic Telecommunications)은 '참조문서(Reference Paper)'를 도입함으로써 연결서비스가 비용에 기반하여 제공되도록 하고 있다.

분야별 약속의 전체 그림을 알기 위해서는 이른바 '수평적 약속(horizontal commitments)'를 고려할 필요가 있다. 수평적 약속은 모든 공급형태에 적용되는 일반적인 규정과 제한, 그리고 회원국이 WTO에 기탁한 최혜국대우 면제 목록이다.

내국민대우와 시장접근의 관계

GATS 제16조의 제한이 외국 공급자에게만 해당되는 것인지 아니면 외국 공급자와 국내 공급자 모두에게 해당하는 것인지 여부, 그리고 내국민대우가 GATS 제16조의 모든 제한에 적용되는지 여부는 다소 모호한 문제다. 미국-도박사건(US-Gambling)의 패널은 외국 공급자와 국내 공급자의 서비스 공급을 규제하는 미국 연방 및 주 정부의 조치들은 GATS 제16조를 위반했다고 판시했다(그리고 상소기구도 동의했다). 그러한 법률의 두 예는 연방전화선법(Federal Wire Act)과 불법도박영업금지법(Illegal Gambling Business Act)이었다. 연방전화선법의 일부는 다음과 같다.

> 누구든지 알면서도 베팅 또는 내기를 하는 사업에 종사하면서, 주간 또는 해외 상업에서 베팅과 내기의 전송, 또는 스포츠 이벤트나 경기에 베팅 또는 내기를 거는 데 도움을 주는 정보의 전송을 위해서 유선통신 설비를 이용하는 경우, 또는 베팅과 내기의 결과로서 수신자가 금전 또는 신용을 받도록 허용하는 유선통신의 전송을 위하여 유선통신 설비를 이용하는 경우, 벌금 또는 2년 이하의 징역 또는 둘 다에 처해진다.

불법도박영업금지법은 "누구든지 불법도박영업의 전부 또는 일부를 수행, 자금조달, 관리, 감독, 지시 또는 소유하는 자는 벌금 또는 5년 이하의 징역 또는 둘 다에 처해진다"고 규정한다.

이러한 접근법은 법적인 시각과 정책적(무역 자유화) 시각 모두에서 잘못된 것이라고 우리는 믿는다. GATS는 무역협정이다. 곧 '자유화 약속'을 하는 국가의 시민들을 대상으로 어떤 시장에 대한 접근의 조건을 규제해서는 안 된다. 요구되는 것은 조치가 투명해야 한다는 점뿐이다. 이러한 취지에서 GATS 제3조는 "이 협정의 운영에 관련되거나 영향을 미치는 일반적으로 적용되는 모든 관련 조치를 신속히 공표하도록" 각 회원국에게 요구한다. 이 규정은 투명성 의무의 범위에 관하여 규제국에게 약간의 재량권을 남겨두고 있다는 주장도 있다. 최악의 경우 분쟁이 개시될지도 모른다. 또한, 어느 한 WTO 회원국이 교차통보하는 것도 가능하다(GATS 제3조 5항).** 즉 비록 WTO에 통보되지 않더라도, 일반적으로 적용되는 법률은 국내적 법 절차에 따라 공표되기 마련이다.

정책적 시각에서 보면, 만약 GATS 제16조를 오직 외국 서비스 및 서비스 공급자에게만 적용한다면 무역 자유화에 실제로 기여할 것으로 보인다. 양허표에 명시된 제한은 외국인에 의해서만 좌우될 것이다 (외국인은 해당 시장의 그 부분에서 국내 공급자들과 경쟁할 필요가 없다).

GATS는 국내규제를 양허하는 것에 관련 있기 때문에 제16

** 역자 주) 동 조항은 "모든 회원국은 그 밖의 회원국이 취한 어떠한 조치가 이 협정의 운영에 영향을 미친다고 간주할 경우 이를 서비스무역이사회에 통보할 수 있다"고 규정한다.

조를 제17조의 일부로 볼 법도 하다. 그것은 WTO 회원국들이 외국 서비스 및 서비스 공급자에게 내국민대우를 부여할지 여부를 우선 결정해야 한다는 의미이다. 만약 그럴 경우에 회원국들은 GATS 제17조에 해당하는 칸에 이 점을 명시해야 할 것이다(투명성에 관한 제3조를 준수하기 위하여). 그렇지 않다면, 동일한 보고 요건이 존재한다. 어느 정부가 내국민대우를 부여하지 않기로 결정하고 상대적으로 더 까다로운 시장접근을 제16조상의 용어로 표현하고 싶을 경우에는 GATS 제16조 2항에 나타나 있는 수단들을 선택하게 될 것이다. 이로써 'GATS 제16조'에 해당하는 칸에 자신의 양허를 명시해야('한계' 또는 '제한'으로 표기해야) 한다. 우리가 보기에 제16조의 이러한 구성방식은 동 규정의 목적을 달성하는 데 최적이다. 하지만 이 부분은 WTO 재판기관의 GATS 제16조에 대한 이해와 일치하지 않는다는 점도 강조되어야 한다.[1]

기타 규정

GATT의 경우와 마찬가지로, GATS도 양허의 재협상을 허용하고(제21조), 국제수지, 공공질서 및 국가안보상의 예외를 포함하고 있다(제12조, 제14조 및 제14조의2). GATT와 다르게, GATS에는 보조금, 긴급보호(세이프가드), 또는 정부조달에 관한 규정이 없다. 이 주제들에 관해서는 GATS 규칙에 대한 작업단도 별다른 진전을 이루지 못했다. 일부 서비스

(건설)의 조달은 정부조달협정에 따라 서명국만을 대상으로 규율된다. 긴급수입제한조치(세이프가드) 규정이 없는 점은 GATS상 자유화 양허에 존재하는 신축성을 감안하면 문제가 아니라고 주장할 수 있다. 실제로 GATS의 두드러진 특징은 약속의 깊이와 범위 면에서 회원국들이 누릴 수 있는 매우 높은 수준의 신축성이다. 이 점은 GATT와 달리 개발도상국을 위한 특별차등대우 조항이 GATS에는 사실상 존재하지 않는 — 필요하지 않는 — 이유를 설명해준다.

도하라운드와 미래 전망

GATS는 세계무역체제의 영역을 크게 확장시킨 것이다. 서비스는 고소득 국가들의 국내총생산에서 4분의 3 혹은 그 이상을 차지하고, 많은 개발도상국 경제에서는 50퍼센트 이상을 차지한다. GATS는 서비스무역의 자유화를 점진적으로 추진하기 위한 틀이었다. 하지만 WTO 회원국들이 우루과이라운드 동안에 내세우고 GATS 양허표에 기재한 구체적 약속으로 제시되었던 실질적인 자유화는 별로 이뤄지지 않았다. 도하라운드는 회원국의 약속을 심화시키거나 정책 규율을 강화하기 위한 행동을 거의 보이지 않았다. 도하라운드에서 제기된 제안은 한계가 있다는 인식이 널리 퍼져있다. 부분적으로 그 이유는 도하라운드 협상의 디자인에서 비롯되었다. 즉 도하라운드에서 회원국들은 농산물과 비농업 시장개방에 관한 협상을 우선시하고, 일단 다른 영역에서 협상 타결의 윤곽이 잡힌 다음에 서비스에 관한 진지한 협상을 이어가기로 했다.

도하라운드 협상이 아무런 성과 없이 지지부진하자, 23개 국가들은 2012년에 도하라운드 밖에서, 그리고 WTO 밖에서, 서비스무역 자유화를 논의하기로 결정했다. 그 목표는 서비스무역협정(TiSA)에 합의하는 것이다.^{**} 최종적으로 합의가 도출된다면, 참여국들은 서비스무역협정을 특혜무역협정으로 만들거나(그리고 GATS 제5조에 따라 WTO에 통보하거나), 자신들의 약속을 GATS 양허표에 통합하여 이른바 임계협정을 만들 수 있다. 후자의 가능성은 희박하다고 보이는데, 중국과 인도를 포함하여 많은 WTO 회원국들이 서비스무역협정 협상에 참여하고 있지 않기 때문이다. 현재 진행 중인 서비스무역협정 협상 외에도, 서비스는 고소득 국가들이 참여하는 최근의 대표적인 특혜무역협정의 협상 테이블에도 올려져있다. 그러한 특혜무역협정에는 환태평양경제동반자협정(TPP),^{***} 범대서양무역투자동반자협정(TTIP), 그리고 EU, 일본, 한국 및 기타 OECD 회원국들이 협상을 벌였거나 벌이고 있는 많은 양자

**   역자 주) GATS는 서비스무역일반협정(General Agreement on Trade in Services)으로 WTO의 다자협정이지만, TiSA는 서비스무역협정(Trade in Services Agreement)으로 WTO 틀 밖에서 추진 중인 일종의 복수국 간 협정이다.

***   역자 주) 당초 TPP 협상국 중 미국을 제외한 11개국이 참여하는 포괄적·점진적 환태평양경제동반자협정(CPTPP) 이름으로 2018년 12월에 발효되었다.

협정들이 포함된다.

서비스 관련 정책에 관한 국제적 규율을 협상할 때 마주하는 큰 도전은 참여하는 국가들에게 이롭고 또 중상주의적 관점에서도 가치 있는 약속을 이끌어내는 일이다. 여기에서 문제는 최빈국들은 대부분 서비스 수출에 대한 관심이 약하고, WTO의 주요 국가들도 최빈국에게 서비스를 수출하는 일에 관심이 없다는 점이다. 많은 개발도상국들은 수출에 관심이 큰 공급형태, 즉 모드4에서 특히 높은 장벽에 직면한다. 하지만 서비스 공급자의 국경간 이동에 결부되어 있는 정치적 민감성을 고려하면, 모드4는 최혜국대우 원칙에 기초한 자유화의 가능성이 가장 낮다. 모드4를 제외한다고 해도, 세계은행(World Bank)의 분석에 의하면, 서비스 시장에 대한 접근을 자유화하는 데에 있어서도 갈 길이 멀다. 서비스무역제한지수(STRI: Services Trade Restrictiveness Index)를 보면, 운송과 전문직 서비스 같은 일부 분야에는 높은 무역장벽이 있고, 평균적으로 개발도상국들과 신흥국가들은 부국들보다 훨씬 더 높은 무역제한을 실시하고 있다 (도표 4.1 참조). 이는 서비스무역협정과 특혜무역협정을 통해서 무엇을 얻든지 간에 WTO로 돌아가서 GATS의 범위를 강화하려는 유인이 있을 것임을 시사한다.

무역관련 지적재산권협정(TRIPS)

TRIPS는 WTO에 포함된 세 번째 다자협정이다. TRIPS는 우루과이라운드에서 타결되었으며 지적재산권 분야 4대 국제협정의 중요 내용을 그대로 담고 있다. 그 네 협정은 아래와 같다.

1. 파리협약(Paris Convention, 1967) – 공업소유권 보호
2. 베른협약(Berne Convention, 1971) – 저작권 보호
3. 로마협약(Rome Convention, 1961) – 실연자(performer), 음반제작자 및 방송기관 보호
4. IPIC조약(Treaty on Intellectual Property in Respect of Integrated Circuits, 1989) – 집적회로에 관한 지적재산권 보호

도표 4.1 서비스무역제한지수 평균(2010년)

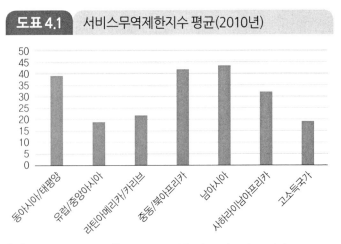

출처: World Bank, http://iresearch.worldbank.org/servicetrade/.

TRIPS는 기본적으로 이 협정들의 주요 규정(TRIPS에서 명시적으로 언급된 일부 예외와 함께)을 흡수하여 다자협정으로 만든 것이다.[2] 개발도상국에게는 과도기간이 부여되었다. 최저개발국이 아닌 국가들의 경우는 1999년 12월 31일에 과도기간이 만료되었다. 최저개발국들의 과도기간은 당초 2006년 1월1일까지였는데, 의약품의 상품특허 보호에 대해서는 더 긴 과도기간(2016년까지)을 적용했다.

TRIPS는 지적재산권의 보호에 대하여 '최소한의 기준'을 부과한다. 즉 WTO 회원국은 최소한 동 협정에 규정된 의무를 준수해야 하지만 더 높은 수준의 보호 기준을 채택할 재량권을 갖는다 (TRIPS 제1조). TRIPS 제3조에 기재된 특정 예외하에서, WTO 회원국은 지적재산권 소유자에게 내국민대우를 부여해야 한다. GATT, GATS와 다르게, TRIPS는 적극적 통합, 곧 무역장벽의 제거가 아닌 규제 표준의 조화를 추구한다. 권리는 영토적 경계를 기준으로 보호받는다. 지적재산권 소유자는 자신의 이해가 걸려있는 WTO 회원국의 영토 안에서 보호를 요청할 자격을 갖는다 (따라서 어디에서 보호를 구하고 또 어디에서 구하지 않을 것인지는 지식의 발명자 혹은 소유자의 비용-편익 분석에 의해 결정된다).

TRIPS하에서 보호받는 권리들은 저작권, 상표권, 의장(산업디자인), 집적회로 디자인, 특허, 지리적 표시, 그리고 비공개 정보 등이다.[3]

저작권 및 관련 권리

TRIPS 제9조 2항에 의하면, 저작권 보호는 표현에는 적용되지만 아이디어, 절차, 운용방법 또는 수학적 개념 그 자체에는 적용되지 않는다. 보호를 받는 권리에는 컴퓨터 프로그램, 영화 필름, 데이터베이스, 실연자, 음반제작자 및 방송기관 등이 포함된다. 저작물의 보호기간은 자연인의 수명 동안이지만, 승인된 발행 연도의 말로부터 적어도 50년까지(TRIPS 제12조) 그리고 방송기관의 경우에는 20년까지(TRIPS 제14조 5항) 연장될 수 있다.

상표권과 의장

TRIPS 제15조는 사업자의 상품 또는 서비스를 다른 사업자의 상품 또는 서비스로부터 식별시킬 수 있는 표지(sign) 또는 표지의 결합을 상표라고 정의한다. 그러한 표지는 상표로 등록될 자격은 갖는다. 표지가 해당 상품이나 서비스를 자체적으로 구별하지 못하는 경우에 회원국은 사용 과정에서 나타나는 독특성에 따라 '등록 여부'를 결정할 수 있다. 회원국은 등록의 조건으로 표지가 시각적으로 인식 가능할 것을 요구할 수 있다. 상표의 실제 사용이 등록 신청의 조건이 되어서는 안 된다. 회원국들은 등록 전 혹은 등록 후에 신속히 모든 상표를 공개하며, 등록취소 청구를 위하여 합리적 기회를 제공한다. 상표의 최초 등록은 최소한 7년 동안이며, 상표의 등록은 무한정 갱신될 수 있다 (TRIPS 제18조). TRIPS 제25조는 새롭거나 독창성 있는 독립적으로 창작된 의장(산업디자인)의 보호를 규정한다. 의장의 보호는 최소한 10년 동안 유지된다.

지리적 표시

TRIPS 제22조와 제23조는 지리적 표시의 보호를 규정한다. 제23조는 그 제목에서 제22조에 입각하여 다른 상품에게 부여되는 보호에 더하여 포도주와 주류의 지리적 표시에 관한 '추가보호'를 명확히 하고 있다. 이러한 보호의 기본 근거는 소비자 보호와 관련이 있다 (지리적 표시를 속여서 소비자에게 혼동을 주는 것을 막기 위한). 지리적 표시의 보호에는 많은 예외들이 있다 (TRIPS 제24조). 예를 들면, 어떤 지리적 표시가 자기 영토 안에서 특정 상품을 묘사하는 통용어가 된 경우에는 회원국은 그 표시를 보호하지 않을 수 있다.

특허

TRIPS 제27조 1항은 모든 기술 분야에서 물질(product) 또는 제법(製法, process)에 관한 어떠한 발명도 신규성, 진보성 및 산업상 이용가능성이 있으면 특허를 획득할 수 있도록 하고 있다.[4] 제65조 4항, 제70조 8항 및 제27조 3항을 조건으로, 발명 장소, 기술 분야, 제품의 수입 또는 국내생산 여부에 따른 차별 없이 특허가 부여되고 특허권이 향유될 수 있다. 따라서 물질은 물론 어떤 물질을 획득하는 데 사용되는 제법도 특허의 대상이 될 수 있다.

제27조의 2항과 3항은 몇몇 발명을 특허의 대상에서 제외할 수 있다고 규정한다. 어떤 특정 발명도 제외되지 않는다. 대신 이 조항은 기준을 설정하여, 그 기준이 충족되는 경우에 특허 보호를 거부할 수 있도록 한다. 세 가지 예외는 공중 보건, 도덕 등등(각 국가의 선호를 바탕으로 일방적으로 정의되는), 인간 또는 동물의 치료를 위한 요법 및 외과적 방법, 미생물이 아닌 동식물, 그리고 동식물의 생산을 위하여 비생물학적 및 미생물학적 제법이 아닌 본질적으로 생물학적인 제법이다 (TRIPS 제27조 3항의 b). 그러나 회원국은 특허 또는 효과적인 독자적 제도 및 양자의 혼합을 통해 식물 다양성을 보호해야 한다. 이 호의 규정은 WTO협정의 발효일로부터 4년 후에 재검토되도록 했다.

TRIPS 제28조는 제3자가 특허권자의 동의 없이 물질이나 제법을 제조, 사용, 판매를 위한 제공, 판매 또는 이러한 목적을 위하여 수입하는 행위를 금지한다. 동 조항은 특허권을 양도, 또는 상속에 의하여 이전하고, 라이센스 계약을 체결할 권리를 특허권자에게 부여한다. WTO 회원국은 특허에 부여된 배타적 권리를 제한할 수 있다. 다만 그러한 예외는 특허권의 정상적인 이용에 불합리하게 저촉되지 않아야 한다 (TRIPS 제30조). 특허 보호의 기간은 출원일로부터 최소 20년 동안이다 (TRIPS 제33조). 특허는 강제적 라이센스로써 파기될 수 있다. TRIPS 제31조는 강제적 라이센스의 요건들이 적절한 보상을 비롯하여 WTO 규범에 합치하도록 자세하게 규정하고 있다.

TRIPS는 지적재산권의 소진 문제를 미해결 상태로 남겨두고 있다. 예를 들어, 유럽공동체법에 의하면, 독일의 지적재산권 소유자는 자신의 상품을 독일 도매업자에게 판매한 경우 지적재산권을 소진(exhaust)한다. 즉 독일 도매업자가 자신의 상품을 네덜란드 업자에게 재판매하고 네덜란드 업자는 그 상품을 다시 독일로 수출하는 경우, 독일의 지적재산권 소유자는 병행 수입을 막을 법적 권리를 갖지 못한다. 만약 독일 도매업자가 미국에 판매하고 그 상품이 유럽으로 재수출되는 경우에는 문제가 덜 뚜렷해진다. 이 점에 관하여 TRIPS 제6조는 규제의 다양성을 허용한다. WTO 회원국은 지적재산권의 국제적 소진 방법을 자유롭게 결정할 수 있다.

TRIPS와 개발도상국

WTO의 개발도상국들은 TRIPS의 여러 측면에 대해 우려를 표했다. 그 우려 중 하나는 공중 보건의 필요에 따라 TRIPS(제31조)의 강제적 면허 규정을 사용할 만큼 국내생산 능력을 갖추지 못한 국가들에게 잠재된 문제들과 관련이 있다. 이 문제는 논쟁적인 협상 끝에 2003년 8월 30일의 결정으로 해결되었다. 그에 따라 최저개발국 및 국내 의약품 생산능력을 결여한 국가들은 수입업자가 수출회사에게 발행하는 강제적 라이센스에 의거하여 다른 WTO 회원국으로부터 약품을 수입할 수 있도록 허용된다. 그 전제조건은 적격 수입 회원국은 TRIPS 이사회에 통보하고 필요한 물질의 명칭과 예상 수량을 적시해야 한다는 것이다. 최저개발국이 아닌 국가가 제약 분야에서 제조 능력이 부족하거나 결여하고 있다고 확인하고, 또 자신의 영토 안에서 특허가 부여된 의약품의 경우 TRIPS 제31조와 2003년 결정에 입각하여 강제 라이센스를 부여했거나 그러할 의사가 있음을 확인하면, 수출 회원국이 발행하는 라이센스는 수입 회원국의 공중 보건 요구를 해결하기 위해 필요한 것에 국한되어야 한다. 또한, 물질은 특정한 상표와 특수한 포장을 통하여 2003년 결정에서 제시된 체계하에서 생산되는 것으로 명확히 식별되어야 한다.

면허 소지자에게 적절한 보수가 지급되어야 한다. 최저개발국은 면허의 사용을 점검하고, 면허의 재수출을 막는 조치를 취해야 하며(필요한 경우, 기술적 지원을 요청할 수 있다), 국내 산업 역량의 개발을 증진하는 데에 2003년 체계를 사용해야 한다. WTO의 모든 회원국은 그러한 물질의 병행 수입이 차단될 수 있도록 해야 한다. 2005년 12월에 WTO 일반이사회는 TRIPS에 대한 개정의정서를 채택하여 2003년 결정을 흡수했다. 이 개정의정서는 2003년 8월 결정문을 꼼꼼하게 반영하고 있다. 동 의정서는 회원국 3분의 2 수락으로 발효된다 (실제로 2017년 1월 23일에 정식 발효됨 — 역자 주). 한편

2003년 8월 결정의 면제 조항들은 개정의정서가 발효하는 날까지 적용된다.

지적재산권의 시행

TRIPS는 WTO 회원국들이 공정하고 공평한 절차를 수립하여 자신의 주권 영역 안에서 지적재산권의 적절한 보호를 보장하도록 요구한다. TRIPS는 일반적 의무 이외에도 잠정조치와 형사절차에 관한 규정을 두고 있다. TRIPS 제41조는 WTO 회원국의 일반적 의무를 규정한다.

1. 회원국은 이 부(지적재산권의 시행)에서 명시된 바와 같이 시행절차가 자국의 법률에 따라 이용가능하도록 보장함으로써, 침해방지를 위한 신속한 구제 및 추가침해를 억제하는 구제를 비롯하여 이 협정에서 다루고 있는 지적재산권 침해행위에 대한 효과적인 대응조치가 허용되도록 해야 한다. 이러한 절차는 합법적인 무역에 장애가 되지 않고 남용에 대한 보호 장치를 제공하는 방법으로 적용되어야 한다.

2. 지적재산권의 시행절차는 공정하고 공평해야 한다. 이 절차는 불필요하게 복잡하거나, 비용이 많이 들거나, 불합리하게 시간을 제한 또는 부당하게 지연하면 안 된다.

3. 어떤 사안의 본안에 대한 결정은 가급적 시민으로 하며 그 결정의 이유를 포함한다. 동 결정은 최소한 소송 당사자들에게 부당한 지연 없이 제공된다. 사안의 본안에 관한 결정

은 당사자가 자신의 입장을 진술할 기회가 주어졌던 증거만을 기초로 한다.

4. 소송당사자는 최종적인 행정결정에 대하여 사법당국의 검토를 받는 기회를 갖는다. 또 사안의 중요성에 관하여 회원국의 법률에 규정된 사법관할권 규정에 따라, 사안의 본안에 대한 최초의 사법적 결정의 최소한 법적 측면에 대해서도 사법당국의 검토를 받을 수 있다. 그러나 형사사건에 있어서 석방에 대한 심사 기회를 부여할 의무는 없다.

5. 이 부는 일반적인 법 집행을 위한 사법제도와는 별도로 지적재산권의 시행을 위한 사법제도를 마련할 의무를 부과하는 것은 아니며, 회원국의 일반적인 법 집행 능력에 영향을 미치지도 않는다. 이 부의 어느 규정도 지적재산권의 시행과 일반적인 법 집행 간의 예산배분에 관한 의무를 부과하지 않는다.

지적재산권의 시행에는 비용이 많이 들어간다. WTO 판례법에 의하면, WTO 회원국은 지적재산권의 집행 정도를 결정할 때 마땅히 비용-편익 분석을 실시할 수 있다. 그리고 최종적으로 지적재산권 소유자에게 지급되는 사용료에서 집행 관련 행정비용을 차감할 수 있다. 궁극적으로 TRIPS의 기능과 적용에 관하여 WTO 회원국 간에 벌어지는 모든 분쟁은 WTO 분쟁해결기구에 제기될 수 있다.

복수국 간 협정

복수국 간 협정(PA: plurilateral agreement)은 WTO 회원국의 일부만 참여하기로 합의한 소수의 협정을 이른다. 이 협정들은 도쿄라운드와 크게 달라진 부분인데, 당시에 압도적 다수의 신규 협정들은 '복수국 간' 협정이었다. 아래에서는 우루과이라운드의 복수국 간 협정 작동방식, 그리고 미래에 복수국 간 협정을 더 많이 활용해야 하는 이유에 초점을 맞춘다.

WTO에 포함되어 있는 다자협정은 모든 회원국을 구속한다. 그러나 WTO는 참여 여부를 선택에 맡기는 협정의 협상도 허용한다. WTO는 회원국들이 공통의 이익을 위한 소집단을 형성할 수 있도록 세 가지 방식을 제시하고 있다. 즉 특혜무역협정(PTA)의 체결, WTO 설립을 위한 마라케쉬협정 제2조 3항에 의거한 복수국 간 협정(PA), 그리고 이른바 임계협정(CMAs) 등이다. 특혜무역협정은 WTO의 규범에 종속되지만 기본적으로 WTO 밖에 놓여있다. 특혜무역협정은 WTO의 구조와 독립적으로 운영되고, 그 서명국들은 전면적인 자유무역협정을 추구하고 있다는 점에서 그렇다. 임계협정은 WTO의 관할에 속하면서도 협상된 규율이 일부 국가들에게만 적용될 뿐이고 그 혜택은 최혜국대우 원칙을 기반으로 부여된다. 그 예에는 정보기술협정(ITA)과 기타 이른바 상호 무관세협정(zero-for-zero agreement), 즉 일부 국가들이 특정 상품에 대하여 관세를 철폐하기로 합의하는 협정들이 속한다. 복수국 간 협정도 WTO의 관할에 속한다. 복수국 간 협정이 임계협정과 다른 점은 복수국 간 협정의 혜택이 비서명국에게는 제공되지 않아도 되고 차별적으로 적용될 수 있다는 것이다.

복수국 간 협정과 임계협정은 중요한 부분에서 특혜무역협정과 구별된다. WTO 규칙들에 따르면, 특혜무역협정은 사실상 모든 상품 그리고/또는 상당한 범위의 서비스 분야를 대상으로 해야 한다.[5] 반대로, 임계협정과 복수국 간 협정은 특정 이슈를 대상으로 할 수 있다. 특혜무역협정은 폐쇄성을 띠는 경향이 있으며 대부분 가입조항을 두지 않는다. 가입을 허용하는 특혜무역협정도 종종 특정 지역에 속한 국가들에게만 개방한다. 이 점은 특혜무역협정이 확산된 이유를 설명해준다. 신규 협정은 기존 특혜무역협정의 회원국과 비회원국 사이에 체결되는 경향이 있다. 왜냐하면 비회원국은 기존의 지역무역협정에 가입하는 게 가능하지 않기 때문이다. 반면 임계협정과 복수국 간 협정은 개방적이다. 이 협정들의 규율을 이행하기 원하고 또 이행할 수 있다면 어느 WTO 회원국도 가입할 수 있다.

WTO협정 발효 시점에 네 개의 복수국 간 협정이 있었다.

i. 국제낙농협정(International Dairy Agreement)

ii. 국제우육협정(International Bovine Meat Agreement)

iii. 민간항공기무역협정(Agreement on Trade in Civil Aircraft)

iv. 정부조달협정(Agreement on Government Procure-
    ment)

국제낙농협정과 국제우육협정은 도쿄라운드가 남긴 유산이
었다. 이 협정들은 세계 낙농 및 우육 시장의 상태에 관한 정
보의 공유를 위한 비구속적 약속을 담았다.[6] 두 협정은 1997
년 12월 31일에 만료되었다. 이 책을 쓰는 시점에는 오직 두
개의 복수국 간 협정만 효력을 발휘하고 있었다. 이들 중에 도
쿄라운드의 결과물인 민간항공기무역협정은 대체로 불필요한
존재가 되었다. 민간항공기무역협정의 규율은 우루과이라운
드의 보조금 및 상계조치협정(SCM)에 흡수되었다.[7]

복수국 간 협정의 규정은 그 규정을 수락하는 WTO 회원국
만을 구속한다. "부속서 4에 포함된 협정 및 관련 법적 문서
(이하 '복수국 간 무역협정')는 이를 수락한 회원국에 대하여
이 협정의 일부가 되며, 이를 수락한 회원국에 대하여 구속력
을 갖는다. 복수국 간 무역협정은 이를 수락하지 아니한 회원
국에게 의무를 지우거나 권리를 부여하지 않는다"(WTO 설
립협정 제2조 3항).

정부조달협정(GPA)

정부조달협정은 도쿄라운드에서 처음 협상이 이루어졌고,
GATT 제8조에 의하여 조달 분야가 내국민대우 의무에서 제

외되고 있기 때문에 출발했다. 그 후에 정부조달협정은 건설서비스(GATS 제13조가 서비스 조달을 내국민대우에서 제외하고 있기 때문에)도 포괄하도록 확장되었다. 정부조달협정은 재판매할 의사가 없는 정부 구매를 대상으로 한다. 정부조달협정상의 의무는 국영무역에 관련하여 정부에게 부과되는 의무(GATT 제17조)와는 구별된다. 정부 및 비정부 기관(즉 국영회사)은 정부조달협정 서명국들의 양허표에 포함되어 있는 경우에 무차별원칙에 따라 구매를 해야 한다.

정부조달협정의 회원국은 제한되어 있다. 동 협정의 서명국은 아르메니아, 캐나다, EU(28개 회원국), 홍콩, 아이슬란드, 이스라엘, 일본, 한국, 리히텐슈타인, 네덜란드령 아루바, 노르웨이, 싱가포르, 스위스, 대만, 미국 등이다. 몬테네그로와 뉴질랜드는 2014년 말에 가입 절차를 완료하고 의회 비준후 2015년 중반에 합류했다 (2022년 현재 정부조달협정에는 48개 WTO 회원국이 21개 당사국(parties)으로 참여하고 있다 – 역자 주). 이 회원국 목록에서 알 수 있듯이, 개발도상국은 매우 드물다. 아르메니아는 (2013년에) 가입한 최초의 중소득국이다. 세계은행이 저소득국으로 분류한 국가 중 어느 국가도 정부조달협정에 가입하지 않았다. 아르메니아를 제외하면, 모든 회원국은 고소득국이다(몬테네그로는 중상소득국이다). 개발도상국이 정부조달협정에 참여하고 있지 않은 원인은 다양하다. 곧 개발도상국은 조달 개혁을 일방적으로 추진하고 있기 때문에 직접적인 혜택이 없다는 인식, 수출 관심의 부재, 통지·보고·절차 등 법 준수에 드는 행정비용, 산업정책 및 재분배정책의 수단으로서 ― 정부는 국내 기업, 소수 인종 및 종교집단, 소수 민족, 국내 지역 등의 이익을 증진하려는 수단으로서 ― 조달정책을 사용하려는 욕구 등이다.

개발도상국의 참여를 촉진하기 위하여 정부조달협정 제5조는 서명국들이 개발도상국의 필요를 충분히 고려하도록 요구하고 있다. 개발도상국의 필요에는 국제수지 방어, 국내산업의 발전, 산업단위의 지원, 개발도상국 간의 약정을 통한 경제개발의 권장 등이 있다. 개발도상국에게 신축성을 제공하려는 의도에도 불구하고, 이 조항들은 회원국을 확장하는 데 별다른 성공을 거두지 못했다. 이 책을 쓸 당시에 알바니아, 중국, 조지아, 요르단, 키르기즈공화국, 몰도바, 몽골, 오만, 러시아, 사우디아라비아, 타지키스탄, 우크라이나 등이 가입 협상을 벌이고 있었다.[**] 이들 모두는 1995년 이후 WTO에 가입했고, 그 가입 절차의 일부로 정부조달협정 가입 협상을 개시해야 했다 (이 중에서 몽골, 러시아, 사우디아라비아, 타지키스탄 등 4개국은 가입의정서에 이러한 취지의 약속을 담았다).

정부조달협정은 2010~2012년에 개정되고 그 구조가 변경되었는데, 정부조달협정 개정의정서(GPA 2012)는 2014년 4

[**] 역자 주) 이 중 몰도바와 우크라이나는 2016년에 정식 가입했으며, 2022년 말 현재 GPA 가입협상을 벌이고 있는 국가는 알바니아, 브라질, 중국, 조지아, 요르단, 카자흐스탄, 키르기즈공화국, 북마케도니아, 오만, 러시아, 타지키스탄 등 11개국이다.

월에 발효되었다. 개정의정서의 주요 목표는 개발도상국의 가입을 촉진하는 것이었다. 그러나 이러한 취지의 새로운 규정들이 개발도상국 정부들의 유인체에 많은 변화를 가져올 가능성은 없다. 개정 정부조달협정에 의하면, 개발도상국에게는 과도기적으로 또 일정한 조건하에서 (투명한) 가격 특혜 프로그램 또는 대응구매(offset)의 사용, 특정 기관 또는 분야의 단계적 추가, 제한된 기간 동안 더 높은 양허기준금액의 적용 등이 허용된다. 또한, 개발도상국들은 최혜국대우 원칙 이외의 특정 의무를 늦춰서 적용하도록 요청할 수 있다. 그 이행기간은 최저개발국은 협정 가입 후 5년, 그리고 다른 모든 개발도상국은 3년을 초과하지 않는다.

GPA 규율

정부조달협정의 규율은 동 협정의 부록 I(Appendix I)에 명시된 기관의 조달에 관한 법률, 규정, 절차 또는 관행에 적용된다 (GPA개정의정서 제2조). 부록 I은 다섯 개의 부속서로 나뉘며, 중앙정부 기관(부속서 1), 중앙정부보다 하위의 기관(부속서 2), 이 협정의 규정에 따라 조달을 실시하는 그 밖의 모든 기관(부속서 3), 서비스를 조달하는 기관(부속서 4), 건설서비스를 조달하는 기관(부속서 5) 등이다. 따라서 정부조달협정은 상품과 서비스 모두를 대상으로 한다.[8] 각 서명국은 정부조달협정상의 의무가 적용되는 5개 부속서 각각에 대해

조달기관을 양허한다. 그리고 이 부속서에는 정부조달협정이 적용되는 기준가가 명시되어 있다.

무차별은 정부조달협정의 핵심 의무다(GPA개정의정서 제4조). 무차별은 최혜국대우와 내국민대우 모두를 포함한다.

> 이 협정의 적용 대상이 되는 조달에 관한 조치와 관련하여, 각 당사자는 다른 당사자의 상품, 서비스 및 동 당사자 상품 또는 서비스의 공급자에게 즉시 그리고 무조건적으로 다음보다 불리하지 않은 대우를 부여한다. (1) 국내 상품, 서비스 및 공급자에게 부여되는 대우, 그리고 (2) 다른 당사자의 상품, 서비스 및 공급자에게 부여되는 대우
>
> (GPA개정의정서 제4조 1항)

GPA개정의정서 제4조 1항은 정부조달협정 당사국을 구속하지만, 제4조 2항은 추가적 의무를 부과하여 조달기관이 국내에 설립된 외국 공급자를 위한 무차별원칙을 준수하도록 하고 있다. 무차별 의무는 정부조달협정의 범위 안에 있는 계약 및 기관에 적용하기로 선택한 모든 입찰 절차에 관하여 서명국을 구속한다. 공급자의 원산지를 결정하는 규칙은 정부조달협정에 규정되어 있지 않다. 즉 각 회원국은 공급자의 원산지를 일방적으로 결정할 수 있다. 이때 지켜야 하는 유일한 의무는 그것을 내국민대우 의무에, 또 상품이 통상적인 무역 과정에서 원래 목적상 취급받는 방식에 합치하도록 적용하는

것이다. GATT와 GATS의 경우와 마찬가지로, 정부조달협정도 국가안보, 공중도덕, 질서 및 안전을 위한 예외를 포함하고 있다 (GPA개정의정서 제3조).

정부조달협정은 입찰절차를 네 가지로 구분한다.

a. '공개입찰(*open tendering*)'은 모든 관심 있는 공급자가 입찰서를 제출할 수 있는 절차다.
b. '선택입찰(*selective tendering*)'은 조달기관에 의하여 입찰서를 제출하도록 초청받은 공급자만이 입찰서를 제출할 수 있는 절차다.
c. '제한입찰(*limited tendering*)'은 조달 계획의 공지 없이 조달기관이 공급자를 개별적으로 접촉할 수 있는 절차다.
d. '협상'이 조달기관과 경제주체 간에 이뤄질 수 있다.

선택입찰이 보호주의 행태로 나아가지 않도록 정부조달협정은 공급자의 자격에 관한 상세한 요건뿐 아니라 공고, 입찰서, 기간, 정보의 투명성에 관한 자세한 요건을 담고 있다. 정보의 투명성은 낙찰 정보 및 통계의 수집과 보고를 포함한다. 제한입찰은 구체적인 규율을 받는다 (개정의정서 제13조). 즉 제한입찰은 '공개'입찰 그리고/또는 '선택'입찰에 응찰자가 없는 경우, 공급자가 참가 조건에 만족하지 못하는 경우, 제출된 입찰이 담합에 의한 경우, 공급자의 변경에 비용이 너무 많이 드는 후속 조달의 경우, 그리고 극도의 긴급 상황의 경우에 허용된다. 가장 최근의 정부조달협정 개정의정서는 상이한 입찰 절차 간에 순위를 매기지 않는다. 이는 가장 효과적인 입찰 방식이 무엇인지에 관하여 서명국 간에 상당한 견해 차이가 있기 때문이다.

복수국 간 협정과 다자화

WTO 회원국이 복수군 간 협정과 일반적으로 '클럽'을 대하는 태도는 꽤 부정적이다. WTO 출범 이후 첫 20년 동안 신규 복수국 간 협정을 협상하려는 시도는 없었다. 동시에 WTO의 규칙을 확장하는 데에 있어서도 별다른 진전을 보지 못했고, 대신 특혜무역협정 쪽으로 점차 초점이 이동했다. 오늘날 관세의 중요성은 훨씬 낮아졌고, 시장을 분리하는 것은 기본적으로 비관세장벽과 규제정책이다. 따라서 무역협력은 규제에 대하여 비슷한 선호와 접근방식을 취하는 국가들에 국한해서 이뤄질 필요가 있다. 비관세장벽에 관한 규율은 다자적인 틀보다 동류 국가로 구성된 소집단에서 협상하기 더 쉽다. 특혜무역협정이 규제 협력의 기본처럼 보이기도 하지만, 그러한 협력을 위해서 WTO가 제공하는 제도들의 성과가 왜 없는지 물어볼 법하다. 새로운 복수국 간 협정과 임계협정을 체결하려는 시도가 늘어나면 WTO에 연결된 '탯줄'은 더 단단해질 것이다.

임계협정과 복수국 간 협정을 특혜무역협정보다 선호하는 타당한 이유가 있다.[9] 복수국 간 협정은 비참가국을 비롯하여 어느 국가의 후생도 감소시킬 수 없다. 왜냐하면 복수국 간 협정의 내용은 전체 WTO 회원국의 승인을 받아야하기 때문이다. 특혜무역협정도 WTO의 검토를 받는다. 하지만 특혜무역협정의 내용을 승인하는 절차는 없고, 다만 정보의 제공만을 규율한다. 복수국 간 협정은 더 투명한데, 이는 전체 WTO 회원국에게 활동을 정기적으로 보고하기 때문이다. 복수국 간 협정은 규칙과 접근방식에 있어서 특혜무역협정보다 분산의 정도가 덜하고 따라서 거래비용과 무역전환도 더 적다. 실제 복수국 간 협정은 특혜무역협정의 내용을 다자화 하는 한 가지 방법이다. 동일한 주제를 취급하는 복수의 특혜무역협정이 있다는 사실은 기업들 입장에서 보면 게임의 규칙이 해당 무역 거래에 적용되는 특혜무역협정마다 달라진다는 뜻이다. 복수국 간 협정의 경우에는 해당 주제를 규율하는 규칙이 하나만 있을 것이다.

WTO하에서 복수국 간 협정의 적극적인 추진을 저해하는 두가지 제약이 있다. 첫째, WTO 규칙에 이미 포함되어 있는 정책들의 규율을 심화하면서 최혜국대우를 기반으로 적용하기 위한 임계협정을 WTO 회원국이 추진할 수 있는 뚜렷한 방도가 없다. 둘째, 복수국 간 협정을 WTO에 통합하려면 만장일치('전적으로 컨센서스에 의해서만')를 요한다.[10] 실제로 이 점은 국가들이 복수국 간 협력을 추구하는 것을 저해하는 주요 요인이다. WTO 회원국들이 WTO하에서 복수국 간 협력을 용이하게 하는 것을 고려할 의사가 있는지는 불명확하다. 그러나 회원국들이 복수국 간 협력을 용이하게 하지 않으면, 그것은 새로운 이슈들에 관한 규칙 제정이 특혜무역협정 영역 안에서 이뤄질 것임을 의미한다.

결론

GATS 협상은 무역 협상가들에게 하나의 도전이었다. 상품에 비하여 서비스의 교역에 있어서 상당한 차이가 존재하는 상황이었다. 선진국과 개발도상국 간의 관계도 걸림돌이었다. 개발도상국에 속하는 많은 국가들은 서비스무역에 영향을 끼치는 조치에 관한 규율을 협상하는 데 대하여 적대적인 태도를 취했다. 최종 결과는 실질적인 무역 자유화를 성취하지 못했지만, 그 중요성을 과소평가해서는 안 된다. GATS는 서비스무역의 자유화를 위한 최초의 다자협정으로 장래에 추가적인 자유화를 유도할 발판이다. 불행히도 GATS는 지금까지 기대에 부응하지 못했다. 국가들은 특혜무역협정을 체결하는 방향으로 점차 이동하고 있다. 주요 국가(미국, EU)를 비롯한 수많은 WTO 회원국들이 서비스무역협정(TiSA)을 협상하기로 결정한 것은 중요한 진전이다. 서비스무역협정은 WTO의 한계를 넘어 서비스무역을 자유화하려는 야심찬 계획이다. 이러한 노력의 결과에 따라 장차 GATS의 적실성이 결정될 것이다.

TRIPS는 적극적인 통합 수단이다. TRIPS는 다양한 지적재산권협정에 포함되어 있고 WTO 규범 안으로 '수입된' 보호의 기준을 도입하도록 WTO 회원국에게 요구한다. WTO 회원국은 더 높은 수준의 보호를 여전히 자유롭게 채택할 수 있다. 다만 그러한 보호는 무차별적인 방식으로 적용되어야 한다.

WTO 회원국은 점점 다양해지고 있다. 선호도 회원국에 따라 상당히 다르다. WTO의 모든 회원국이 동일한 협정의 한결같은 당사국이라고 믿는 것은 비현실적이다. 수많은 무역촉진협정은 바로 이러한 오류 때문에 실패한다. 복수국 간 협정과 임계협정으로 나아가는 길을 여는 것이 WTO체제에게 중요한 활력소가 될 수 있다.

▓ 주

1) GATS 제16조에 대한 이러한 관점이 받아들여진다고 가정하면, 일부 양허표는 재평가되어야 할 것이다. 왜냐하면 그 중 일부는 무차별적(국내 공급자와 외국 공급자 모두에게 적용되는) 제한을 포함하고 있기 때문이다. 이것은 아마도 1993년도 양허표 작성지침이 매우 혼란스러웠기 때문일 것이다.
2) 하지만 일부는 수정되고 확장된 규정도 있다. 예를 들면, 베른협약 제6조의2는 도덕적 권리에 관하여 규정하고 있으나, 이와 관련하여 WTO 회원국들은 권리를 갖지 못하고 따라서 의무도 지지 않는다.
3) TRIPS는 상업적 가치가 있는 영업비밀 또는 노하우를 적법하게 통제하고 있는 자는 해당 영업비밀에 대한 보호를 받으며 그의 동의 없이 영업비밀을 배포하지 못하도록 하고 있다.
4) 이 조항의 목적상 '진보성(inventive step)'과 '산업상 이용가능성(capable of industrial application)'이라는 용어는 회원국에 의해 각각 '비자명성(non-obvious)'과 '유용성(useful)'이라는 용어와 동의어로 간주될 수 있다.

5) 이는 각각 GATT 제34조, GATS 제5조에 의하여 요구된다.

6) 보다 자세한 내용은 Hoekman, Bernard M. and Michel Kostecki, *The Political Economy of the World Trading System* (Oxford: Oxford University Press, 2009) 참조.

7) 이 협정의 회원국은 불가리아, 캐나다, 대만, 에스토니아, 유럽공동체(15개 개별 회원국), 이집트, 조지아, 일본, 라트비아(현 EU 회원국), 마카오, 몰타(역시 현 EU 회원국), 노르웨이, 루마니아, 스위스, 미국 등이다.

8) GATS 제13조 2항에 의하면, 서비스의 조달에 관한 다자협상은 WTO협정의 발효일로부터 2년 안에 진행되어야 한다. 서비스무역에 관한 협상의 지침과 절차(WTO Doc. S/L/93)는 회원국들이 조달에 관한 구체적 약속을 협상하기에 앞서 GATS 제13조에 따른 협상을 완료해야 한다고 밝히고 있다. 아직까지 협상은 완료되지 못했다.

9) Hoekman, Bernard and Petros C. Mavroidis, "Embracing Diversity: Plurilateral Agreements and the Trading System," *World Trade Review* 14, no. 1 (2015): 101–106.

10) WTO 설립협정 제10조 9항 참조.

5장

분쟁해결과 투명성

이 장의 구성

- 강제적 제3자 재판
- 판결의 집행
- 투명성제도
- 무역정책검토제도

- GATT에서 무역정책검토제도, 그리고 오늘날까지
- 결론

분쟁해결은 세계무역체제에서 '왕관의 보석'이라는 찬사를 종종 받아왔다. 다른 영역의 국제관계와는 대조적으로, 분쟁해결은 GATT의 초창기 이래로 항상 '평화로웠고', 문제된 정책조치의 합법성에 대한 판단은 재판관들에게 맡겨졌다. 이 장은 분쟁해결제도가 오늘날의 강제적 제3자 재판제도로 어떻게 진화해왔는지, 또 세계무역기구(WTO) 회원국의 무역정책의 투명성을 높이기 위한 다양한 제도와 절차를 논의한다.

WTO의 분쟁해결제도는 GATT체제의 분쟁해결제도와는 명백히 다르다.[1] WTO는 강제적 제3자 재판을 제공하고, 세계무역체제에서는 처음으로 2심제 재판을 도입하고 있다. 2심제는 진정한 혁신이었다. 후데츠(Robert Hudec)의 기념비적인 1993년 연구는 WTO 회원국들이 강제적 제3자 재판제도에서 사실상 살아가는 법을 배웠음을 잘 보여준다. 즉 한 가지 경우를 제외하면, 패널의 설치 요청은 모두 긍정적인 반응을 얻었다. 모든 보고서의 압도적 다수가 채택되었고, 채택된 모든 보고서의 다수는 이행되었다. 물론 일찍이 1948년에 법률상의 강제적 제3자 재판이 있었다면 국가들이 어떻게 행동했을지에 관해 이 연구는 대답하고 있지 않다. 예를 들어, 일부 국가들은 기각을 두려워한 나머지 성가시게 패널의 설치를 요청하지 않았을 것이라고 주장할 수 있다. 하지만 이런 유형의 주장도 후데츠가 내린 결론의 유효성에 의문을 제기하지는 않는다. 곧 대다수 사건에서 패널 설치 요청에 드는 저렴한 비용은 방해물이 될 수 없었다는 게 타당하다.

오늘날 세계에서 무역과, 그보다 정도는 덜하지만, 해양법은 국제관계에서 강제적 제3자 재판제도를 운영하는 유일한 두 사례다. 후데츠의 주장을 따른다면, 이러한 사실은 GATT의 실용주의가 분쟁해결 과정에 긍정적인 영향을 미쳤음을 보여준다. 1947년도 GATT를 비판하는 많은 사람들은 컨센서스(패널 설치, 보고서 채택, 채택된 보고서의 불이행에 대한 대항조치 허용 등을 위해서 요구되는)는 준칙주의체제에 큰 걸림돌이라고 지적한다. 컨센서스가 정당성을 만들어낸다는 이점은 너무나 자주 무시되었다. 1948~1995년 사이 분쟁해결 과정은 패널이 설치된 사건에서 패소한 당사자들이 패널의 결정을 수용했다는 사실로써 정당화되었다.

강제적 제3자 재판

우루과이라운드가 진행되는 동안 WTO 회원국들은 분쟁해
결양해(DSU: Understanding on Rules and Procedures
Governing the Settlement of Disputes)를 채택했다. 분쟁
해결양해는, 그 부속서에서 언급된 수많은 기타 특별 조항들
(특별법 우선의 원칙)과 더불어, WTO에서 진행되는 재판을
관장한다.[2] 분쟁해결양해 제23조 2항은 핵심 의무사항인데,
WTO 회원국은 분쟁해결양해의 절차를 통해서만 분쟁을 해
결할 수 있도록 규정하고 있다. 분쟁해결양해에 반영된 '배타
적'이라는 단어는 이중의 법적 효과를 갖는다.

a. 한편으로, 어느 당사자도 다른 당사자의 무역 관행에 대해
   그 불법성 여부를 일방적으로 정의하지 못하도록 보장한다.
b. 다른 한편으로, 무역 당사자들은 WTO가 아닌 다른 기구
   에 그들의 분쟁을 제기할 수 없도록 보장한다.

위에서 말했듯이, 분쟁해결양해는 상소기구(AB: Appellate
Body) 신설로써 2심제를 도입했다. 상소기구는 상설기관이며
저명한 전문가들로 구성된다. 상소기구는 외교 중심적인 법체
계로부터 명백히 이탈한 것으로 여겨졌다.[3] 그러나 WTO '재
판소'(두 번째 단계)로 이동하기에 앞서, WTO 회원국은 양자

협의절차(WTO 재판의 첫 단계)를 먼저 소진해야 한다. 아래에서는 WTO의 재판 과정을 가상의 분쟁을 통하여 설명한다.

본국(Home)은 외국(Foreign)이 WTO 의무를 위반하고 있다고 믿는다고 가정하자. 나아가 제3국, 제4국, 제5국도 본국과 외국 간의 분쟁에 이해가 걸려있다고 가정하자. 첫 단계, 즉 본국이 외국의 정책에 대하여 어떻게 알게 되었는지는 WTO 법의 관심사가 아니다. 그것은 국내적인 관심사다. 보통(대부분의 서구 민주주의 국가들에서) 대외관계는 행정부가 아닌 다른 정부기관이 발언권을 많이 행사하는 이슈가 아니다. 일부 WTO 회원국은 국내 법규(유럽공동체의 무역장벽규제, 미국의 301조)를 제정하여 행정부의 재량을 구속하고 일정한 조건하에서 민간의 이익을 WTO에서 대변하도록 한다. WTO는 정부 대 정부 간 계약이기 때문에 오직 정부만 원고 내지 피고가 될 수 있다. 따라서 국내 법규는 외국 정부의 행태에 영향을 받는 민간 당사자들의 목소리를 반영하기 위하여 필요한 수단이다. 분쟁해결양해 제1조 1항에서 분쟁해결양해의 목적에 부합하는 유일한 분쟁 형식은 WTO의 두 회원국 간의 분쟁임을 분명히 하고 있다. 따라서 어느 WTO 회원국도 위원회, 이사회 등에서 취해진 WTO의 결정에 반하여 행동할 수 없다.

다음으로, '본국'은 해당 이슈에 대해 '외국'에게 양자 협의를 요청할 것이고, 그 사실을 WTO에 통보하게 된다 (분쟁해결양해 제4조). 이 단계에서 제3국, 제4국, 제5국은 동참하는 방안을 저울질해야 할 것이다. 이들은 공동 원고가 되겠다는 요청서를 제출하거나 제3의 당사자로서 참여할 수 있다.

이들이 공동 원고로 참여하기를 원한다고 가정하면, '외국'이 그 요청에 동의하는 경우에만 그렇게 할 수 있다. 만약 '외국'이 동의하지 않으면, 그들은 새로운 협의 요청서를 제출하여 자신의 소송절차를 개시해야 할 것이다. 제3국과 제4국 모두가 공동 원고로 참여하기를 원하지만, 제5국은 공동 원고가 아니라 제3자로 참여하기를 원한다고 가정해보자.

'외국'은 오직 제3국만을 받아들인다 (분쟁해결양해 제4조 11항). 물론 제4국도 '외국'에 대하여 자신의 소송을 개시할 수 있다. 제5국은 여하튼 제3자로 참여할 것인데, 그것은 제5국은 이에 관하여 '외국'의 허락을 필요로 하지 않기 때문이다.

협의가 진행되는 동안, 만약 그 세 회원국들이 협의 개시 후 60일 이내에 우호적인 해결에 실패하면 '본국'(또는 제3국 혹은 '본국'과 제3국 두 나라)은 패널의 설치를 요청할 수 있다. 두 원고 중 한 나라는 해결책에 이르고 다른 나라는 그렇지 못할 수도 있다. 이런 경우라면, 양자 간에 타결된 해결책은 WTO에 통보되어야 할 것이다. 그리고 그 해결책이 WTO 규범에 합치하면(어느 누구도 그에 관하여 우려를 제기하지 않는다고 가정하고), 그들의 분쟁은 종료될 것이다 (분쟁해결양해 제3조 6항). 예를 들어, 이 단계에서 아무 해결책도 가능하지 않았다고 가정해보자.

후속 단계는 '본국'과 제3국이 패널 설치를 위한 요청서를

WTO에 제출하는 것이다. 법률적인 시각에서 보면, 패널 설치의 요청은 매우 중요하다. 기존 판례법에 의하면, WTO 회원국은 이 요청서에 반영된 주장에 무언가를 추가할 수 없다. 다른 한편, 명확하지 않은 일부 주장들은 패널에 의하여 기각될 것이다 (분쟁해결양해 제6조 2항). '본국'과 제3국은 두 개의 패널 소송을 병합하도록 요구할 수 있다. 분쟁해결양해 제9조는 그러한 병합 절차를 허용하고 있지만, 실제로는 그 모든 것이 관련 당사자들의 의지에 달려있다.

패널은 3인으로 구성되는 임시 기구이다. 패널의 위원은 WTO 사무국에 보관된 명단에서 선정하거나 그 명단 밖에서 선정될 수도 있다. 당사자들이 패널의 구성에 합의할 수 없으면, WTO 사무총장은 의견의 차이를 메울 것이다 (분쟁 당사자 간 견해차의 정도에 따라 1인, 2인 또는 3인 모두를 추가하여). 패널은, 당사자들과 협의한 후, WTO 사무국의 지원을 받아 자체적인 작업 절차를 채택한다. 패널은 당사자들과 두 차례의 회의를 거쳐 일단 임시 보고서를 배포하고, 6개월 이내에 그리고 어떤 경우에도 9개월을 초과하지 않는 기간 안에 (분쟁해결양해 제12조 8항 및 9항) 최종 보고서를 배포한다. 패널은 정보요청 권리(분쟁해결양해 제13조)를 갖는다. 하지만 패널은 제소국의 요청 범위를 넘어서는 결정을 내리는 데에 그러한 권리를 사용할 수는 없다. 제3자들은 실질적인 이해관계를 보여줄 수 있다면 패널 절차에 참여할 수 있다 (분쟁해결양해 제10조). 판례법은 WTO 비회원국(대개 비정부

기구)도 법정 조언자 의견서를 통해 참여할 수 있음을 분명히
하고 있다. 제3자는 패널의 첫 회의에 참여할 권리를 갖는다.
패널의 작업은 1년을 초과하지 않는 범위에서 정지될 수 있다
(분쟁해결양해 제12조 12항). 패널 절차가 진행되는 동안 당
사자들은 우호적 해결에 도달할 수 있고 패널 과정을 중단할
수 있다. 위에서 나타난 바와 같이, 만약 분쟁해결양해 제3조
6항을 존중한다면, 우호적 해결은 곧 패널 절차의 종결을 의
미하게 된다.

예를 들기 위해서 해당 패널에 대하여 불만이 제기되고 있
다고 가정하자. '외국'은 패널 보고서를 상소기구에 항소할 수
있다. 상소기구는 7인으로 구성되고 자체 사무국의 지원을 받
는 상설 기구다. 상소기구는 3인 1조로 사건을 토의하고 분쟁
을 판결한다. 상소기구의 위원은 4년 임기로 선출된다(1회 연
임 가능). 상소기구의 임무는 패널 보고서에서 논의된 법률적
문제만을 심리하고 사건에 대한 최종 결정을 내리는 것이다.
상소기구는 60일 이내에 결정을 내려야 하고, 어떤 경우에도
90일을 초과해서는 안 된다 (분쟁해결양해 제17조 5항).

패널과 상소기구가 위반사항을 발견한다고 가정하면 '외국'
은 자신의 조치를 당장 국제적 의무에 부합시키도록 요청받
을 것이다. 분쟁해결양해는 '외국'에게 합리적인 기간(RPT:
reasonable period of time)을 부여할 수 있도록 허용하고 있
다. 실제로 합리적인 기간은 꽤 빈번하게 사용된다. 합리적인
기간의 정도는 당사자 간의 합의나 중재인을 통해서 결정된

다 (분쟁해결양해 제21조 3항).

'외국'은 합리적인 기간 동안에 해야 할 일에 대하여 구체적인 지침을 받을 필요는 없다. 보통 WTO의 해법은 추가로 구체화하지 않고 '외국'에게 자신의 조치를 변경하여 국제적 의무를 준수하도록 권고하는 것이다. 패널 또는/그리고 상소기구는 '제안'을 추가할 수도 있는데, 즉 무엇을 할지 구체적인 지침을 '외국'에게 제공하기도 한다 (분쟁해결양해 제19조). 판례법은 그러한 제안은 구속력이 없음을 분명히 했다. 패널은 설사 요청을 받는 경우에도 의무위반조치를 대상 협정에 합치시키는 방법들을 회원국에게 제안하는 것을 자주 거부해 왔다. WTO협정 위반이 발견되는 경우에 권고는 패널과 상소기구의 판결 중에서 가장 압도적이다. 권고를 사용하는 빈도가 늘면 그 권고가 수용되는 경우에는 준수가 이뤄진다고 볼 만한 명백한 추정이 성립하게 될 것이다.

지침이 제한적이기 때문에, 권고를 받은 당사자의 활동이 협정 준수에 해당할 만큼 충분한지 여부에 대하여 당사자 간 의견 차이가 빈번하다. 우리의 예에서, 만약 '외국'이 합리적인 기간 동안에 아무 것도 하지 않으면 위법성이 지속되어 원고 측은 그에 대한 보복을 취할 수 있다 (아래 참조). 그러나 만약 '외국'이 무언가를 한다면, 그러한 행동이 불만족스럽게 여겨지는 경우가 발생할 수도 있다. 물론 모두가 '외국'의 이행 조치에 동의하면, 곧 분쟁해결양해 제3조 6항이 준수되었다면, 그 소송은 일단락된다.

우리의 논의를 위해서 이제 '외국'이 어떤 조치를 취하고 원고 측은 그것이 충분하지 않다고 믿는다고 가정해보자. 분쟁해결양해 제23조 2항의 취지에 따라 원고는 (법적 분쟁을 계속 이어간다는 가정하에) 그 사건을 준수 문제를 다루는 패널에 제기해야 할 것이다 (분쟁해결양해 제21조 5항). 준수 패널은 원 패널의 구성원들로 구성될 것이다. 준수 패널의 임무는 한 가지의 질문에 답하는 것이다. 즉 '외국'이 합리적 기간 동안에 취한 행동이 '외국'의 법적 의무에 합치할 만큼 충분한가? 90일 안에 보고서를 제출해야 하고, 그 보고서는 상소의 대상이 될 수 있다. WTO의 관행을 보면, 동일한 분쟁에 대하여 한 개 이상의 준수 패널이 설치될 수 있다. 승소한 당사자에게 보상이 제공될 수도 있으나, 대부분은 전혀 그렇지 않다.

준수 패널 보고서와 상소기구 보고서(필요한 경우)에서 '외국'의 위법성 제거 노력이 부족하여 여전히 '외국'에게 잘못이 있다고 판정한다고 가정하면, 원고는 대항조치를 요구할 권리를 갖게 된다. 원고들은 자신이 관심 있는 어떤 분야에서든 대항조치를 요청할 수 있다. 예를 들어, 원고는 상품 분야에서 의무 위반을 당하는 경우에도 서비스 또는 무역관련지적재산권 분야에서 보복을 요청할 수 있다. 원고 측이 지켜야 할 것은 입은 손해와 요청한 대항조치의 강도 간의 엄격한 균등성이다 (분쟁해결양해 제22조 4항). 비록 분쟁해결양해 제22조 1항은 WTO의 대항조치는 양허 또는 기타 의무의 중지라는 형식을 띨 수 있음을 분명히 하고 있으나, 지금까지 양허 중지만이 승인되었다. 만약 분쟁당사자들이 대항조치의 수준에 대하여 합의하면, 중재인들(가능하다면, 원 패널의 구성원들)은 최초이면서 최종적인 결정을 내리게 된다. 대항조치는 지금까지 세 가지 경우에 부과되었다. 개발도상국들은 대항조치가 일반적으로 비생산적이라고 여긴다. 이들은 도하라운드에서 이 문제를 다룰 특별 제안을 안건으로 올렸다.[4]

판결의 집행

한 가지의 예외를 제외하면 패널은 전망적인 피해 구제책을 선호하는 결정을 내렸다. 분쟁해결양해 제22조 4항은 대항조치의 수준은 발생한 피해의 수준을 초과해서는 안 된다는 점을 분명히 하고 있다. 또한, 동 조항은 보상액 계산의 기준을 제공한다. 되돌아가면, 만약 '본국'이 '외국'에게 자신이 입은 피해에 상응한 수준까지 보복할 수 있음을 안다면 위법성이 제거되기를 기다리면서 보상을 더 적게 받고 사건을 해결할 이유는 무엇인가? 상호주의(reciprocity)를 지키는 게 목적이라면 위법성이 제거될 때까지는 피해 보상이 이뤄져야 한다. 물론 문제는 피해 구제책이 전망적인가 소급적인가에 상관없이 상호주의가 존중되어야 하느냐다. 여기에서 이 문제에 대해 논의해보자. '특정적 상호주의(specific reciprocity)'와 '포괄적 상호주의(diffuse reciprocity)'를 구별하는 것은 이 같은 논의에 잘 들어맞는다.

'특정적 상호주의'는 의무 이탈을 처벌함으로써 위반 당사자가 피해의 대가를 지불하고 현재의 상황(위반이 발생한)과 위반 행위가 발생하지 않았을 사후 가정적 상황 간의 차이를 메우도록 하는 경우에 해당한다. '포괄적 상호주의'는 이 기준에서 후퇴한 것이다. 그러한 후퇴가 불가피한 이유는 의무 이탈이 어떻게든 해결될 것이라는 '신뢰'가 당사자들 간에 존재하기 때문이다. 또 이들은 오늘의 범인은 내일의 관대한 당사자가 되어 다른 당사자의 유사한 의무 이탈을 용납해줄 것이라고 믿는다. 당사자들이 그들 간에 형성된 관계에 부여하는 가치는 특정적 상호주의를 지키기 위하여 피해 규모를 정확하게 계산해야 한다는 충동보다 더 크다. 따라서 상호주의는 특정적인 경우에도 대충 지켜질 것이라는 게 원칙이다. 왜냐하면 모든 당사자가 일정 시점의 '값싼' 탈출로부터 이득을 볼 수 있기 때문이다. 달리 말하면 처벌은 모든 WTO 회원국들에게 불완전한 것이다. 이로부터 기회주의적인 행동으로 이득을 보는 모든 회원국은 이 이유만으로도 때때로 속임수의 유혹을 느끼게 된다 (적어도 발각되지 않는 한). 하지만 과연 그럴까?

그럴듯한 대답은 어느 방향이든 단정적으로 대응하는 것은 불가능하다는 것이다. 그럼에도 적어도 두 가지의 이유 때문에 부정적인 대답 쪽으로 균형추가 기운다. 첫째, 모든 WTO 회원국이 동일한 빈도로 계약을 위반하는 경우는 없다. 용이성 면에서 다른 회원국에 비하여 일부 회원국은 국내의 법 및 정치경제적 이유로 WTO 의무로부터 이탈할 수 없고 이탈하지 않는다. 둘째, WTO 회원국들은 의무 이탈을 적발하는 역량에서도 동일하지 않다. 회원국 중에서 강대국들은 매우 다변화된 수출 구성과 세계 통상외교에서의 존재감을 활용할 수 있다. 그러나 약소국들은 무역정책검토제도나 통보제도에 의지할 수 없다. 강대국들은 정기적으로는 산발적인 정보를 제공하는 반면, 각국의 조치에 관한 통보는 합당한 유인이 존재할 때에만 비로소 잘 이뤄진다. 중앙집권적인 집행이 존재하지 않기 때문에, 행정체계를 더 잘 갖춘 회원국들은 의무 이탈을 적발하기 더 쉽다. 이들은 적절하다고 여기면 더 신속한 행동을 취할 수 있고 의무 이탈국의 처벌받지 않은 기간을 단축할 수 있다. 물론 WTO는 '대단한 균형자'가 될 수 없고 다양한 회원국 간의 비대칭성을 무시할 수도 없다. 현재의 시스템이 마치 상호주의적 약속에 대한 절대적 준수를 보증하는 것처럼 볼 수도 없다.

도하라운드에서 개발도상국들이 피해구제책에 관하여 제출한 제안을 보면 그들이 현 상황에 대해 불만족스러워한다는 사실을 말해준다. 일부 개발도상국은 WTO체제에 소급적인 구제책을 도입해야 한다는 주장을 되풀이했다. 이들은 현 체제로부터 동등한 혜택을 누리지 못하고 있다는 견해를 반복적으로 피력했다. 힘센 국가들은 분명히 '비밀' 외교를 구사하여 자신의 이익을 도모할 수 있다. 게다가 '거대' 국가들은 더 큰 '설득력'을 지니고 있다. 그들은 보복하기로 결정할 때 사용할 수 있는 무기가 더 많고 그만큼 더 큰 보복 능력을 갖게 된다. 그러나 이는 WTO가 소급적 피해구제를 옹호하느냐 않느냐에 관계없이 그렇다.

물론 상호주의(특정적 또는 포괄적)와 무관하게 현 체제는 잘 작동하고 있다고 주장할 수도 있다. 왜냐하면 현 체제는 판결에 대한 준수의 달성이라는 일차적 목적에 기여하고 있기 때문이다. WTO 수준에서 준수 기록을 측정하기는 어렵다. 하지만 많은 관찰자들은 WTO 분쟁해결이 그 체제의 '왕관의 보석'이라면서 준수 기록을 칭찬한다.

준수는 정치경제('GATT를 핑계로 사용함'), 측면 보상(준수하는 당사자에게 다른 포럼에서 투표하겠다는 약속), 명성 비용(신경 쓰는 국가들에게), 비준수에 대한 위협의 신뢰성 등 많은 이유 때문에 일어날 수 있다. 많은 사람들은 우리의 논의에 전적으로 무관심하다. 즉 문제는 WTO체제 그 자체가 준수를 유도하느냐 여부이지, 준수와 무관한 이유로 준수가 달성되느냐 여부가 아니다. 또 다른 복잡한 문제로 들어가 보자. 준수하는 근거는 많은 경우 사적인 정보의 문제다. 오직 분쟁당사자들만(또는 종종 피고 측만) 막후에서 어떤 거래가 타결되었는지 알 것이다. 더구나 제소국의 유인은 기회주의적으로 행동하는 것이고 진실을 공개하는 게 아니다. WTO 회원국의 눈에는 피고 측이 "준수하는 것은 나의 의무"라고 공개적으로 말할 때 더 좋게 보이지 않겠는가? 피고 측이 "나는 나의 국내 독점자들을 길들일 정치적 비용을 감당할 수 없는데, 그렇게 하도록 해준 WTO 절차에 감사한다"고 말하거나, "내가 유엔 안전보장이사회의 이사국이 되기 위해서 필요하다면 한 생산자가 돈을 잃는 것을 용납하는 것은 나의 공공이익에 부합한다"고 말하면 덜 좋아 보일 것이다. 사적인 정보와 기회주의적인 행동의 유인 때문에, WTO에서 준수에 관한 광범위한 연구를 하는 것은 무모한 시도인 셈이다. 때로 WTO 회원국들은 타결된 협상에 대한 자세한 정보를 공개할 유인이 별로 없다. 그리고 그러한 유인이 있다고 해도, 그들은 WTO에 대한 충성심보다 기회주의적인 행동을 선택하곤 한다.

몇 가지의 가정을 하면 준수 기록은 근사해 보인다. 즉 준수하는 이유에 신경쓰지 않는다면 그렇고, 재소되지 않은 사건들을 준수가 이뤄진 사건들로 간주해야 하는 경우도 마찬가지다. 또는 패널과 상소기구의 판결이 소송당사자들에게만 해당된다고 가정하면, 이를테면 미국과 EU 간의 분쟁에서 어떤 조치가 비난의 대상이 되었으나 그것이 일본과 한국 간의 동일한 분쟁에서는 무의미하다고 가정하면, 준수의 기록은 좋아진다. 그러나 위에서 언급된 모든 '가정들'로써 우리는 소탐대실의 실수를 저질러 왔는지 모른다.

만약 대항조치에 대한 요청이 의제가 되지 않으면 그 사건은 해결된 것이라고 우리가 가정한다면 비준수 사건의 수는 훨씬 줄어들 것으로 보인다. 그러나 이것은 매우 관대한 가정이다. 그럴듯한 이유로 WTO 회원국은 바나나 사건에서 에콰도르가 했던 것처럼 자기에게 허용된 약한 구제책마저 사용하지 않으려 할 것이다. 에콰도르는 보복의 권한을 부여받았지만 보복하지 않기로 결정했다. 비슷한 사건들이 벌어지면 '포괄적 상호주의'가 WTO의 구제제도를 통해서 이뤄지고 있다는 명제의 타당성에 의문이 제기될 것이다.

더 나은 접근법은 이디어(Ethier 2004)가 언급한 것이다.[5] 이디어는 WTO 분쟁해결제도의 목적은 처벌을 촉진하는 데에 있지 않고 처벌을 제약하는 데에 있다고 말했다. 이 말은 처벌의 제한이 WTO 분쟁해결제도가 하는 일의 전부라는 의미는 아니다. 처벌을 제약하는 것은 WTO 분쟁해결제도의 본질이지만 유일한 특징은 아니다. WTO 재판관은 용어를 해석하고 또 미래의 분쟁 해결을 예측 가능하게 함으로써 계약을 "완결한다." WTO의 등장과 함께 상소기구가 도입되어 특히 그렇다. 상소기구는 그 구조상 법률적인 문제를 해석하는 데에 국한되고, 법률적인 문제는 여러 분쟁에 퍼져있다. WTO 재판관을 '계약 완결'의 주체로 이해하는 것은 다분히 의도하지 않은 결과이며 긍정적인(때때로 부정적인) 외부효과다. 그 이유를 설명해보자.

첫째, 상소기구의 창설에 대해서는 많은 협상이 이뤄지지 않았다. 그것은 상당부분 나중에 생각해낸 것이었다. 어떤 이들에게 상소기구는 강제적 제3자 재판에 대한 균형추로서 필요했다. 즉 사법적 오류(어떤 형태이든)를 회피하거나 적어도 줄이기 위한 일종의 보험이었다. 분쟁해결양해에서 단 한 개의 조항만이 분쟁 판결의 최고기관에 할애된 점은 놀라운 일이다.

둘째, 이론가들이 상소기구의 완결 기능을 이해한다는 의미에서 상소기구가 계약을 '완결'하는지 여부는 논쟁의 여지가 매우 크다. 상소기구의 결과물을 면밀히 검토해온 유일한 포럼인 미국법률연구소(American Law Institute)에서 준비한 수많은 보고서는 판결 간의 부당한 비일관성, 해석 노력의 포기 등을 지적한다. 이 모든 것에도 불구하고, '완결'은 몇몇 영역에서 일어났다. 하지만 다른 영역에서는 여전히 혼동이 지배적이다.

투명성제도

투명성과 책임성 제도는 WTO의 핵심 특징이다.[6] 1947년에 GATT의 입안자들은 출판만이 관련 주체들이 필요로 하는 모든 것이라고 가정했다. 시간이 가면서 무역체제 참여자들은 출판만으로는 충분하지 않다고 결론 내렸다. 광범위한 통보 요건이 WTO협정에 포함되어 있다. 무역정책을 감시하고 감독하기 위한 적극적인 제도도 존재한다. 많은 WTO 위원회와 이사회에서 회원국의 정책을 논의하고 심의하는 절차들이 설치되었다. 2008년 세계금융위기 후 감시를 강화할 뿐만 아니라 WTO 데이터를 대중에게 공개하는 조치들이 시행되었다. 이는 GATT 시대와 초기 10년 동안 WTO의 관행에 비하면 엄청난 변화다.

  WTO의 창설과 함께 채택된 '결정' 중 하나(WTO, 1995)에서,[7] 정보 제출을 장려하기 위해 회원국들이 합의한 바에 의하면, 통보로 인하여 조치의 적합성에 관한 관점이 왜곡되어서는 안 된다. 회원국들은 중앙통보등록처(Central Registry of Notifications)를 수립하여 통보를 접수하고 보관하며, 매년 각 회원국에게 정기적인 통보 의무를 알려주고, 미충족된 채로 남아 있는 정기적 통보 의무에 관하여 각 회원국의 주의를 환기한다.

협정의 많은 조항들이 투명성을 다루고 있다. GATT와 달리, WTO는 처음부터 WTO의 투명성뿐만 아니라 회원국들의 투명성을 증진하기 위한 몇몇 조치를 취했다. 우리는 이미 이 책의 여러 장에서 WTO의 투명성에 관한 문제들을 다룬 바 있다. 이 장에서는 GATT 제10조와 무역정책검토제도에 포함되어 있는 일반적인 투명성 의무만을 취급한다.

GATT 제10조는 GATT체제의 기본적인 투명성 조항으로서 WTO 회원국들에게 다음과 같은 의무를 부과한다.

i. 모든 법률 및 무역에 영향을 미치는 일반적으로 적용되는 행정결정 및 사법결정을 공표할 것(제10조 1항)
ii. 수입에 대하여 새롭거나 더 부담이 되는 요건을 부과하는 새로운 규제는 공식적으로 공표되기 이전에 발효(적용)의 금지(제10조 2항)
iii. 법률 등은 일관되고 공평하며 합리적인 방식으로 시행될 것(제10조 3항)

어떤 국가의 법이 무역에 영향을 미치는 것을 사전에 배제하는 것은 꽤 어렵기 때문에, GATT 제10조의 범위는 '일반적인 적용'이라는 부분의 해석에 따라 좌우된다 (GATT 제10조 1항). 분쟁들은 '일반적인 적용'의 의미에 대해 일어났다 (그리고 계속 일어나고 있다). 이는 40건 이상의 WTO 분쟁이 GATT 제10조에 관하여 일어났던 이유 중 하나다. WTO 회원국들은 그들이 공표하는 것에 관련하여 간결성을 꾸준히 선호했다.

상소기구는 '미국-내의사건(*US-Underwear*)' 보고서에서 GATT 제10조의 투명성 의무를 적법절차 의무로 이해했다. 즉 GATT 제10조의 범위 안에 있는 법률로부터 영향을 받는 무역종사자들은 그 법률의 실질적인 내용에 대해 알 권리가 있다. 상소기구의 견해에 의하면, 이것은 GATT 제10조의 법적 본질이다 (p. 21).

> GATT 제10조 2항은 근본적으로 중요한 한 원칙을 구체화하기 위한 것이다. 그 원칙은 회원국, 그리고 국적에 관계없이 민간인과 법인에게 영향을 끼치는 정부 조치의 완전한 공개를 촉진하는 원칙이다. 해당 정책 원칙은 투명성 원칙으로 널리 알려져 있고 명백히 적법절차라는 성격을 띠고 있다. 그 중요성은 제한, 요건, 기타 부담을 부과하는 정부 조치로부터 영향을 받거나 받을 가능성이 있는 회원국들과 기타 사람들은 그러한 조치에 대한 올바른 정보를 얻음으로써 자신의 활동을 보호하고 적응시키거나 그러한 조치의 수정을 추구할 수 있는 합리적인 기회를 가져야 한다는 데에 있다.

그러나 이 부분을 GATT 제10조의 직접적 효과에 대한 원칙을 제도적으로 인정한 것으로 해석해서는 안 된다.[8] 그것은 단순히 실용적인 의미를 설명한 것이다. 외국과 사업을 할 때 거래비용을 완전히 알 필요가 있는 것은 바로 무역종사자들이다. '아르헨티나-원피가죽사건(Argentina-Hides and Leather)'의 패널 보고서는 이 점에 대해 다음과 같이 지적했다 (§ 11.76). "진정으로 핵심적인 것은 정부 당국이 해당 무역종사자들에게 부여하는 대우이다. 이 점은 제10조 1항에 분명하게 나타나 있다. 동 조항이 요구하는 바에 의하면, 모든 규정은 정부와 무역종사자들이 그 규정들을 잘 알 수 있도록 신속하게 공표되어야 한다."

1994년도 GATT가 이런 종류의 투명성을 회원국 간에 요구해야 하는 것은 정상이지만, 제10조 1항은 더 나아갔고 특히 개별 무역종사자를 대상으로 하는 투명성을 중요시하고 있다. 이 패널 보고서는 GATT 제10조의 여러 문단 간의 법률적 관계를 추가로 논의했다. 동 보고서는 제10조 1항은 GATT 제10조 3항에 의거한 주장을 검토하는 데 필요한 최소 기준임을 인정했다. 동 보고서는 GATT 제10조가 차별 여부를 판가름하지는 않는다고 보았다. WTO 회원국은 차별적 효과가 생기든 그렇지 않든 관계없이 투명성 의무를 준수해야 한다. '아르헨티나-원피가죽사건'의 패널 보고서도 GATT 제10조가 공표되지 않은 조치들에만 적용된다는 주장을 기각했다 (§ 11.71). 따라서 WTO 회원국들이 GATT 제10조에 해당하는 조치를 공표하지 않거나 요건을 준수하지 않은 채 공표하면, 두 경우 모두 GATT 제10조에 대한 위반이 된다.

'도미니카공화국-담배수입판매사건(*Dominican Republic-Importation and Sale of Cigarettes*)'에 관한 패널 보고서는 '누락'은 GATT 제10조 3항에 해당될 수 있음을 분명히 했다 (§ 7.379). 그 사건에서 온두라스는 도미니카공화국이 도미니카 법에 반영된 세 가지 방식 중 하나에 기초해서 수입담배에 부과된 세금을 계산하지 않는 관행을 문제 삼았다. 도미니카공화국은 일반적으로 적용되는 관련 법률에서 공표된 변수가 아닌 다른 변수를 이용하여 납부 세금을 계산했다. 패널의 관점에서 보면, 그러한 누락은 법률의 비합리적인 시행에 해당되었다 (§ 7.388).

무역정책검토제도

우루과이라운드가 진행되던 1989년에 'GATT 기능 개선 협상' 그룹은 각국의 무역정책을 WTO 사무국이 정기적으로 검토하도록 하는 감시 제도의 창설을 권고했다. 이것이 WTO 무역정책검토제도(TPRM)의 시초였다.

무역정책검토제도에 따라 모든 WTO 회원국은 정기적인 검토를 받게 된다. 검토의 횟수는 세계무역에서 차지하는 상대적 중요성에 의해 결정된다. EU와 미국처럼 무역대국들은 2년마다 검토를 받는다. 무역소국과 개발도상국들에 대한 검토는 4년에서 6년 주기로 이뤄진다. 어쩌면 검토제도로부터 가장 큰 이득을 보는 국가들은 무역소국들과 개발도상국들이다. 이들의 시장은 무역정책의 변화를 감시할 필요성이 없기 때문에 무역상대국의 검토 대상에서 벗어나 있다. 무역종사자들은 대국들의 정책을 감시하고 그 정책이 WTO의 의무 위반에 해당하면 분쟁해결절차를 개시할 유인을 갖는다. 어떤 나라가 작거나 매우 가난한 경우에 그러한 동기는 훨씬 약하다.

WTO 사무국은 WTO협정을 해석할 법적 권한을 갖지 않기 때문에 무역정책검토제도의 실행에는 근본적인 한계가 존재한다. WTO 사무국의 보고서는 회원국의 정책이 일반적인 WTO 의무사항에 부합하는지 여부에 관한 법률적인 평가를 담을 수 없다. 하지만, 무역검토제도는 투명성에 있어서 중요한 장치다. WTO 사무국의 보고서는 회원국의 주요 무역정책과 그 이행에 관한 모든 관련 정보를 수록하게 되어 있다. 이 점에서 사무국의 보고서는 WTO의 많은 여타 투명성 조항들을 자연스럽게 보완해준다 (그러한 조항 중에서 가장 대표적인 것은 일반적으로 적용되는 모든 무역 관련 법률의 공표를 규정한 GATT 제10조와 GATS 제3조다). 2015년 2월 현재, 무역정책검토제도는 EU를 한 국가로 계산했을 때 300회 이상의 검토를 수행했다 (2018년 말 현재 검토 건수는 485건으로 증가함 – 역자 주).

무역정책검토제도는 2008년 세계금융위기 이후 더 두드러진 역할을 맡게 되었다. 즉 회원국의 무역정책 변화를 보다 면밀하게 감시하는 임무가 주어졌다. 무역정책검토제도의 임무(모든 WTO 회원국은 자국 무역정책의 주요 변경사항을 보고해야 한다)에 대한 관대한 해석을 바탕으로, WTO 사무국은, 종종 경제협력개발기구(OECD)와 유엔무역개발회의(UNCTAD)의 사무국과 협력하여, 회원국의 새로운 무역정책 조치를 담은 감시보고서를 2년마다 준비한다 (세계금융위기 발발 직후 시기에는 감시 보고가 분기별로 진행되었다). 보고서는 사무총장의 서명으로 발행되고 무역정책검토기구(TPRB: Trade Policy Review Body)의 비공식 회의에서 논의된다. 이러한 감시 제도는 양자적인 노력으로 보완된다. EU와 미국, 그리고 몇몇 거대 회원국들은 WTO가 사용하는 독자적 감시체제를 운영하고 있다. 또한, 세계금융위기 이후 독립적인 감시기관이 설립되었고, 가장 눈에 띄는 것은 세계무역경보(Global Trade Alert)다. 세계무역경보는 세계 도처의 연구자 및 정책연구소로 이뤄진 네트워크로서 무역정책에 관한 데이터를 제공한다. 그 데이터베이스에는 광범위한 무역 조치들이 포함되어 있어 무역정책 검토제도를 보완하고 있다.[9]

외부 감시가 필요한 이유는 2014년 WTO 보고서인 "국제무역환경의 주요 변화(Overview of Developments in the International Trading Environment)"에 분명하게 제시되어 있다.

겨우 회원국의 37퍼센트만이 신규 무역조치에 관한 정보 제공 요청에 응했다. … 심지어 정보 수집 과정에 참여하는 회원국들조차 특정 유형의 조치, 특히 일반적인 경제 지원을 비롯한 이른바 국경 내 조치에 관한 정보를 종종 제공하지 않는다. … 농업협정의 경우, 국내적 지원과 수출 보조금 영역에서 통지 의무를 준수하는 비율은 대개 50퍼센트를 밑돈다. 보조금 및 상계조치협정의 경우에는 보조금에 관한 통지를 제출하지 않는 회원국의 비율이 1995년 27퍼센트에서 2013년 44퍼센트로 증가했다. … 국영무역기업에 관해서는 통지를 전혀 하지 않는 회원국의 비율이 1995년 37퍼센트에서 2012년 66퍼센트로 늘었다.[10]

WTO 회원국들이 통지 요건을 준수하려는 의지가 약하다는 점은 무역정책검토기구의 임무 확대와 세계무역경보 같은 독립적인 감시기관의 지속적인 참여가 왜 중요한지를 말해준다.

WTO에서 가장 정교한 감시 및 감독 제도는 상품 표준을 위해서 도입되었다. 이것은 '특정 무역 현안(STC: Specific Trade Concerns)' 절차로 알려져 있으며, 이에 따라 어느 정부는 다른 정부가 적용하거나 제안한 조치에 관하여 특정 현안을 제기할 수 있다. 1995년과 2013년 사이에 820건의 특정 무역 현안이 위생 및 식물위생조치(SPS)위원회와 무역기술장벽(TBT)위원회에서 제기되었다 (각각 45퍼센트와 55퍼센트로 나뉘었다).

투명성 제고 노력을 통하여 정부의 책임성이 높아지고 WTO에서 민간 당사자들의 참여가 확대됨으로써 데이터를 연구자,

기업, 비정부기구 등이 이용할 수 있게 된 점이 중요하다. 시애틀 각료회의 이후 문서에 대한 접근을 확대하기 위해 많은 노력이 있었다. 하지만 WTO 역사의 초기 20년 동안 해당 데이터에 대한 접근은 크게 제한되었다. 예를 들어, 각국 무역정책에 대한 검토를 위해서 수집된 정보와 통계는 WTO 외부에 있는 정책분석가들이 이용할 수 있는 데이터베이스로 구축되지 않았고, WTO는 회원국들이 부과하는 반덤핑관세의 수준에 관한 데이터도 공개하지 않았다. 어느 국가의 관세율에 관한 정보를 이용자들이 내려 받을 수 있는 데이터베이스에 대한 접근도 제공하지 않았고, 회원국의 서비스무역 정책에 관한 정보를 주지도 않았다. 2000년대 말까지 그러한 정보는 WTO가 아니라 유엔무역개발회의(UNCTAD)와 세계은행 등에서 제공되었다.

이러한 비정상은 최근에 시정되기 시작했다. 정부에 연결되어 있지 않은 연구자와 정책분석가들에게 WTO 회원국들의 무역정책과 WTO에서의 활동에 관한 통계 정보에 접근할 수 있도록 허용함으로써 투명성을 실현하고 있다. 2013년에 통합무역정보포털(I-TIP: Integrated Trade Intelligence Portal)이 무역정책 조치에 관하여 WTO가 수집한 정보의 단일 창구로서 개설되었다. 이 포털은 2만 5,000개 이상의 무역조치에 관한 정보를 담고 있다. 여기에는 상품무역에 영향을 미치는 비관세조치(NTMs), 서비스 관련 무역정책(세계은행과 합동으로), 정부조달, 특혜무역협정의 회원국 및 내용, WTO 회원국의 특정 가입 약정, 통지된 위생 및 식물위생조치(SPS) 및 무역기술장벽(TBT), 두 영역에서의 특정 무역 현안, 그리고 2008년 10월 이후 WTO 회원국과 옵서버 국가들이 취한 무역 조치를 수록한 무역감시데이터베이스 등이 포함돼 있다.[11]

GATT에서 무역정책검토제도, 그리고 오늘날까지

벤담(Jeremy Bentham)은 공리주의와 연관이 있지만 그의 통찰력은 다른 많은 영역에서도 힘을 발휘하고 있다. 벤담은 18세기 말에 그의 형제를 방문하는 자리에서 본 건물 설계도에 깊은 감명을 받았다. 벤담은 집으로 돌아오자마자 똑같은 설계도를 만들려고 시도했고 '팬옵티콘(Panopticon)'을 탄생시켰다. 팬옵티콘의 이름은 그리스 신화의 한 인물로 100개의 눈을 가진 거인이자 간수의 전형인 팬옵테스(Panoptes)에서 따왔다.

  벤담의 생각은 간수가 현장에 있지 않고서도 죄수들을 감시하는 감옥을 설계하는 것이었다. 죄수들은 정보의 결여 때문에 마치 항상 감시당하고 있는 것처럼 행동하고, 따라서 자신의 행동을 계속 절제하게 되는 설계였다.

  WTO는 현대판 팬옵티콘과는 거리가 멀다. 우리는 이 점에 대해서 아래에서 자세하게 다룬다. WTO는 회원국 하나하나가 다른 회원국이 보기에 완전히 투명한 체제를 설계하지 않았다. 국제 '파수꾼'으로서 WTO 사무국의 권한이 커진 것은 사실이다. 그 권한을 통해서 투명성 의무를 감시할 뿐만 아니라 정보를 스스로 발굴하고 그 정보를 공개했다. 때로는 회원국들이 부여한 명료한 임무에 따라 행동하고, 때로는 전향적인 태도를 취하면서, WTO 사무국은 불안정한 법적 기반에도 불구하고 투명성 개선에서 중심 요소로 부상했다. 또한, WTO체제는 점차 양방향 도로가 되고 있다. 즉 투명성은 제네바 WTO 본부뿐만 아니라 각국 정부도 요구하고 있다. 올바른 방향에서 여러 조치들이 취해졌지만, 아래에서 상술하는 것처럼 추가적인 조치가 필요하다. WTO 회원국들은 적어도 그들이 취하는 일부 조치에 대해서는 투명해지고 싶지 않을 것이다. 이 때문에 교차통보는 의지 부족에 대한 확실한 해법이 되지 않는다. 이 점에서 WTO 사무국 같은 제3의 기관이 취하는 행동이 꽤 그럴듯해 보인다. WTO 사무국의 조치에는 많은 비용이 든다. 인적 자원과 시간 면에서 상당한 투자를 필요로 한다. 그래야만 WTO 사무국은 "당신 일이나 잘 하세요"라는 탄원이나 위협으로 비웃음을 사지 않을 것이며 유사한 행동으로 휘둘리지 않을 것이다. 끝으로, 투명성 의무 위반에 대한 구제책은 그 어디에서도 위반자들이 위반 행위를 반복하지 않도록 단념시키지는 못했다는 점을 기억하자. WTO 패널의 판례법을 통해 도입된 전망적 구제제도는 사실상 사후적 통보의무에 해당한다. 아래에서 우리는 투명성 제공을 위해서 사무국의 권한을 '강화'한 측면에만 초점을 맞춘다.

이미 1980년대에 당시의 투명성 수준을 높이 위해서 보다 전향적인 태도를 촉구하는 목소리가 있었다. 최초로 "로이트 빌러 보고서(Leutwiler report)"는 투명성은 무역 자유화를 선호하는 국내 지지세력을 모으는 열쇠일 수 있다고 강조했다. 비슷한 맥락에서 올리비에 롱(Olivier Long) 전 GATT 사무총장은 어느 한 보고서에서 투명성 의무는 재고되어야 한다면서, GATT의 효율성은 수집한 정보의 충실성에 좌우되기 때문이라고 말했다.

위에서 논의된 무역정책검토제도는 우루과이라운드를 거치면서 수립되었다. 무역정책검토제도는 모든 WTO 회원국의 무역정책에 대한 감시와 보고라는 뚜렷한 임무를 WTO 사무국에게 부여했다. '통보절차에 관한 결정(Decision on Notification Procedure)'은 우루과이라운드에서 채택되었다. 이 결정은 일반적인 통보 의무를 강조하고, 상품무역이사회에게 통보를 감시할 권한을 위임했다. 또 통보할 조치의 목록을 부속서에 명시하고, 중앙통보등록처(CRN)를 설립하여 다음의 임무를 부여했다.

중앙통보등록처는 WTO 사무국의 책임하에 설치된다. 회원국은 기존의 통보절차에 계속 따른다. 사무국은 조치의 목적, 무역대상 범위 및 동 조치의 통보를 규정한 요건 등 관련 회원국이 그러한 조치에 관하여 제공하는 정보의 요소를 중앙통보등록처가 기록하도록 보장한다. 중앙통보등록처는 회원국이 통보한 기록과 의무를 상호 참조한다.

중앙통보등록처는 매년 각 회원국에게 다음해 중에 동 회원국이 응답해야 할 정기적인 통보의무를 알려준다.

　중앙통보등록처는 충족되지 아니한 정기적인 통보 요건에 대하여 개별 회원국의 주의를 환기한다.

　개별 통보에 관한 중앙통보등록처 내의 정보는 관련 통보를 입수할 권리가 있는 회원국이 요청하는 경우 동 회원국에게 제공된다.[12]

'통보의무와 절차에 관한 작업반(Working Party on Notifications Obligations and Procedures)'은 다양한 투명성 의무를 간소화하기 위하여 설치되었다. 이 작업반의 최종 보고서는 우루과이라운드에서 많은 협정들이 서명된 이후에 WTO가 투명성 면에서 어떤 위치에 있는지 명확하게 말해준다. 이 보고서는 WTO 회원국이 통보할 때 포함되어야 하는 정보의 유형뿐만 아니라 통보된 정보의 일관성을 다자 수준에서 검토하는 임무를 부속서III에 담았다.

　이것이 전부는 아니었다. 오랜 협상 끝에, 관세와 수입 무역에 관련된 정보를 통보하도록 WTO 회원국들에게 요청하는 일반이사회의 결정으로 통합데이터베이스(IDB: Integrated Database)가 1997년에 설치되었다. 그 후 실행과정은 불만족스러웠고, 이에 WTO 회원국들은 2009년에 하나의 결정을 채택함으로써 원래 결정에서 포괄하는 이슈에 관한 정보를 WTO 사무국이 자체적으로 수집할 수 있도록 했다.

　이와 관련하여 WTO 사무국의 권한을 지속적으로 강화하는 가장 최근의 구상은 금융위기와 WTO의 역할에 관한 논의 과정에서 나왔다. 모든 WTO 회원국에게 무역정책에 있어서 중요한 변경사항을 통보하도록 요구하는 무역정책검토제도 임무에 관한 관대한 해석을 비롯하여, WTO 사무국은 새로운 무역정책 조치들을 담은 간략한 감시보고서를 준비해왔다 (본래 2008년 금융위기 와중에는 분기별로, 그리고 그 이후에는 매 2년마다). 이 보고서들은 사무총장의 승인하에 무역정책검토기구가 정기적인 비공식회의에서 논의하기 위한 새로운 무역정책 조치들을 포괄하고 있었다. 이와 같은 감시 활동은 사무총장의 연례보고서에 일부 수록되지만, 그 나머지는 독자적인 업무가 되었다.

G20의 회원국들은 그러한 활동을 반겼고, G20 국가들이 채택한 조치들에 관한 보고서를 매 2년마다 작성하도록 WTO 사무국에게 요구했다. G20 국가들은 각국이 세계금융위기에 대응하려고 보호무역주의에 의지하고 있는지 알고 싶었다. 따라서 G20은 2009년 4월 2일 무역 조치에 관한 감시제도를 채택하도록 WTO에 요청했다. 이에 대한 WTO의 공식적인 반응은 없었다. 다만, WTO 13개 회원국과의 의사소통 내용에, 금융위기에 대한 대응방안으로 보호주의 조치에 의존하지 말라는 호소와 함께, 사무총장이 보호주의 조치에 관한 감시와 공개 보고를 분기별로 시행하라는 요구가 들어 있었다 (WT/GC/W/604).

이것으로도 사무총장이 WTO 사무국에게 지시하여 그러

한 활동을 개시하고 수십 개의 무역장벽에 대한 정기적 보고를 시작하기에 충분했다. WTO 사무국은 OECD 사무국, UNCTAD 사무국과 더불어 G20의 무역 및 투자 조치에 대한 정례 보고서를 작성했다. 제네바 각료회의에서 무역정책검토제도에 관하여 채택된 2011년 12월17일의 결정(WT/L/848)은 정기적 보고를 지속하는 데 필요한 안전한 법률적 기초를 제공했다. 그 결정문의 일부에 따르면, "따라서 우리는 정기적으로 무역 감시보고서를 계속 제출해줄 것을 사무총장에게 요청한다. 또 무역정책검토기구에서 국제무역환경의 변화에 대한 연례 검토 업무에 더하여 사무국의 감시보고서를 검토하도록 요구한다."

2012년 현재 감시보고서는 더 이상 위기에 초점을 맞추지 않는다. 위기 극복 수단으로 채택되었는지 여부를 물을 필요 없이 언뜻 보기에 확실한 '보호주의' 조치들은 보고서에 포함되어 있기 때문이다. 많은 발표문에서 위기와의 연관성이 공식 발표된 것은 보호주의의 필요성을 설명하기 위함이었다. 유사한 선언문들도 전적으로 믿을 수 없는 것은 아니었다. 위기에 대한 '전형적인' 대응은 보조금, 정부조달에 있어서 국내 회사의 우대 등의 보호주의에 의존하는 것이다. 그러나 '확실한 증거'가 없는 상황에서 다양한 조치를 위기 탓으로 돌리는 것은 쉽지 않다.

보호주의 조치에 대한 설명은 WTO 사무국뿐만 아니라 비정부기구, 각국 정부, 민간기관들도 제시한다. WTO 사무국의 설명을 잠시 제쳐두면, 비정부기구와 민간기관들의 설명은 제1유형 오류(거짓 긍정)보다 제2유형 오류(거짓 부정)를 피하는 데에 더 예민하다. 그들은 필요 이하의 포괄성보다는 필요 이상의 포괄성을 띠곤 한다.

WTO 사무국은 회원국들의 교차통보, 무역 조치에 대하여 수많은 비정부기구(예를 들면, 세계무역경보 같은) 및 기타 정보원의 통보를 받는다. 사실 WTO 사무국은 약간의 선별과정 없이는 정보를 보고서에 포함시키지 않는다. 검토 대상이 되는 WTO 회원국은 제3의 정보원이 제공한 정보에 대한 진위 확인을 요구받는다. 침묵하면, 그 정보는 '입증된' 정보로서 보고서에 포함된다. 반박하면, 그러한 대답의 정확성을 사무국이 믿지 못할 이유가 있는 경우에도 그 정보는 보고서에 포함되지 않는다. 검토를 받는 국가가 별다른 움직임을 보이지 않는(그러나 제공된 정보의 진실성을 거부하지 않는) 경우, 그 정보는 '입증 안 됨'으로 분류되지만 보고서에는 포함된다.

나아가 WTO 사무국은 WTO 회원국들이 무역정책검토제도 부속서 III의 내용에 맞게 통보 의무를 준수하는지에 관하여 일련의 문서를 발행하기 시작했다. 또한, WTO 사무국은 G/L/223 문서를 발행함으로써 통보 의무를 무시하고 있는 회원국들에게 '창피를 주기' 시작했다.

'통보 의무와 준수 목록'으로 이름 붙여진 이 문서들은 WTO 회원국들이 WTO의 관할하에 있는 다양한 협정에서 규정하는 통보 의무를 어떻게 준수하고 있는지 기록하고 있다.

결론

WTO의 법정은 정부 대 정부의 분쟁을 재판하는 가장 분주한 국제기구가 되었다. 2015년 2월까지 488건의 협의 요청이 제기되었고, 165건의 패널 보고서와 98건의 상소기구 보고서가 발행되었다. 여기에 더하여 31건의 준수패널 보고서도 완료되었다.[**] 일부 분쟁은 WTO 틀 밖에서 해결되고 있지만, 그 어떤 기준으로 보아도 WTO는 널리 이용되는 수단임은 분명하다. WTO 분쟁을 분석해보면, 어떤 회원국이 수입 무역에서 차지하는 비중이 클수록 원고로 등장하는 횟수가 잦다. 미국과 유럽공동체(EC)는 그 목록의 최상위에 놓여 있다.[13] 유럽공동체와 미국은 원고, 피고 및 제3자로서 중요한 국가들이다. 반면 최저개발국들은 존재감이 거의 없다.

분쟁해결은 비록 중요하기는 하지만, WTO에 설치된 집행제도의 하나에 불과하다. 투명성 제도는 덜 두드러지지만 역시 매우 중요하다. 투명성 의무의 범위는 시간이 지나면서 크게 확장되었다. 1947년도 GATT에서는 단순히 일반적으로 적용되는 법률의 공표 의무에 그쳤으나, 우리는 통보, 교차통보, 그리고 국제무역에 영향을 미치는 모든 종류의 정책에 관한 정보를 제공하는 WTO 사무국의 재량이 점차 커지는 쪽으

[**] 역자 주) 1995년부터 2021년 밀 현재까지 협의 요청은 607건 제기되었고, 패널 보고서는 277건 발행되었다. 준수 패널은 2020년 말까지 51건의 분쟁에서 설치되었다.

로 이동해왔다. 투명성과 분쟁해결은 보완재 혹은 대체재가
될 수 있다. 제공되는 정보의 양이 증가함으로써 정책에 관한
오해가 제거될 수 있지만, 새로운 정보가 제공되면 분쟁이 개
시될 가능성도 있다. 이는 WTO 회원국들이 정보 제공을 꺼
리는 이유이자, 누락 정보를 제공하도록 WTO의 권한을 강화
할 필요가 있는 이유이다.

■ 주

1) WTO 분쟁해결제도의 절차적 측면에 대해서는 David N. Palmeter and Petros C. Mavroidis, *Dispute Settlement in the WTO: Practice and Procedure*, 2nd edition (Cambridge: Cambridge University Press, 2004) 참조.

2) 이 책의 다른 주제와 마찬가지로, 지면의 제약 때문에 판례법이나 WTO 분쟁해결제도의 운영을 둘러싼 정책 논쟁을 폭넓게 다루지 못한다. 분쟁해결양해의 기능에 관한 정책적·비판적 분석에 대해서는 Robert Lawrence, *Crimes and Punishment: Retaliation under the WTO* (Washington, DC: Institute for International Economics, 2003) 참조.

3) 재판 중심적인 사법체계와 협상 중심의 사법체계 간의 차이점에 대한 훌륭한 분석은 William J. Davey, "Dispute Settlement in GATT," *Fordham International Law Journal* 11(1987): 51–99 참조.

4) 도하라운드 협상에서 아프리카그룹의 국가들은 금전적 손해의 도입을 제안한 반면, 멕시코는 교역 가능한 해법의 도입을 제안했다.

5) Wilfred J. Ethier, "Political Externalities, Nondiscrimination, and a Multilateral World," *Review of International Economics* 12 (2004): 303–320.

6) Terry Collins-Williams and Robert Wolfe, "Transparency as a

Trade Policy Tool: The WTO's Cloudy Windows," *World Trade Review* 9, no. 4 (November 2010): 551–581.

7) Decision on Application and Review of the Dispute Settlement Understanding, www.wto.org.

8) 직접적 효과는 자동 집행에 상응하는 용어다. 국제조약문에 이 효과에 대한 분명하고 명시적인 설명이 없기 때문에, 어떤 조항이 직접적인 효과를 갖는지 여부는 국내법에 따라 고려될 사안이다.

9) www.globaltradealert.org.

10) Director-General's Overview of Developments in the International Trading Environment, WT/TPR/OV/17/Corr.1, 2014.

11) www.wto.org/english/res_e/statis_e/itip_e.htm과 http://tmdb.wto.org/ 참조

12) Decision on Central Registry of Notifications, www.wto.org.

13) Henrik Horn and Petros C. Mavroidis, "WTO Dispute Settlement Database," *World Bank* (2006), www.worldbank.org/trade/wtodisputes.

6장

개발도상국과 다자무역체제

이 장의 구성

- 간략한 역사
- 비상호주의적 무역 특혜
- 특혜는 작동하는가?
- 덜 완전한 상호주의와 최선의 특별차등대우 조항

- 무역을 위한 원조
- 무역원활화협정: 보다 효과적인 특별차등대우
- 결론

1947년에 GATT가 창설된 후 수십 개의 회원국들이 새로 가입했다. 신규 회원국들의 대부분은 개발도상국에 해당했다. 이에 따라 GATT는 이중구조로 변모하지 않을 수 없었고, 개발도상국을 위한 '특별차등대우(SDT: special and differential treatment)'가 가능해졌다. 이 장에서 우리는 특별차등대우의 기준을 논하고, 특별차등대우의 효과성(또는 그 결여)을 평가하며, 차등무역체제와 발전공동체 간의 거리를 좁히는 최근의 일들을 토론한다.

GATT는 23개 서명국으로 첫발을 뗐고, 그 절반가량은 개발도상국이었다. 그 이후 세계무역기구는 오늘날 160개 회원국(2016년 이후 164개국 – 역자 주)으로 확대되었고 그 중 4분의 3은 개발도상국이다. 제3장에서 살펴본 것처럼, '개발도상국'이라는 용어는 GATT와 세계무역기구(WTO) 어디에도 정의되어 있지 않다. 관행적으로 WTO 회원국들은 자신들이 개발 과정에 있는지 여부를 스스로 선택한다. 이러한 관행은 일반적으로 많은 문제를 일으키지 않았다.[1] 관행에 따르면, OECD 회원국의 거의 대부분은 선진국으로 간주된다. 그러나 일부 특수 사례가 존재하는데, OECD의 세 회원국, 즉 멕시코, 한국, 칠레 등은 WTO에서 개발도상국 지위를 계속 주장하고 있다 (한국은 2019년 10월 25일 미래의 WTO 협상에서 개발도상국 지위를 주장하지 않겠다고 선언함 – 역자 주).

WTO 회원국 간의 이질성은 엄청나다. 1인당 소득을 보면, 많은 회원국들은 매우 낮은 수준이지만 다른 회원국들은 아주 높은 수준이다. 따라서 무역 역량과 행정 자원도 다양하다. 그러한 차이는 단순히 남-북, 선진국-개발도상국 격차만은 아니다. 개발도상국 그룹 안에는 더 큰 이질성이 존재한다. 2013년 연간 1인당 소득의 경우, 말라위는 약 270달러, 베냉은 800달러, 케냐는 1,160달러, 말레이시아는 1만 400달러, 그리고 브라질은 1만 1,700달러였다.[2] 그러나 캐나다와 미국의 1인당 소득이 5만 달러를 넘고, 유로존 국가들의 평균 1인당 소득이 4만 달러인 점을 감안하면, OECD 회원국과 신흥경제 간에 상당한 격차가 여전히 존재함은 분명하다. 최저개발국은 말할 것도 없다.

　GATT/WTO 회원국 간의 이질성에 대하여 가장 전통적인 대응은 개발도상국을 위한 특별차등대우였다. 특별차등대우란 부국들이 시장접근상의 특혜를 제공하고, 무역협상에서 덜 완전한 상호주의를 허용하며, 개발도상국에게 더 큰 재량('정책 공간')을 부여하여 무역제한이나 수출보조금을 사용하도록 하는 조항을 WTO협정에 포함시키기로 약속하는 것이다. 특별차등대우에 관련하여 오래된 두 논쟁이 진행되고 있다. 하나는 언제 특정 국가가 특별대우의 자격을 잃게 되느냐다 (즉, 졸업의 시점이다). 다른 하나는 특별차등대우가 실제로 무역 역량이 약한 국가들(세계시장에서 경쟁력이 떨어지는)이 세계무역체제로부터 이득을 얻는 효과적인 수단인가 여부다. 도하라운드에서 많은 OECD 국가들은 브라질, 중국, 인도 등 거대 신흥경제 국가들은 시장접근을 더 자유화해야 한다고 주장했다. 그들은 거대 신흥경제 국가들은 높아진 경쟁력에 맞게 더 큰 몫을 해야 한다고 보았다. 아마도 이는 OECD 국가들이 특혜무역협정으로 이동하게 된 한 동기였을 것이다. 특혜무역협정은 무임승차를 훨씬 강하게 통제할 수 있기 때문이다. 원조를 가장 절실히 필요로 하는 최빈국들을 돕는 일과, 경쟁력을 갖춘 국가들의 상호주의를 높이는 신뢰성 기제를 마련하는 일 모두를 보다 효과적으로 수행하는 것은 WTO가 장차 무역협력의 주요 장으로 계속 남게 하는 전제조건이 될 것이다.

간략한 역사

세계무역체제가 개발도상국의 관심사를 얼마나 고려해야 하는지에 관한 논쟁은 1947년 GATT가 수립된 이래 계속 반복되었다. GATT에서 무역과 개발에 관해 폭넓은 논의가 처음 이뤄진 것은 1958년 "하벌러 보고서(Haberler Report)"가 배포되었을 때였다. 이 보고서는 GATT의 무역 자유화 규칙이 개발도상국에게 꼭 유리하게 작용하지는 않는다는 주장을 검토했다. 동 보고서는 그러한 주장에 일부 동조하면서,[3] 선진국들의 보호주의적인 농업정책 때문에 원자재 가격의 하락과 높은 변동성이 발생한다고 지적했다.

미국은 1955년 자유화 의무 면제를 얻어 농산물에 대한 상당한 보조금을 지급할 수 있었다. 하지만 EU는 자신의 농업시장을 사실상 침투 불가능하게 만드는 정책들을 시행했다. 다양한 조세체계를 통해서 수입상품에 관세를 부과함으로써 세계 가격과 유럽 가격의 격차를 제거했다. 1950년대 말의 논쟁은 오늘날의 논쟁과 꽤 흡사하다. EU의 제도가 GATT 규칙에 부합했는지는 의심의 여지가 있다. 그러한 의구심에 일부 문제제기가 있었지만 많은 경우에는 그렇지 않았다. EU는 수량제한조치를 금지하기 위한 일반적 금지로부터 제한적인 예외를 허용하는 GATT 제11조 2항을 원용할 수 있었다. 또 EU는 주요 무역상대국들의 긴용으로 혜택을 보았다. 이 무역상대국돌은 유럽의 평화를 공고히 하는 중요한 구상으로 여겨졌던 EU의 통합 과정에 이의를 제기하고 싶지 않았다. 게다가 미국은 이전에 얻었던 의무 면제 때문에 유럽에게 돌을 던질 입장이 아니었다.

"하벌러 보고서"는 선진국에서 농업 보호주의의 축소 등 일련의 권고사항을 담고 있었다. 가장 중요한 것은 세계무역 체제로부터 모두가 이득을 보는 것은 아니라는 사실과, 뒤처져 있는 국가들의 관심사를 다룰 조치가 필요하다는 사실을 하벌러 보고서가 GATT 체약당사국들에게 일깨웠다는 점이다. 케네디라운드(1962~1967) 동안 협상그룹 중 하나였던 '저개발국 관련 GATT 법·제도 위원회(Committee on Legal and Institutional Framework of GATT in Relation to Less-Developed Countries)'는 무역과 개발(Trade and Development)이라는 문서를 만들었다. 이 문서는 1964년 11월 17일부터 1965년 2월 8일까지 열린 체약당사국 특별회기에서 완결되었고, 수정 의정서에 따라 GATT 제4부로 추가되어 1966년 6월 27일에 발효했다.

GATT 제4부는 3개의 '최선의 노력' 조항으로 구성되어 있다. GATT 제36조 8항은 개발도상국을 위한 비상호주의 원칙을 도입하고 있다.[4] 즉 "선진 체약당사국들은 저개발 체약당사국의 무역에 대한 관세 및 기타 장벽을 감축하거나 제거하기 위한 무역협상에서 자신들이 한 약속에 대하여 상호주의를 기대하지 아니한다."

GATT 제36조에 관한 해석노트(Interpretative Note)는 그

부분을 더 구체화하고 있다. 곧 "'상호주의를 기대하지 아니한다'는 어구는, 이 조에 명시된 목적에 따라, 과거의 무역의 추이를 고려할 때 저개발 체약당사국이 그들의 개별적인 개발상, 재정상 및 무역상의 필요에 합치되지 않는 기여를 무역협상과정에서 행할 것으로 기대하여서는 아니된다는 것을 의미하는 것으로 양해한다."

케네디라운드 막바지에 이 조항은 다음과 같은 해석이 추가되었다.

> 그러므로 한편에 선진 체약국이 개발도상국의 관심 품목에 부여하는 양허안과, 다른 한편에 개발도상국들이 무역 자유화를 위해 행하는 기여 사이에는 균형이 있을 수 없다. 그러한 기여는 개발도상국들의 개발상, 재정상 및 무역상의 필요라는 관점에서 고려되어야 한다. 따라서 개발도상국들은 어떤 기여를 할 수 있는지 스스로 결정해야 하는 것으로 인식된다.[5]

두 번째 요소인 GATT 제37조는 개발도상국들을 돕기 위해서 선진국들이 취해야 하는 다양한 조치를 권고했다. 그 중에서 중요한 것은 고관세(관세 정점으로 불리게 된)와 경사관세(tariff escalation), 즉 가공 상품에 대한 (높은)장벽과 1차 비가공 상품에 대한 (낮은)장벽 간의 격차를 축소하도록 요구한 것이다. 또한, GATT 제37조는 선진국들이 상계관세나 반덤핑관세 또는 긴급수입제한조치(세이프가드)를 부과할 때 개발도상국의 '무역상 이익을 특별히 고려할 것'과 "그러한 조치를 적용하기에 앞서 건설적 구제책의 모든 가능성을 모색"하도록 요구했다. WTO 반덤핑협정에서 이 조항은 이제 구속력 있는 법적 의무이다.

GATT 제4부의 세 번째 요소인 제38조는 유엔과 산하 기구 및 기관과의 협조, 개발도상국의 무역 증가율 점검 등 제4부의 나머지 두 조항을 이행하는 데 필요한 제도적 수단을 제공하기 위한 것이다.

제4부의 채택과 더불어, 1964년에 무역개발위원회(Committee on Trade and Development)가 설치되었다. 동 위원회는 제4부의 조항의 적용을 점검하는 임무를 맡았다. 1964년에는 또 개발도상국의 무역을 증진하기 위하여 국제무역센터(ITC: International Trade Centre)가 설립되었다. 나중에 국제무역센터는 유엔무역개발회의(UNCTAD)와 GATT의 공동기관이 되었다. 오늘날 국제무역센터는 정보 및 무역관련 기술적 원조의 원천으로서 개발도상국의 민간부문에 특별히 초점을 맞추고 있다 (대조적으로, 유엔무역개발회의[UNCTAD]와 WTO는 정부에만 초점을 두고 있다).

GATT 체약당사국들은 1979년 11월 28일에 '개발도상국을 위한 차별적 특혜, 상호주의 및 보다 완전한 참여'에 관한 결정('권능부여조항[Enabling Clause]')을 채택했다. 권능부여조항은 개발도상국을 위하여 최혜국대우 관세로부터 이탈할 수 있는 법적 근거로서 GATT/WTO의 영구적인 특징이 되었다. 이 조항은 기본적으로 GATT 제4부에 포함된 관념과 개념을 재생산한 것이며, GATT/WTO의 선진 회원국들이 일반특혜관세(GSP)를 시행하는 법적 토대다. 권능부여조항은 1994년도 GATT의 제1조 1항(b)(iv)에 의하여 GATT의 일부가 되었다. 상소기구의 시각(EC-Preferences 99항 사건 보고서)에 따르면, 권능부여조항은 GATT 제1조에 대한 예외를 구성하며, 이는 두 조항이 서로 충돌할 경우 권능부여조항이 우선한다는 뜻이다 (§ 102).

　세계무역체제에는 세 유형의 특별차등대우(SDT)가 있는데, (i)최저개발국에 대한 '최선의' 대우와 함께, '권능부여조항'이 포괄하는 일반특혜관세 제도에 따라 개발도상국에게 부여되는 비상호주의적, 특혜적 시장접근, (ii) 협상에서의 덜 완전한 상호주의, 그리고 (iii) 특정 규칙과 규율에 있어서 개발도상국을 위한 면제 등이며, 이 중 면제는 많은 경우 시한이 정해져 있고 일시적인 기간이나 유예의 형식을 띤다.

비상호주의적 무역 특혜

일반특혜관세(GSP)는 1968년 UNCTAD의 후원 아래 수립되었다. (당시) 유럽공동체(EC)와 미국은 일반특혜관세제도를 수립하는 법안을 각각 1971년과 1974년에 통과시켰다.[6] 다른 선진국들도 나름대로 일반특혜관세제도를 시행하고 있었으나, EU와 미국은 개발도상국들에게 가장 중요한 시장이었다.

　미국의 일반특혜관세제도는 적격 국가를 두 그룹, 즉 최저개발국과 개발도상국으로 구분하고 있다. 모든 적격 국가는 3,500개의 관세 품목에서 영(zero)의 관세를 지불하며, 최저 개발국은 추가로 약 1,500개 품목에서 무관세 시장접근 혜택을 누린다. 특정 품목은 일반특혜관세 혜택을 받을 수 없는데, 여기에는 대부분의 섬유, 시계, 신발, 핸드백, 가방 및 일부 의류 등이 해당된다. 미국 일반특혜관세제도의 핵심 특징은 특정 국가의 수출이 특정한 '경쟁력 필요 한도'를 초과하면 그 국가는 특정 상품에 대한 특혜 자격을 상실한다는 점이다. 그 한도는 2014년의 경우에 관세 품목당 1억 6,500만 달러였다 (2020년에는 1억 9,500만 달러로 상향됨 – 역자 주). 해당 국가가 해당 품목에서 미국의 전체 수입량 중 50퍼센트 이상의 시장점유율을 차지하는 경우에도 일반특혜관세 자격을 상실할 수 있다. 미국 대통령은 이러한 기준을 언제, 어떻게 적용할지 결정하는 재량권을 갖는다. 1976년에 일반특혜관세제도가 처음 발효한 이래 수십 개의 국가들이 미국의 일반특혜관세제도로부터 '졸업'했다 (싱가포르, 홍콩, 대만, 한국, 말레이시아, 멕시코, 보츠와나 등). 2013년에 미국 일반특혜관세제도는 1976년 이래 처음으로 갱신 없이 만료되었다. 일반특혜관세는 결국 2015년 중반에 보다 광범위한 무역 법안의 일부로 갱신되었다 (그러다가 2020년 말에 다시 만료되었음 – 역자 주).[7]

EU의 일반특혜관세제도는 1971년에 처음 시행되었고, 미국의 제도보다 더 복잡하지만 동일한 기본원칙을 지니고 있다. 미국의 제도는 모든 적격 상품에 대하여 무관세 시장접근을 부여한다. 하지만 EU의 초기 제도는 상품을 네 그룹으로 분류하고 상이한 특혜를 제공했다. 즉 (i) 비민감 품목은 무관세 시장접근을 부여받는다. (ii) 준민감 품목에는 공동관세율(CCT: Common Customs Tariff)의 35퍼센트가 관세율로 적용된다. (iii) 민감 품목은 공동관세율의 70퍼센트가 관세율로 적용된다. (iv) 고민감 품목은 공동관세율의 85퍼센트가 적용된다. 이 제도는 2001년에 민감 품목과 비민감 품목 등 두 범주로 단순화되었다. 비민감 품목은 무관세 시장접근을 누릴 수 있었고 전체 관세 품목 중 32퍼센트 가량 차지하고 있다. 대부분의 민감 품목들은 적용 가능한 최혜국대우 관세율로부터 일률적으로 3.5퍼센트 포인트를 삭감 받는다. 이러한 상품들은 관세 품목 중 약 36퍼센트를 구성하고 있다.

EU 일반특혜관세제도에서 적격 국가는 미국보다 정형화된 기준에 따라 결정된다. 즉 졸업은 그 국가의 개발 및 특화 수준을 결합하는 '지수'로써 정해진다. 한국, 싱가포르, 홍콩 등은 이 기준에 의하여 EU의 일반특혜관세제도에서 탈락했다. 브라질, 인도, 중국, 아르헨티나 등은 광범위한 상품 범주에서 자격을 상실했다. EU는 2001년에 새로운 졸업 기준을 채택했다. 세계은행이 고소득국가로 지정하는 모든 국가는 모든 상품에 대해 자동적으로 자격을 상실한다 (이는 미국의 경우에도 마찬가지다).

일반특혜관세제도에 더하여, EU는 과거에도 다른 특혜 프로그램을 유지했다. 아프리카, 카리브해 및 태평양(ACP) 국가들에게 부여된 특혜제도가 가장 대표적인데, 이 국가들은 일반특혜관세제도에서 누릴 수 있는 특혜를 종종 초과하는 특혜를 부여받았다. 그러한 혜택에서 배제된 개발도상국들은 GATT/WTO 면제를 요구하는 유럽공동체의 특혜제도가 무차별 요건(아래 참조)을 위반하고 있다면서 문제를 제기했다.[8] 결과적으로, EU는 해당 국가들을 대상으로 이른바 경제동반자협정(EPAs: Economic Partnership Agreements)이라는 호혜무역협정 협상을 개시했다.

EU의 중요한 특혜제도는 2001년 3월에 도입된 '무기를 제외한 모든 것(EBA: Everything But Arms)'이라는 제도다. 이 제도는 모든 최저개발국산 수입 상품에게 무관세·무쿼터(DFQF)의 시장 접근권을 부여한다. 다만, 자유화가 지체되고 있던 신선 바나나, 쌀, 설탕 등 세 품목에 대해서는 과도기(현재는 만료되었다)가 적용되었다. 이 세 상품에 대한 관세율은 2006년(바나나에 대해)과 2009년(쌀과 설탕에 대해) 영(zero)으로 인하되었다. EBA의 핵심 특징은, 일반특혜관세와 달리, 특혜가 무기한 부여되고 정기적인 검토를 받지 않는다는 점이다.

EBA, 아프리카성장기회법(US AGOA),[9] 최저개발국을 위하여 2003년 1월에 실시된 캐나다의 무관세 시장접근 프로그램 등 2000년대에 만들어진 특혜제도는 전통적인 일반특혜관세 같은 제도보다 더 의미 있는 특혜적 접근을 제공하고 있다. 최저개발국이 수출하는 많은 상품에 대해 고소득 국가에서 매기는 관세는 현재 영(zero)이다. 2005년 홍콩 각료회의에서 WTO의 선진국 회원국들은 최저개발국산 상품에 대한 무관세·무쿼터 시장접근을 2008년까지 또는 늦어도 도하라운드의 이행기가 시작될 때까지 제공하기로 합의했다. 그들은 발리에서(2013년 12월) 이 같은 결정을 이행하기 위한 노력을 계속하기로 의견을 모았고, 그렇게 할 수 있는 위치에 있는 개발도상국들에게도 무관세·무쿼터 제도를 시행하도록 요청했다. 무관세·무쿼터 제도는 대개 공급 능력이 제한되어 있는 최저개발국들에게만 해당된다. 일부 OECD 국가들은 의류, 가죽, 쌀 등에 대한 시장접근을 허용하는 데 반대하기 때문에 무관세·무쿼터 의무는 제한적이다. 즉 국가들은 관세 품목 중 97퍼센트에 대해서만 무관세·무쿼터 시장접근을 제공하도록 요구받을 뿐이다. 이러한 한계 때문에 최저개발국을 위한 WTO의 결정은 그 가치가 심각하게 훼손되고 있다. 예를 들면, 미국으로 향하는 방글라데시 수출품 중 70퍼센트 이상은 겨우 70개 관세 품목에 해당될 뿐인데, 이는 미국의 전체 관세 품목 중 1퍼센트에 그치고 있다.[10] 단지 39개의 관세 품목이 미국으로 수출되는 캄보디아 상품의 76퍼센트를 포괄하고 있다.

2011년 제8차 WTO 각료회의에서 WTO 회원국은 '최저개발국의 서비스 및 서비스공급자에 대한 특혜대우 결정(Decision for Preferential Treatment to Services and Service

Suppliers of Least-Developed Countries)'에 합의했다. 이 것은 '최저개발국 서비스 면제'로 불리게 되었다. 이는 상품무역에 있는 권능부여조항에 해당하지만, 모든 개발도상국에 적용되는 것이 아니라 오직 최저개발국에게만 적용된다. 서비스 면제에 따라 어느 WTO 회원국이든지 GATS상 최혜국대우 의무를 위반하지 않고도 최저개발국의 서비스와 서비스공급자에게 특혜대우를 제공할 수 있다. 발리에서는 서비스 면제의 운용에 있어서 더 신속한 진전을 요구하는 결정이 취해졌다. 최저개발국들은 2014년에 이 문제를 의제로 삼을 것을 집단적으로 요구했고, 2015년 초에 특혜대우 공여국들은 자신의 서비스시장에 대한 특혜적 접근을 제공하는 것을 고려하고 있음을 내비쳤다. 이처럼 비상호주의적 시장접근 특혜는 상품뿐만 아니라 일부 서비스 부문까지 확장될 전망이다.

2003년 유럽공동체-관세특혜사건(EC-Tariff Preferences)의 패널보고서는 권능부여조항은 GATT 제1조 1항 (§ 7.39)에 대한 예외라고 인정하면서, 그 이유는 동 조항이 개발도상국 상품에게만 특혜대우를 제공하기 때문이라고 밝혔다. 이 사건에서 인도와 파키스탄 양국은 EU의 일반특혜관세로부터 혜택을 누리고 있었다. 그러나 파키스탄은 이른바 마약협정(Drug Arrangements)하에서 추가적인 특혜를 받았다. 마약협정은 마약의 생산 및 밀매에 대항하여 적극적인 정책을 채택하는 WTO 회원국들에게 보상을 제공하기 위한 것이었다. 인도는 EU가 파키스탄산 수입품에 특혜를 줌으로써 GATT

제1조 1항을 위반했다고 제소했고, 패널도 그 점을 수용했다 (§ 7.60).

패널은 더 나아가 권능부여조항이 어느 정도까지 정당화될 수 있는지 심리했다. 패널은 (일부 개발도상국들이 일반특혜관세 프로그램에서 전면 배제되는 경우처럼) 사전 제한이 존재하지 않으면, 권능부여조항에 따라 회원국들은 일반특혜관세제도하에서 그 어떤 차별 없이 동일한 관세상 특혜를 모든 개발도상국에게 제공해야 한다고 보았다 (권능부여조항의 주석3에 있는 '무차별적'이라는 단어 때문에).

상소기구는 이에 관한 패널의 결정을 뒤집었다. 상소기구는 권능부여조항 중 § 3(c)에서 "권능부여조항에 의하여 부여된 차등적 특혜대우가 선진 체약당사국으로부터 개발도상 체약당사국에게 부여되는 경우에는 개발도상국의 개발상, 재정상, 무역상 필요에 긍정적으로 대응하는 방식으로 고안되고 또 필요한 경우 수정되어야 한다"고 규정하고 있음을 지적했다 (§ 157).

상소기구의 견해에서 이 문단은 개발상의 필요가 반드시 모든 개발도상국들에게 똑같지는 않음을 분명히 했다 (§ 162). 따라서 동 문단은 개발상의 필요에 대응함에 있어서, 비록 모든 일반특혜관세 수혜국들에게 '똑같은' 관세상 대우가 부여되는 것은 아닐지라도, 일반특혜관세제도는 '무차별적'이도록 요구하는 것이 된다 (§ 165). 결과적으로, 추가적인 특혜도 가능하다는 점이 명백해졌다 (§ 169). 그러나 "그러한 차등적

관세 대우를 부여할 때 특혜부여국은, 무차별적이라는 단어에 따라", 비슷한 상황에 놓여 있는 모든 일반특혜관세 수혜국들에게 동일한 대우가 적용되도록 해야 한다. 이 때 비슷한 상황에 있는 수혜국들이라 함은 문제의 대우가 적용될 '개발상, 재정상 및 무역상 필요'를 갖는 국가들을 말한다 (§ 173).

상소기구는 이 기준을 구체적인 사건에 적용했다. 유럽공동체는 수혜국에 관하여 폐쇄적인 목록을 규정하고 있기 때문에 (§§ 180, 187) 마약협정은 WTO협정에 부합하지 않는다고 상소기구는 판단했다. 상소기구의 시각에서 보면, 이러한 제도가 WTO협정에 부합하기 위해서는 유럽공동체는 관련 규제를 수정하여 마약협정하의 수혜국과 기타 일반특혜관세제도하의 수혜국을 구분할 수 있는 기준이나 표준을 도입해야 한다 (§ 188). 이는 WTO 회원국이 그러한 취지의 기준을 수립하기만 하면 특혜를 받는 개발도상국 간에 차이를 둘 수 있음을 의미한다. 상소기구는 차별의 가능성을 열었지만, 수용 가능한 기준으로 활용될만한 어떤 원칙도 제시하지 않았다. 부여된 특혜는 공여국의 정치경제 상황을 반영한다. 이 점은 왜 역사적으로 특정 산업부문들이 제외되었는지 또는 특혜와 함께 지키기 어려운 원산지 규정이 수반되었는지 설명해준다. 상소기구 보고서는 이 문제들을 전혀 다루지 않았다. 대신에 개발도상국 간에 차별을 초래하는 일방적인 제도와 '맞춤형' 특혜로 나아가는 문을 활짝 열어주었다.

특혜는 작동하는가?

수많은 경제 저술에 의하면, 종종 특혜는 발전의 측면에서 별로 이롭지 않고 해를 끼친다. 그 이유는 다음과 같다.[11]

i. 시장접근상의 특혜를 받는 국가들에게는 원산지 규정이 적용된다. 원산지 규정은 매우 엄격해서 국가들은 원산지 요건을 충족시키기 위하여 최혜국대우 관세를 지불하지 않을 수 없다. 연구에 의하면, 특혜 이용률은 종종 100퍼센트를 크게 밑돈다.

ii. 개발도상국에게 비교우위가 있는 상품은 종종 최고율의 관세가 적용되는 최상위 '민감' 품목들이다. 이러한 상품들에 대한 특혜는 제한이 더 큰 게 빈번하다.

iii. 특혜는 불확실하며, 일방적으로 변경되거나 철회될 수 있다. 또 무역 이외의 조건(노동 혹은 환경 규범 등)이 따른다.

iv. 특혜는 심각한 무역전환 효과를 유발할 수 있다.** 특혜를 누리는 개발도상국의 상품과 특혜를 받지 않는 기타 개발도상국의 상품이 서로 중복되는 경향이 있기 때문이다.

** 역자 주) 바이너(Jacob Viner)는 자유무역협정(FTA)이나 기타 무역상의 특혜는 무역전환 효과와 무역창출 효과를 동시에 수반한다고 주장했다. 무역전환 효과란 특혜로 인하여 비효율적인 생산이 보호받음으로써 발생하는 경제적 후생의 감소 현상을 말한다. 반면 무역창출 효과는 특혜로 인하여 상품의 가격이 낮아져서 소비자 후생이 증가하는 현상을 뜻한다.

v. 심지어 특혜가 가치를 발휘하는 경우에도, 곧 특혜가 공여국의 가장 보호 수준이 높은 부문에 적용되는 경우에도, 고소득 국가의 수입업자와 유통업자들은 특혜에서 파생되는 지대의 일부를 차지할 것이다.

vi. 특혜는 더 높은 관세율과 상관성이 있고, 따라서 무역을 저해한다고 시사하는 증거가 존재한다.

무역체제 시각에서 보면, 특혜는 문제를 만들어낸다. 특혜는 무차별원칙을 위반할 뿐만 아니라 최혜국대우 원칙에 입각한 자유화를 방해할 수 있기 때문이다. 정의 그 자체로, 최혜국대우에 대한 장벽이 축소됨에 따라 어떤 특혜든지 그 가치는 약화될 것이다. 어느 한 나라에게 특혜의 가치가 커질수록 그 나라가 다자적, 최혜국대우 자유화에 반대할 유인은 더 커질 것이다. 그 결과는 암묵적 '밀주업자-침례교도(bootlegger-Baptist)' 연합이 될 수 있다.** 특혜제도는 수혜국들에게 OECD 국가들의 무역제한 정책을 지지할 유인을 제공한다. 그리고 반대로, 자유화는 특혜를 받는 개발도상국 공급자들을 해치기 때문에 자유화에 반대해야 한다고 산업계 로비집단이 주장할 동기가 된다.

수출의 다변화와 개발은 특혜를 제공하는 일차적 이유이다.

** 역자 주) 밀주업자-침례교도 연합은 규제이론에서 인용되는 현상으로, 어떤 규제(이를테면 금주법)가 그 목적에 찬성하는 집단(침례교도)과 그 규제를 침해하여 이득을 보려는 집단(밀주업자) 모두로부터 지지를 받는 경향을 말한다.

과거에 많은 국가들은 시장접근 특혜를 누렸고 양자 프로그램으로부터 졸업했으며, 다른 국가들은 계속 혜택을 보고 있다. 그러나 많은 최빈국들은 그러한 특혜를 활용해서 수출을 다변화하거나 확대하지 못했다. 관세는 개발도상국의 수출을 제약하는 여러 요인 중에서 일부에 지나지 않는다. 다른 변수로는 운송비, 비관세장벽(NTBs) 및 규제조치 등이 있다. 이들은 선진국의 기업들이 감당해야 하는 비용보다 종종 더 비싼 단위당 비용을 부과한다. 특혜는 국가들이 공급측면의 제약을 해결하는 데 도움을 주지 못한다. 많은 최빈 개발도상국들은 그들이 받는 특혜를 통해서도 수출을 다변화하거나 확대하지 못했다. 그 이유는 그 국가들이 수출의 다양화 및 확대에 필요한 공급 역량이나 경쟁력을 갖추지 못했기 때문이다. 이들 국가 내부에서의 거래 및 운영비용도 기업의 경쟁력을 떨어뜨리기는 마찬가지다. 세계무역체제로의 통합에서 더 큰 이득을 보려면 최빈국의 기업과 농민의 생산성과 경쟁력을 개선할 필요가 있다. 공급측면의 국내적 제약을 해결하려면 더 많고 더 효과적인 개발원조가 무관세·무쿼터 프로그램에 동반되어야 하고, 무관세·무쿼터의 제한적인 가치를 감안할 때 개발원조에 더 많은 관심을 쏟아야 한다.

덜 완전한 상호주의와 최선의 특별차등대우 조항

특별차등대우(SDT)의 또 다른 특징은 자유화 약속과 무역정책의 제약 면에서 개발도상국은 선진국보다 "부담이 덜하다" 는 점이다. 한 예로, 관세 인하 공식을 만들 때 개발도상국은 양허 관세의 폭을 줄이거나 대상 상품의 수를 줄일 수 있다 (더 많은 상품을 제외할 수 있다). 보다 일반적으로 WTO협정에는 개발도상국에게 더 많은 '정책공간(policy space)'을 허용하는 많은 규정들이 있다. 1인당 소득 1,000달러 미만의 국가들은 수출보조금을 계속 지급할 수 있다는 게 한 예다. 정책공간이라는 개념의 바탕에는 개발도상국은 일정기간 동안, 곧 그들이 발전할 때까지(고소득 수준에 다다를 때까지), 보호주의 정책을 유지함으로써 이득을 볼 것이라는 생각이 자리하고 있다.

개발 수준이 상이한 국가들에게 WTO 규율을 어디까지 적용할 것이지 결정하는 문제에 있어서, 전통적 접근법은 여러 예외를 활용하는 것이다. 이러한 예외는 종종 일시적이고, 더 긴 이행 과도기를 부여한다. 소득을 재분배하고 시장실패를 시정하기 위하여 공공의 재화와 서비스를 제공하는 등의 정부 개입에는 수많은 근거가 존재한다. 저소득 국가들이 무역정책을 사용함에 있어 더 큰 자유를 누릴 수 있다는 가정에는 이렇게 하면 개발이나 경제적 후생 면에서 이로울 것이라는 기대가 깔려있다. 이러한 가정은 대체로 옳지 않다. 대부분의 경우에 무역정책은 시장실패를 해결하는 효과적인 수단이 아니다. 무역정책이 하는 일은 소득을 소비자로부터 국내생산자로 재분배하는 것이고, 그것도 비싸고(비효율적이고) 불투명한 방식으로 이뤄진다.

WTO의 기본적인 무역정책 규칙들, 즉 무차별, 투명성, 수량제한에 대한 관세의 우선, 무역원활화 규범 등은 선진국이든 개발도상국이든 모든 국가에게 타당하다는 주장이 사리에 맞을 수 있다. 개발도상국을 위한 더 큰 '정책공간'을 하나의 일반원칙으로서 WTO협정에 통합하는 것은 문제가 크다. 대신 정부들은 특정 형식의 정책공간이 무역정책상의 목표를 달성하는 데 개발도상국들에게 어떤 도움을 주는지 분명히 이해해야 한다. 그런데 그러한 물음은 협상 과정에서는 종종 다뤄지지 않는다.

1995년 WTO협정의 발효와 더불어 이른바 '일괄타결방식(Single Undertaking)' 때문에 WTO협정에 포함되어 있는 많은 협정상의 거의 모든 규율이 (과도기가 만료된 후에) 개발도상국들에게 적용되게 되었다. 특히 TRIPS 같은 일부 협정들은 부국들에게 유리한 쪽으로 기울었다. TRIPS와 기타 협정들은 비대칭적인 이행 비용을 유발했는데, 그런 규칙들은 OECD 국가들의 기존 관행을 반영했기 때문이다. 그것은 많은 개발도상국들에게는 우루과이라운드가 남긴 '숙취(hangover)'라고 해도 과언은 아니다.[12] 많은 개발도상국들은 WTO에서 자신의 '교역조건(terms of trade)'을 개선하기 위하여 적극적으로 임했고, 가끔은 연합을 형성하여 공조하기도 했나. 그 예는 2003년 칸쿤 각료회의를 앞두고 만들어진 G20이라는 개발도상국 연합체, 그리고 면화 보조금에 초점을 두고 형성된 서

아프리카연합체 등이다. G20은 브라질, 중국, 인도, 남아공을 포함하고 있었고 칸쿤회의에서 하나의 연합체로 활동했다.[13] 베냉, 부르키나파소, 차드, 니제르 등 서아프리카 국가들은 미국, EU와 중국이 면화 생산자에게 지급하는 수출보조금 및 기타 무역을 왜곡하는 보조금을 폐지하려고 애썼다.

특별차등대우 영역에서 도하각료선언 (§ 44)은 기존의 모든 특별차등대우 규정에 대한 검토를 요구했다. 그 목적은 "특별차등대우 규정을 강화하고, 그 규정들을 더 정확하고 효과적이며 실천적인 것으로 만드는" 데 있었다. 도하라운드 초기에 개발도상국들은 개별적으로 혹은 집단적으로 88개의 제안서를 제출했다. (i) 시장접근에 대한 특혜의 강화, (ii) 무역제한조치를 사용할 자유의 확대, (iii) WTO 규칙 및 정책원칙의 채택을 미루거나 거부할 자유의 확대, (iv) 개발원조와 기술적 지원에 관련된 제안, 그리고 (v) 특별차등대우 목적을 달성하기 위하여 WTO의 선진 회원국 측의 투명성 및 책임성 확대에 대한 요구 등이다. 그러한 제안들은 다음과 같다.

i. 유치산업을 보호하기 위하여 무역을 제한할 수 있는 자유의 확대
ii. 개발도상국이 추구하는 편익에 의문을 제기하지 않고 최저개발국의 요청에 신속하게 또는 자동적으로 응할 의무
iii. 자원 빈국의 농민들을 위한 자본재 및 투입재 보조금에 대한 항구적인 면제

iv. 우루과이라운드 이행기간의 자동 연장

v. 관세 평가 목적으로 최저가격을 사용할 권리

vi. 수입면허 보고 요건으로부터의 면제

vii. 보조금을 지급할 자유의 확대

viii. 선진국의 GATS상 모드4(Mode 4)에 대한 제한의 단계적 철폐

ix. 기술이전(TRIPS)에 관한 선진국의 약속 이행

x. 선진국의 WTO협정 위반 행위로 인해 초래된 개발도상국의 손실에 대한 금전적 보상

xi. 최저개발국의 특혜 침식에 대한 보상 차원에서, 최저개발국 수출품에 대한 모든 비관세장벽의 철폐 및 부채 경감, 그리고 수출소득의 50퍼센트 이상을 차지하는 상품의 특혜 침식에 대한 재정적 보상

xii. 고소득국가들의 특별차등대우 규정 이행을 감시할 제도적 장치의 수립

WTO 회원국들은 결국에 수많은 제안을 채택했고 각료결정으로 흡수했다.

특별차등대우의 형식은 상당한 연구가 이뤄진 주제다. WTO 회원국의 이질성 문제를 해결하기 위한 몇몇 제안들이 학계에서 제기되었다.[14]

i. 다른 회원국에게 중대한 부정적 파급효과를 끼치지 않는한, 특정 (신규)규칙을 이행할지 여부에 대하여 WTO의

모든 (자칭)개발도상국들에게 '정책 신축성'을 허락하자.

ii. 국가별 접근법을 취하여, 새로운 규칙의 이행을 국가적 우선순위에 따르도록 하자. 상당한 자원을 요하는 (신규) WTO 규율은 국가 개발전략의 달성에 부합하거나 기여할 때에만 이행될 것이다. 국제개발기관들이 참여하는 다자 감시 및 감독 과정은 결정에 대한 검토와 논쟁을 가능하게 할 것이다.

iii. 협정별 접근법을 취하여, 협정마다 사전에 구체적인 기준을 세워 어느 한 국가가 협상된 규율의 적용을 회피할 수 있는지 여부를 일정 기한 내에 결정하도록 하자. 그 판단 기준에는 행정 역량, 국가 규모, 개발 수준 등의 지표가 포함될 수 있고, 규율 이행과 재정적·기술적 지원을 연계할 수도 있다.

iv. 단순한 경험칙 접근법을 채택하여, 최저 1인당 소득 수준, 제도적 역량, 또는 경제 규모 등 포괄적인 최소기준을 충족하는 모든 국가들에게 자원집약적 협정을 회피할 수 있도록 허용하자. 여기에는 그러한 접근법을 통해서 별다른 협상 비용 없이 엄청난 문제들이 해결될 수 있다는 가정이 깔려있다. 그 기준들은 '모든' 신규 자원집약적 협정에 적용된다. 기피 권리의 발동은 자발적인 것이다. 국가들이 시간이 지나면서 최소기준을 넘어서면 규율은 자동적으로 적용되게 된다.

그와 같은 제안들의 공통점은 그 범위를 결정하기 위하여 경제적 기준을 사용하고 있다는 점이다. 이것은 WTO에서는 다소 논란의 여지가 있다. 왜냐하면 많은 개발도상국 대표들은 국가 간의 더 상세하고 명시적인 차별을 거부하고 있기 때문이다. 국가 분류는 어느 국가가 자격이 있는지에 관하여 불가피하게 정부 간에 긴장을 유발한다. 단순한 기준의 장점은 '명쾌하고' 추가 협상이 필요하지 않다는 점이다. 그 단점은 기준이 본질적으로 다소 자의적이라는 사실이다.

규칙이나 협정에 특화된 일련의 기준을 도입할 수 있다는 점은 과거에도 입증되었다. 수출보조금을 사용함에 있어 보조금 및 상계조치협정(SCM)상 1인당 소득의 최소기준, 우루과이라운드에서 규정된 순식량수입 국가군, 또는 도하라운드의 TRIPS/공중보건 논쟁의 초점이었던 제약산업 미보유 국가군 등을 보라. 그러나 이러한 접근법은 정부들과 이해상관자들을 별로 참여시키지 않는 데다, 이들이 보충적인 조치/투자를 요하는 영역과 더 나은 정책을 찾는 일에 별 도움을 주지 못한다. 대신 분쟁에 휘말리지 않기 위한 '공간'을 마련하려는 바람에서 추진되고 있다.

그 대안 중 하나는 새로운 '국경 내(behind the border)' 이슈에 대해 연성법(soft law) 접근법에 더 의존하는 것이다. 그러한 이슈는 노동법, 경쟁법 또는 유전자변형생물 규제 같은 민감한 정책 영역이 해당된다. 이 이슈들은 논란의 여지가 매우 큰데, 그것은 국제적 규칙의 파장에 대하여 불확실성이 크기 때문이다. 연성법은 어떤 이슈에 관한 국제협력의 틀을 수립하는 것에 관련되어 있다. 연성법은 학습을 촉진하는 여러 장치들, 곧 관련 정책결정자와 이해상관자들의 정기적인 상호작용, 동료 검토, 정책의 결과 및 목표 달성 효과에 대한 (다자적인) 감시 등에 의존한다. 경제적 시각에서 보면, 특정 '모범 관행'을 강제하려는 시도보다는 연성법 접근법이 이슈에 따라서는 이치에 합당할 수 있다.

연성법을 지지하는(암묵적이든 명시적이든) 주장들은 상호주의 제도가 '국경 내' 규제정책에 관한 공통의 규칙을 규정하는 데에 부적절하다는 점을 전제한다. 규제의 구체적인 내용은 국가(또는 지역)의 상황을 반영해야 한다. 소수의 판사에 의한 구속력 있는 분쟁해결과 결정을 바탕으로 규제의 수렴을 꾀하는 제도는 적합하지 않다. 좋은 정책을 알아내도록 정부들을 지원하는 장치가 경제적 후생과 민주적 책임성의 시각에서 보면 가장 적절할 것이다. 이러한 장치는 궁극적으로 양자, 지역 혹은 다자 등 어느 수준에서 구속력 있는 국제협력이 이뤄져야 하는지 결정하는 데 있어서 더 신중하고 유연한 접근을 가능하게 할 것이다.

이 장의 후반에 논의하는 바와 같이, 위에서 간략하게 논의된 제안과 대안들의 다양한 요소들은 2013년 발리 무역원활화협정(TFA: Trade Facilitation Agreement)에 흡수되었다. 또한, 무역원활화협정은 '무역을 위한 원조(Aid for Trade)' 같은 WTO의 또 다른 새로운 의제를 통합했다.

무역을 위한 원조

수출시장에서 경쟁력을 갖추지 못한 상태에서 시장접근을 확대하는 것은 별다른 소용이 없다. 무역 자유화의 이득은 새로운 산업부문에 대한 투자를 촉진하는 환경에 좌우된다. 그러한 환경은 무엇보다도 효율적인 금융시장, 훌륭한 운송 및 물류 서비스를 필요로 한다. 수많은 학술 연구결과가 보여주듯이, 성공적인 무역을 결정하는 요소는 무역 관련 운영비용이 지나치게 높지 않는 것이다.

무역 개혁은 그에 상응하는 '국내' 정책 조치 및 투자와 함께 취해지는데, 추가적인 무역상의 기회를 창출함으로써 엄청난 수의 사람들을 가난으로부터 건져낼 가능성도 있다. 만약 무역에서 얻어지는 세계 전체의 이득 중 일부를 재분배하여 최빈국들의 무역 및 성장 과제를 해결하는 데 도움을 준다면, 무역의 잠재적 이득을 실현할 가능성은 크게 높아질 것이다. 그와 같은 생각 덕분에 무역을 위한 원조(AFT: Aid for Trade) 구상이 개시될 수 있었다.

개발원조를 WTO의 발전과정에 통합하는 첫 단계는 '무역 관련 기술원조 통합체제(Integrated Framework for Trade-related Technical Assistance)'였다. 이 제도는 1996년 싱가포르 각료회의의 위임에 따라 1997년에 만들어졌고 2000년에 개편되었다. 2006년에는 '강화된 통합체제(EIF: Enhanced Integrated Framework)'로 개명되었고, 이 제도를 관리할 독립적 사무국이 설치되면서 더욱 굳건해졌다. '강화된 통합 체제'는, 약 2억 5,000만 달러를 모으기로 한 약속과 더불어, 최저개발국들을 도와서 그들이 무역상 우선순위를 정의하고 그 우선순위를 이뤄가도록 지원하는 임무를 맡고 있다. 거기에는 무역개발 문제를 취급하는 다자기구들, 즉 국제통화기금(IMF), 국제무역센터(ITC), 유엔무역개발회의(UNCTAD), 유엔개발계획(UNDP), WTO, 그리고 세계은행 등과 수십 개의 양자 원조공여국들이 포함되어 있다. 그 기본 목적은 무역 의제를 각 국가의 전반적인 개발전략에 결합하는 것이다. 무역상의 중대한 제약요인을 진단하고 분석함으로써 무역 관련 역량을 구축하고 지원하기 위한 조치를 제안한다.

이 강화된 통합체제는 오직 최저개발국만을 위한 제도다. 무역개발 단체들은 보다 일반적으로 개발도상국의 무역과 개발원조 의제를 다루기 위해서 2000년대 초부터 무역을 위한 원조 구상을 주장하기 시작했다. 그러한 구상을 추진하겠다는 결정은 홍콩 WTO 각료회의에서 논의되었고, 홍콩 각료회의 선언에 입각하여 2006년 2월 WTO 무역을 위한 원조 태스크포스가 설치되었다. 동 태스크포스는 무역원조의 범위와 관련하여 그것이 도하라운드의 개발 의제를 뒷받침함에 있어서 어떻게 WTO에 연결될 수 있는지 심의하고, 또 적절한 연결 방식을 제시하는 임무를 수행했다. 태스크포스는 2006년 7월 보고서에 일련의 권고사항을 담았다. 그 목적은 무역 관련 프로젝트/프로그램을 위한 개발원조의 수요와 공급 간 격차를 좁히고, WTO 안에 감시기관을 설립하여 해당 국가, 원조 공여국, 국제기구 등이 제출하는 정보를 바탕으로 정기적인 총괄 검토를 수행하는 데에 있었다.

그러한 총괄무역원조검토(Global AFT Review)는 2007년에 처음 열렸고 이후 2년에 한번 개최된다. 사실상 무역을 위한 원조 구상은 조율 장치이자 초점이다. WTO 무역업계는 개발 수행 기관들이 무역 사업을 고려하도록 하고, 개발도상국들이 그들의 우선순위를 결정할 때 무역을 고려하도록 보장하는 장치로 무역을 위한 원조 구상을 이용했다. 무역 사업에 할당되는 원조의 흐름을 감시하는 임무는 OECD에 맡기기로 합의되었다. 2002~2012년 동안 상당히 더 많은 원조가 무역 의제 전반에 배정되었다. 인프라 프로젝트와 특정 산업부문 프로젝트(예를 들면, 농업, 광업, 화학 등)를 제외하는 매우 좁은 의미의 무역원조 측정방법을 이용할 경우, 원조 규모는 6억 6,000만 달러에서 12억 6,000만 달러로 증가했다 (도표 6.1 참조). 증가분의 대부분은 무역원활화와 특혜무역협정 영역에서 이뤄졌다. 모든 무역 관련 산업부문별 프로젝트를 포함하는 넓은 의미의 측정방법을 사용하면, 무역을 위한 원조 총액은 2000년대 초 250~300억 달러에서 2000년대 말에 약 450억 달러로 늘었고, 이는 무역을 위한 원조 구상이 의도한 결과를 냈음을 의미한다.

무역을 위한 원조 구상의 출범과 강화된 통합체제의 창설은, 비록 도하개발아젠다에 공식적으로 연결되지는 않을지

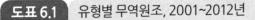

도표 6.1 유형별 무역원조, 2001~2012년

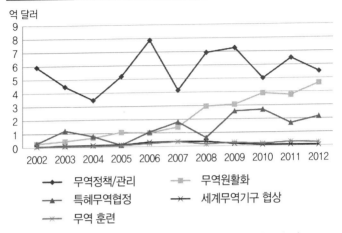

억 달러

범례:
- ◆ 무역정책/관리
- ▲ 특혜무역협정
- ✳ 무역 훈련
- ■ 무역원활화
- ✕ 세계무역기구 협상

출처: OECD, www.oecd.org/dac/aft/aid-for-tradestatisticalqueries.htm.

라도, 시장접근과 그 관련 규칙만으로 충분하지 않다는 점을
WTO 회원국이 인식하고 있음을 말해준다. 기술적, 재정적
지원은 저소득 국가들의 공급 역량을 개선하는 데 필요하다.
무역을 위한 원조 구상은 개발 기관들(양자 및 다자)을 무역
통합 의제에 더욱 연결시키는 장치가 되었다. 또 국가 수준에
서 투자 및 정책 개혁의 우선순위를 결정할 때 무역 이슈를 부
각시키는 데 도움을 주고 있다. 앞으로 남은 중대한 도전이자
기회는 무역역량과 경쟁력을 개선하는 면에서 무역을 위한 원
조 구상이 더 큰 효과를 발휘하도록 더욱 노력하는 일이다.

무역원활화협정: 보다 효과적인 특별차등대우

지금까지 논의된 많은 주제들은 2013년 발리 각료회의에서 무역원활화협정(TFA)으로 집대성되었다. 무역원활화협정은 특별차등대우에 대한 새로운 접근과 무역을 위한 원조 구상을 결합하고 있다. 무역원활화협정의 실질적인 측면은 제3장에서 논의되었다. 동 협정의 제2절(Section II)은 WTO 각 회원국의 구체적인 약속을 규정하면서, 개발도상국에게는 제1절(Section I)에 규정된 조항들을 언제 이행할 것인지 일방적으로 결정할 수 있도록 허용하고 있다. 이행 규정은 세 유형으로 구분되는데, 즉 (i) A유형은 무역원활화협정의 발효 시 무조건적으로 적용되는 규정(또는 최저개발국에게는 발효 후 1년 이내), (ii) B유형은 각국이 정하는 과도기간 후 적용되는 규정, (iii) C유형은 과도기간을 지정하고 원조와 역량구축을 통하여 이행 능력을 획득한 후에 적용되는 규정이다. 개발도상국들은 협정 발효 후 1년 이내에 B유형으로 지정한 규정의 확정 이행 날짜를 통보해야 한다. 또 개발도상국들은 C유형의 이행에 필요한 원조를 얻기 위해 만들어진 협약들에 관하여 보고하도록 되어 있다. 최저개발국들은 이러한 조치들을 취함에 있어 1년의 기간을 추가로 받는다. 이들에게는 통보할 수 있는 이행기간의 길이에 제한이 없다. 거기에는 국가들이 현실적으로 얼마동안의 시간이 필요한지 결정할 때 성실히 임할 것이라는 전제가 깔려 있다. 고소득 국가들은 양자든 다자든 상호 합의한 조건에 따라 원조와 역량구축 지원을 제공해야 한다. 원조 공여국은 제공한 원조에 관하여 매년 보고하도록 되어 있다. 그리고 무역원활화협정위원회는 적어도 1년에 한 번 회의를 개최하여 이행과 원조 제공 및 경험 공유 등의 상황을 검토해야 한다.

무역원활화협정의 이행을 위해서 채택한 접근법은 개발도상국들의 이행상 어려움을 해소하려는 혁신적인 방법이다. 또한, 이 접근법은 우루과이라운드협정의 경우보다 새롭고 더 건설적인 특별차등대우 실행방안이기도 하다. 국가들은 이행에 있어서 신축성을 누릴 수 있지만, 원조 제공에 관한 구속력 있는(집행 가능한) 약속은 어느 국가에게도 없으며, 원조에 '조건'이 붙을 수 있는지 여부를 구체화하는 문구도 존재하지 않는다. 원조의 부족으로 이행에 문제가 발생하는 경우에는 자발적 원조 공여국과 대안 원조 재원을 찾는 과정을 통해 해결된다.

처음부터 협상의 목적은 빈국들이 어떤 합의든지 이득을 보도록 하는 데 있기보다는 어떤 협정을 이행함으로써 그 이득을 실현할 수 있도록 하는 데에 있었다. 문제는 효과적인 이행을 위해서 무엇이 필요한지, 원조를 얻고자 하는 국가들에게 이행에 필요한 원조를 제공하겠다는 신뢰할만한 약속을 선진국으로부터 얻어내는 방법은 무엇인지, 무역원활화협정의 규율을 이행하지 못한 데 대하여 분쟁과 보복 위협에 노출될 것이라는 개발도상국들의 우려를 어떻게 해소할지 생각해내는 것이었다. 핵심 요소는 이행과 원조를 연계하는 것이었다.

무역원활화는 약간의 투자를 요할 것이다. 초기에 협상참여자들은 자국에서 무역원활화협정의 규정을 이행하는 과정에서 무슨 일이 벌어질지 상당한 불확실성에 마주했다. 이러한 불확실성에 대한 대응으로 광범위한 국가별 '수요조사(needs assessment)' 절차가 WTO 사무국과 부속서D의 기구들, 수많은 무역원활화 관련 세미나와 워크숍을 통해서 진행된다. 이 수요조사에 의하면, 표준적인 개발도상국의 무역원활화협정 이행비용은 700만 달러에서 1,100만 달러 선이다. 여기에는 유형 인프라(국경 시설, 정보통신기술 네트워크, 창고, 실험실 등)에 대한 투자는 포함되어 있지 않다. 예상 이행비용에 관련된 불확실성은 원조 제공자인 선진국들에게도 문제가 된다. 왜냐하면 선진국들은 무제한의 재정적 약속을 하려고 하지 않기 때문이다. 그들은 무역원활화를 지원하는 용도로 어떤 기금을 창설하는 것을 원하지도 않는다. 대개 이것은 향후 협상에서 국가들이 '조건부 개혁' 입장을 취하도록 유인할 수 있는 선례를 만들지 않겠다는 바람을 드러낸다. 하지만 여기에는 원조효과성에 관한 파리선언(Paris Declaration on Aid Effectiveness)을 준수하고 싶은 열의도 들어있다. 동 파리선언에 따르면, 원조 공여국들은 원조를 배분할 때 개발도상국의 국가발전전략에 명시된 우선순위를 지지할 것을 약속했다(수원국의 주인의식(Ownership) 및 원조일치(Alignment) 원칙). 무역원활화협정은 협정의 규정을 언제 이행할지 개발도상국 정부들이 스스로 평가하여 결정하도록 맡기고 있고, 그 점에서 원조효과성 원칙에 부합한다.

결론

1965년 당시 GATT는 비상호주의적 관세 특혜를 제공할 수 있는 여지를 만들었다. 이러한 선택은 수혜자들에게는 다모클레스의 칼(Damocles' sword, 역자해설 6.1 참조)처럼 언제 닥칠지 모를 위험과도 같았다. 왜냐하면 GATT 체약국들은 자신이 받을 수도 있는 특혜의 범위와 내용에 대해서 아무것도 규정하지 않았기 때문이다. 대부분의 경험적 연구가 일방적인 특혜는 경제발전에 별다른 기여를 하지 못한다고 결론내리고 있다는 사실은 놀랍지 않다. 세계무역체제는 이 부분에서 제자리걸음을 해왔다. 특혜적 시장접근 그 자체로 공급 역량의 제약을 해결하지 못한다는 인식하에서, '원조가 아니라 무역(trade not aid)'으로부터 '무역을 위한 원조(aid for trade)'로 이동하고 있다. 무역을 위한 원조 구상의 효과성은 아직 경험적으로 입증되지 않았다. 하지만 적어도 접근법의 변화는 기존 제도의 주요 약점을 해결하고 있다. 즉 원조 수혜국들은 개입의 영역을 찾을 때에 대체로 주도권을 행사하고 있다.

로마시대 철학자 키케로(Cicero)의 저서 『투스쿨룸 대화 (*Tusculan Disputations*)』에서 유래한 표현으로, 어떤 위험이 점차 다가오는 위기일발의 상황을 나타낸다. 디오니소스 2세는 기원전 4~5세기 이탈리아 시칠리아섬의 시라쿠사를 철권통치하고 있었다. 디오니소스는 부와 권력을 소유했으나 많은 정적과 암살의 공포에 늘 시달렸다. 하지만 그의 시종인 다모클레스는 디오니소스의 번영과 권력을 칭송하면서 부러워했다. 어느 날 디오니소스는 다모클레스를 자신의 왕좌에 앉히고 성대한 잔치를 베풀었다. 행운에 감격하면서 왕 같은 생활을 맛보려던 바로 그때, 다모클레스는 자신의 머리 위 천장에 예리한 칼이 한 올의 말총에 의지한 채 매달려 있음을 알아챘다. 그때부터 다모클레스는 생명의 위협을 느껴 잔치를 즐길 수 없었고 그와 같은 행운을 더 이상 바라지 않게 되었다. 키케로는 이 일화를 통해 권력자는 항상 두려움과 죽음의 유령에 둘러싸여 있다고 강조했다.

■ 주

1) 예를 들어, 다수의 국가들은 한국이 GATT 제18조를 원용하는 데에 동의하지 않지만(오직 개발도상국들만 그 조항을 원용할 수 있다), 국제수지 문제에 직면한 개발도상국에게만 허용된 제12조를 한국이 원용하는 것에는 반대하지 않는다.

2) 데이터의 출처는 세계은행(World Bank)의 1인당 국민총소득(GNI)이다. http://data.worldbank.org/indicator/NY.GNP.PCAP.CD/countries?display=default.

3) GATT, *Trends in International Trade* (Geneva: GATT, 1958).

4) 개발도상국 간 동질성의 정도는 1960년대 초보다 상대적으로 높았다. 이 때문에 개발도상국들은 보다 쉽게 합의에 도달하고 다소 비슷한 필요에 상응하는 공통의 요구를 형성할 수 있었다.

5) GATT, COM.TD/W/37, p. 9.

6) 이하 내용 중 일부는 B. Hoekman and Caglar Ozden "Introduction and Overview," in *Trade Preferences and Differential Treatment of Developing Countries*, ed., Hoekman and Ozden (Cheltenham: Edward Elgar, 2006), 1-15에서 인용한 것이다.

7) 미국은 카리브지역구상(CBI: 1983년에 출범하여 2000년에 미국-카리브지역 무역동반자법으로 확대되었다), 안데스 무역특혜법(Andean Trade Preference Act: 안데스 국가들의 마약 생산과 밀매 차단을 돕기 위해 1991년에 만들어졌고 2002년에 확대되어 안데스 무역증진 및 마약퇴치법이 되었다), 아프리카성장기회법(AGOA: 미국과 사하라이남 아프리카의 양자 무역을 촉진할 목적으로 2000년에 개시되었다) 등을 통해서 비상호주의적 무역 특혜를 추가로 제공하고 있다.

8) 유럽공동체-관세특혜사건(EC-Tariff Preferences)이 보여주는 바에 따르면, 기본적으로 부국들(이 사건에서는 EU)은 마약협정상의 특혜를 누리는 파키스탄과 기타 수혜국들에게 제공하는 자금을 여타 개발도상국(이 사건에서는 인도)으로부터 벌어들인 셈이다. 그것은 EU의 특혜로 인한 무역전환 효과가 모든 개발도상국이 생산하는 상품에서 발생하기 때문이다. 이 점에 대해서는 Gene M. Grossman and Alan O. Sykes, "A Preference for Development: The Law and Economics of GSP," *World Trade Review* 4, (2005): 41-68.

9) AGOA는 반드시 최저개발국만 사용하도록 만든 제도는 아니다. AGOA는 아프리카에 있는 '목표' 국가들을 겨냥하고 있기 때문에 미국은 그 제도의 효력을 발휘하기 위해서 일정한 면제를 요청하고 획득해야 한다.

10) 이 수치는 HS 8자리 수준에서 계산된 것이다. 8자리 관세 품목은 1만 500개가 존재한다.

11) 예를 들어, Joseph Francois, Bernard Hoekman and Miriam Manchin, "Preference Erosion and Multilateral Trade Liberalization," *World Bank Economic Review* 20, no. 2 (2006): 197–216 논문과 그 참고문헌을 보라.

12) Michael J. Finger, *The Doha Agenda and Development: A View From the Uruguay Round* (Manila: Asian Development Bank, 2002) 참조.

13) G20은 칸쿤회의보다 앞서 형성되었다. G20의 회원국은 아르헨티나, 볼리비아, 브라질, 칠레, 중국, 콜롬비아, 코스타리카, 쿠바, 에콰도르, 엘살바도르, 과테말라, 인도, 멕시코, 파키스탄, 파라과이, 페루, 필리핀, 남아공, 태국, 베네수엘라 등이다. 시간이 지나면서 회원국에 변화가 있었지만 그 이름은 그대로 G20이었다.

14) B. Hoekman, "Operationalizing the Concept of Policy Space in the WTO: Beyond Special and Differential Treatment," *Journal of International Economic Law* 8, no. 2 (2005): 405–424.

7장

세계무역체제의 쇠퇴?

이 장의 구성

- 중국의 부상
- 규제 일관성과 협력
- '모범 정책' 관행의 다자화
- 제도적 과제
- 협상 과정과 의사결정 절차
- 시민사회와 민간당사자
- 투명성: 감시 및 평가의 강화
- 결론

세계무역기구(WTO)는 1945년 이후 시기에 가장 성공적인 다자제도 중 하나다. 중앙권위체가 존재하지 않음에도 무역협력은 65년 넘게 지속되고 있다. 시간이 지나면서 WTO는 업무의 범위와 구성원 양 측면에서 확장되었다. 우루과이라운드가 하나의 분수령이었는데, 세계무역체제는 GATT에서 사실상 제외돼 있던 농산물과 섬유 두 부문을 포괄하도록 확대되었고, 서비스무역과 지적재산권 보호라는 새로운 두 영역에서 규율을 추가했다. WTO가 설립된 이래 각국 정부는 무역과 투자에 영향을 끼치는 국내정책까지 다자 규범을 연장시키는데에 사실상 아무런 진전을 보이지 못했다. 도하라운드는 원래 계획했던 것보다 10년 넘게 지체되었고, 이 책을 저술하는 시점에도 도하라운드를 완결하려는 노력은 아직 진행형이다. 이 때문에 WTO에 대한 대중의 이미지가 나빠지고 있다. 대중에게 영향을 미치는 언론과 시민사회 논평은 협상의 교착에 초점을 맞추는 경향이 있다. 그러나 앞서 논의한 바와 같이, WTO 회원국들은 WTO를 창설할 당시 스스로 제시한 목적을 달성하기 위해 많은 일을 해냈다. 이러한 성과는 눈에 덜 띄고 뉴스 가치가 덜하지만, 마땅히 고려해야 할 만큼 중요하다.

현재 WTO는 160여 회원국을 보유하고 있으며, 중국을 비롯한 30개국 이상은 1995년 이후에 가입했다. 분쟁해결제도는 빈번하게 사용되고 있고 대체로 잘 작동하고 있다고 여겨진다. 공식 혹은 비공식의 각종 위원회와 이사회 및 기타 산하기관 등에서 일어나는 WTO의 일상적인 활동에 대해서도 마찬가지다. 여러 위원회에서 '특정 무역 현안(specific trade concerns)'을 의제로 올리는 절차를 점점 더 사용하고 있다는 사실은 WTO 회원국들이 분쟁이 발생하기 전에 서로 소통하고 협력하여 문제들을 해결하기 위하여 WTO를 활용하고 있음을 보여준다. 2000년대 중반 이후 무역원조에 초점을 맞춘 덕분에 개발공동체(공여국들, 기관들, 기타 국제기구들)는 개발도상국의 부족한 무역 역량을 해결하기 위해 더 큰 노력을 했고, 이를 통해 WTO의 목적을 달성하는 데 기여했다. 도하라운드의 핵심적인 개발 의제에 관한 합의를 결국 이끌어낸 2013년 발리 각료회의는 매우 중요하다. 그것은 새로운 규칙

제정이 실현 가능하다는 점뿐만 아니라, WTO 회원국들이 무역원활화를 정의하는 규제 이슈들에 대한 합의를 혁신적으로 설계할 수 있음을 보여주었다. 무역원활화협정은 WTO 회원국의 다양성을 고려하고 특별차등대우에 관한 보다 건설적인 접근이 합의될 수 있음을 나타낸다. 이 접근법은 모든 회원국에게 적용되는 규칙들을 정의하면서도, 그 이행은 점진적으로 개발도상국과 고소득국가 간의, 그리고 WTO와 여타 국제기구 간의, 협력을 통하여 이뤄지도록 허용했다.

하지만 세계상품시장을 더욱 통합하기 위한 게임의 규칙을 실질적으로 발전시키는 과제는 여전히 남아있다. 실제로 WTO는 그 회원들이 도하라운드 완결을 통한 전통적인 무역장벽의 축소 같은 핵심 영역에서 앞으로 나아갈 의지가 있는지 증명해야 한다. 이 문제에서 진전이 별로 없는 이유는 거대 무역 강국들 사이에, 대표적으로 한 쪽에 미국과 EU, 다른 쪽에 중국과 인도 등 거대 신흥경제 간에 의견차이가 있기 때문이다. 도하라운드의 지체가 WTO의 적실성이 없다는 의미로 간주되어서는 안 된다. 다자협상은 갈수록 복잡해지고 있다. 왜냐하면 개발도상국들은 추구하는 이익과 얻고자 하는 목적을 지니고 있기 때문이다. 의제에 올라있는 것들은 주요 국가들에게 큰 관심이 되지 못하고 있다. 소수의 소규모 국가들이 협상의 타결을 지연시키고 있는 게 아니다. 무역협정은 자기집행적인(self-enforcing) 협약이다. 즉 만약 주요 국가들이 협상 타결이 자신의 이익에 부합하지 않는다고 생각한다면 그들은 합의하지 않을 것이다. 제안된 협상안이 단지 소수의 국가들만을 참여시키든지, 아니면 모든 WTO 회원국을 포함하든지 상관없다. 비록 과반수가 승인하더라도, 하나 혹은 그 이상의 거대 국가들이 그 합의안을 수용하지 않으면, 어떤 결과물도 이행되지 않을 것이다.

관심의 초점이 점차 특혜무역협정으로 이동하면서 세계무역체제의 미래에 대한 질문들이 제기되었다. EU와 미국은 한국과 무역협정을 체결했고(각각 2011년, 2012년에 발효됨), 캐나다와 EU는 2014년에 포괄적 경제무역협정(CETA: Comprehensive Economic and Trade Agreement)을 타결했다 (2017년 임시 발효됨 – 역자 주). 그리고 환태평양경제동반자협정(TPP, 미국은 2008년에 협상에 참여했음[**]), 범대서양무역투자동반자협정(TTIP)(2013년에 개시됨), 서비스무역협정(TiSA)(역시 2013년에 개시됨) 등에 대한 협상이 미국을 중심으로 진행 중이다. 반면, EU와 미국을 제외한 특혜무역협정들도 있는데, 아시아태평양 국가들의 아세안+3 역내포괄적경제동반자협정(RCEP, 2012년 협상 개시 선언 이후 최종 타결되어 2020년 정식 서명됨 – 역자 주), 러시아 중심의 유라시아관세동맹, 자유무역협정으로 대륙을 통합하려는 아프리카의 지속적인 시도(동아프리카공동체, 남아프리

[**] 역자 주) 그러나 미국은 2017년 협상에서 탈퇴하고, 나머지 11개 국이 참여하는 포괄적·점진적 환태평양경제동반자협정(CPTPP)이 2018년 발효되었다.

카개발공동체, 동부및남부아프리카공동시장 간의 3자 협정으로 출발함) 등이 그 예다.[1] 범대서양무역투자동반자협정은 EU와 미국의 양자 협상이지만, 멕시코와 캐나다가 북미자유무역협정(NAFTA[2020년 7월 1일부터 미국·멕시코·캐나다 협정인 USMCA가 발효되어 NAFTA를 대체함 – 역자 주])에 참여하고 있고, 양국이 EU와 양자 무역협정을 체결하고 있는 점을 감안하면 TTIP는 사실상 4자 협정의 측면을 띨 것이다. 일부 개발도상국들은 RCEP, TPP, TiSA 협상에 참여하고 있으나, 세 협상 중 RCEP과 TPP는 지역협정이어서 다른 지역에 있는 대다수 개발도상국들을 배제하고 있다. 대부분의 개발도상국들이 참여하지 않기로 결정했기 때문에 TiSA는 23개국만이 참여하고 있다.

특혜무역협정으로 이동하면서, 그로부터 배제된 국가들이나 협정의 협상에 영향을 끼칠 수 없는 국가들에게 수많은 의문이 제기되고 있다. 다자제도로서 WTO는 시장지배력을 갖추지 못한 소국들에게 특히 중요하다. 부정적인 파급효과를 만들어내는 정책 영역을 위한 새로운 규율에 대한 합의를 WTO가 이끌어내지 못하게 되면, 미국과 EU가 주도하는 특혜무역협정에 참여하지 않는 많은 국가들에게 가장 큰 해를 끼칠지도 모른다. 시장의 개방성을 유지해줄 강력한 경제적 요인이 존재한다. 예를 들면, 글로벌 공급망과 국제생산네트워크의 역할이 커짐에 따라 수입 보호주의를 거부하거나 자제할 정치경제적 동기가 발생한다.[2] 하지만 특혜무역협정 회원국 간에 원산지 규정, 규제 수렴, 상호인정협정 등 때문에 기업들은 경제블록에서 입지를 찾거나 경제블록에 있는 회사로부터 물자를 조달할 유인을 갖게 될 것이다. 이로 인해 경제블록 밖에 있는 기업들은 손해를 입게 된다.

WTO 의제가 아닌 특혜무역협정을 통한 무역정책 조정에 대한 관심이 얼마나 지속될지 여부는 다자무역체제의 역할에 대한 시각에 의해 좌우된다. 곧 최근 수십 년간 무역의 급격한 증가를 유지함에 있어 다자무역체제가 수행하는 역할에 대한 시각, 그리고 기후변화 같은 글로벌 문제를 해결하기 위한 규제 협력에서 다자적 접근이 필요한지에 대한 시각에 따라 다르다. 특히 중국과 동아시아를 비롯하여 중유럽과 동유럽, 일부 라틴아메리카와 남아시아에서 1980년대 중반 이후 개발도상국의 높은 경제성장률은 세계무역에서 이들의 점유율을 증가시켰다. 무역 성장의 많은 부분은 이른바 공급망 무역의 급속한 증가에 관련되어 있다. 공급망 무역에서 기업들은 투입재를 생산하거나 다른 나라에서 추가 가공을 위해 수출되는 중간재에 부가가치를 창출한다. 이와 같은 생산의 국제화는 해외직접투자(FDI)의 급증과 기술변화 덕분에 가능해졌다. 결과적으로, 세계 무역의 구성이 빠르게 바뀌고 있고, 그 예로 서비스무역, 전자상거래, 초국경 데이터 흐름 등의 비중이 커지고 있다.

유럽과 북미에서 특혜무역협정은 무역과 투자의 흐름을 확장하는 데에 중요한 역할을 했다. 반면 동아시아에서 무역 주도적인 성장은 무역 자유화를 비롯한 일방적 혹은 자율적인 정책개혁에 대부분 의존했다. 그러나 모든 사례에서 다자무역체제는 각국의 정책개혁을 지지하는 틀이었고, 수량제한처럼 무역을 왜곡하거나 시장접근을 제약하는 수단들을 제거했다. 분명 세계무역체제의 개방성이 크게 역전되면 세계후생에, 특히 대부분의 개발도상국들에게 해로울 것이다.

특혜무역협정은 특정한 정책 문제, 특히 규제적 성격을 띠거나 사람의 이동 같은 정치적으로 민감한 영역의 자유화에 관련되는 문제를 다루는 데 더 효과적인 제도일 수 있다. 그렇지만 특혜무역협정은 대체로 전통적인 시장접근 문제에 여전히 집중하고 있다. 무역과 투자가 특혜적으로 자유화될수록, 무역전환의 가능성은 높아지고, 특혜무역협정에서 배제된 국가들이 WTO로 되돌아갈 유인은 더 커질 것이다. 그런 양상은 GATT 시기 동안에 있었다. 유럽공동체의 주기적인 팽창은 다자 무역 라운드의 동력으로 작용했다.[3] 지리적 위치 때문에 비참여국들이 가입할 가능성이 없다는 점을 감안하면, 거대 지역협정의 결과로도 그와 같은 일이 나타날 수 있다. TPP는 중국을 포함할 수는 있지만, 더 가능성이 높은 시나리오는 아시아태평양자유무역협정(FTAAP)처럼 중국이 처음부터 자신이 포함된 구상을 추진하는 것이다. 아시아태평양자유무역협정이 만들어진다면, 그 협정의 회원이 되지 않을 EU를 필두로 비참여국들에게 WTO로 돌아갈 유인은 커질 것이다.

주요 고소득 국가들이 최근 WTO에서 특혜무역협정 중심의 무역 전략으로 이동하게 된 배경에는 두 가지 사건이 중요한 역할을 했다는 주장이 있다. 그 첫 번째 사건은 1990년대 말부터 세계무역에서 중국의 부상과 그것을 떠받친 정책 결합과 경제 전략의 비중이 높아진 것, 보다 일반적으로 브라질, 인도를 비롯한 여타 거대 신흥경제로 대표되는 '나머지의 부상(rise of the rest)'이다.[4] 두 번째 이유는 국경에서 적용되던 관세 및 기타 전통적인 정책 수단들이 축소되거나 전면 철폐되면서 무역정책 의제가 더 복잡해졌다는 점이다. 오늘날 무역 관련 협력 의제는 점차 규제정책을 중심으로 모아지고 있다. 그 예로는 보건 및 안전 규범, 서비스 공급자의 자격 요건, 데이터 보안 및 프라이버시에 관련된 정책 등이다. 기술 같은 무역의 새로운 구성요소는 서비스무역의 급속한 증가를 유발하고 있으며, 관련 초국경 데이터 흐름 때문에 국제무역과 투자 흐름에 대한 국가 및 국내 정책의 영향도 상대적으로 더 중요해지고 있다.[5]

중국의 부상

도하개발아젠다의 출범과 중국의 WTO 가입은 모두 2001년 도하 각료회의에서 일어났다. 당시에는 중국의 가입이 의미하는 바가 무엇인지에 대해 별로 생각하지 않았다. 중국이 가입 조건의 일부로서 이미 포괄적인 약속을 했기 때문에 도하개발아젠다에서 추가적인 무역정책상 양허를 할 것으로 기대하지 않았다. 도하개발아젠다가 원래 예상했던 것보다 10년 넘게 지체되자(도하개발아젠다는 4년 만에, 즉 2005년에 타결될 것으로 예정되었다), 많은 국가들은 초창기 예상보다 중국으로부터 더 많은 양허를 요구했다. 하지만 중국은 그러한 양허를 거부했다. 어쩌면 더 중요한 점은 중국의 수출이 매년 두 자릿수 증가율을 기록하면서 많은 국가들은 그들의 시장을 추가로 개방하고 싶은 의향이 약해졌다는 것이다. '중국에 대한 두려움'은 WTO로부터 특혜무역협정으로 이동하도록 자극했던 고려 요소라고 해도 틀림없다. 그 이유는 특혜무역협정은 중국(그리고 여타 거대 신흥경제)을 배제할 수 있게 해주기 때문이다.

중국이 2000년대에 도하개발아젠다에서 추가적인 양허 요구를 거부한 동기는 이해할 만하다. 중국은 WTO에 가입하기 위해 이미 광범위한 양허를 한 바 있다. 전망컨대 중국이 추가 양허를 거부할 동기는 그 강도가 훨씬 약해지고, 중국은 WTO에서 더 많은 것을 하려고 할 것이다. 중국은 무역 전략의 성공을 떠받쳐줄 수 있는 다자무역체제에 큰 이해관계를 갖고 있다. 중국은 대량의 외환보유고를 비축하고 있기 때문에 당연히 해외직접투자 유출에 관심을 가질 수밖에 없고, 이는 중국이 투자정책에 관한 다자 규율의 협상을 지지하게 될 것이라는 점을 뜻한다. 중국정부가 자신의 전략을 투자 및 수출 중심적인 개발모델에서 국내수요 중심의 모델로 전환하겠다는 의지는 서비스 공급자들을 위한 시장접근의 개방에 더 큰 관심을 갖게 할 것이다. 요컨대, 국제무역 및 투자 협력에 관하여 중국의 동기는 최근 들어 변하고 있다. 이는 장차 WTO에 대한 관심의 초점이 더 커질 수 있도록 기여할 것이다.[6]

규제 일관성과 협력

무역협정에 관한 경제이론은 정부들이 무역협정을 협상하는 동기가 수출시장에 대한 접근을 개선하는 데 있다는 관념을 전제로 한다. 무역협정은 외국 기업을 위하여 '경기장을 평평하게 하는' 데에 그 목적이 있다. 수많은 정책들이 시장에 대한 접근에 영향을 끼칠 수 있다. 국경에서 적용되는 관세와 쿼터 뿐만은 아니다. 앞으로 WTO가 마주할 주요 과제는 무엇을 포함시키고 무엇을 포함시키지 않을지, 곧 무엇을 주권 영역으로 남기고 무엇을 공통 규율의 대상으로 삼을지 결정하는 것이다. WTO는 국경조치에 관련된 규율의 틀을 제공함에 있어서 좋은 성적을 거두었다. 그러나 역시 외국 기업에게 부정적인 영향을 끼치는 여타 정책에서는 기대에 미치지 못하고 있다. 예를 들면, 기후변화 관련 정책들, 다양한 유형의 보조금, 보다 일반적으로 시장을 분절시키는 규제제도의 효과 등이다. 점차 이 문제는 서비스 활동에 관련되는 의제 중 하나가 되고 있다. 대부분의 나라에서 국내총생산의 60퍼센트 이상은 서비스 부문에서 생산된다. 서비스 부문에서 경쟁력/경합성은 외국 공급자에게 불리할 수 있는 규제의 영향을 종종 받는다. 이 때문에 정책결정자와 국가들은 규제의 사회적, 경제적 목적을 달성하면서도 시장 경쟁력을 확보하는 최선책을 고민하게 된다.

서비스 부문과 규제의 차이에 관한 한, 본질적으로 '양허'를 흥정하는 무역협상이라는 장치가 국민 후생을 개선하기 위한 국내 개혁을 추진할 때 꼭 효과적인 것은 아니다. 그러한 노력은 중상주의적인 성격을 띠고 있기 때문에, 각국 정부는 후생 증진을 위한 정책 변화를 추진할 때 무역상대국의 행동을 조건으로 삼으려는 왜곡된 동기를 갖게 된다. 비록 후생을 증진하는 정책 변화에 대한 합의가 끝내 이뤄질 수 있다고 하더라도, 도하라운드의 역사를 보면 많은 시간이 소요되고 지체에 따른 큰 기회비용을 초래할 수 있다. 더 근본적으로, 각국의 상황과 사회적 선호에 큰 차이가 있다는 점을 감안하면, 규제 개혁을 협상하는 과정은 결코 성공하지 못하거나 적절하지 않을 수 있다.

많은 규제 이슈의 복잡성은 무역협정에서 논의되는 주제다. 그렇기 때문에 기존 정책의 효과와 대안적 개혁안의 예상 충격에 대하여 국가 수준에서 이해가 형성되도록 더 큰 노력을 해야 한다. 규제 개혁은 많은 경우 타국 정부(무역상대국)의 행동을 요구하지 않고 또 그렇기 때문에 타국의 행동을 조건부로 삼아서도 안 된다. 그렇다고 해서 이것이 게임의 규칙에 관한 다자협정에서 얻을 이득이 없다는 뜻은 아니다. 또

협상을 통해서 외국 시장에 대한 접근을 개선할 수 없다는 의미도 아니다. 뿐만 아니라 국제협상이 국가들이 이로운 개혁을 추진하도록 도울 수 없다는 것도 아니다. 국제협력은 서비스무역과 투자의 확대를 유용하게 활용하는 장치이며 보다 포용적인 성장을 떠받칠 수 있다. 그러나 이를 위해서는 상호주의적 협상에 초점을 맞추던 데서 각국 정부의 '일방적인'(독립적인) 행동으로부터 얻을 수 있는 이득에 더 많은 관심을 두는 쪽으로 이동할 필요가 있는 듯하다.

근본적인 질문 중 하나는 협력에 따라 공동 행동이나 정책 수렴, 예를 들면, 동일한 규제정책을 채택하겠다는 결정 등을 요하는 정책 영역을 WTO 회원국이 다룰 수 있느냐다. 규제 영역에서는 무역협정의 표준적인 강조점, 즉 각국 정부의 정책수단 이용 능력을 규율하는 것 그 이상이 필요하다. 그 대신, 규제 의제는 규범과 표준의 수렴 및 국가적 실행체제가 효과적이라는 데 대한 상호 인정과 수용을 중심으로 형성되어 있다. 이 문제는 고소득국가들이 참여하는 특혜무역협정의 핵심이 되어가고 있다.

앞으로 두고 볼 일은 특혜무역협정이 규제의 차이점으로 인한 비용 상승 효과를 해결할 수 있을지 그리고 어떻게 해결할지, 특혜무역협정이 이미 WTO에서 다루고 있는 범위를 넘어설 것인지, 그리고 특혜무역협정이 WTO의 범위를 초월하는 경우에 그 협정에 참여하지 않는 국가들에게 어느 정도의 피해를 끼칠지 등이다. 주요 OECD 국가들이 관세를 특혜적으로 철폐하는 데서 발생하는 고전적인 무역전환 비용은 제한적일 가능성이 있다. 왜냐하면 평균 관세율이 낮은 데다, 많은 국가들은 이미 서로 자유무역협정을 체결한 상태이기 때문이다. 하지만, 이러한 가능성은 관세 정점이 존재하거나 특혜무역협정에 따라 서비스의 진입 규제에 차별적 특혜가 있는 영역에는 해당되지 않는다. 또한, 규제정책의 차이로 인한 시장분절 효과를 줄이기 위한 협정이 존재하면 차별효과가 나타날 가능성도 있다. 차별효과가 얼마나 클지는 특혜무역협정에 참여하지 않은 국가들에 위치한 기업들이 특혜무역협정 덕분에 만들어진 더 큰 시장에 접근함으로써 이득을 얻을 수 있느냐에 달려있다. 이때 기업들은 자사 상품이 해당 규제 표준을 준수한다는 점을 보여주어야 한다. 실제로는 제3국의 기업들이 특혜무역협정의 회원국에서 규제 실행 비용을 낮추는 제도를 이용하지 못하도록 막는 것도 어려울 수 있다.[7] 특혜무역협정 비참여국들은 규제 규범을 포함하고 회원국 간 규제 협력을 추진하는 특혜무역협정으로부터 혜택을 누릴 수 있다. 그러려면 그러한 규제가 최혜국대우 원칙에 입각하여 적용되어야 한다. 그러나 배제 효과는 쉽게 발생할 수 있는데, 이는 제3국들이 인증제도에 접근하지 못함에 따라 해당 시장에 대한 적합성 평가 및 검사 비용을 계속 부담해야 하는 경우다. 보다 일반적으로 말하면, 특혜무역협정 비참여국들은 WTO보다 특혜무역협정에 대한 의존도가 높아질수록 손해를 볼 것이다. 비참여국들은 몇몇 주요 무역국들의 새로운 규칙 제정에 대해 발언권을 갖지 못할 것이기 때문이다. 어떤 특혜협정이 참여국과 비참여국에 끼치는 순 후생효과가 무엇이든지 간에, 특혜무역협정의 증가는 다자무역체제의 파편화를 더 심화시킬 것이다.

'모범 정책' 관행의 다자화

앞서 지적한 대로, WTO에 통보된 특혜무역협정은 500개가 넘는다. 그 의미는 세계무역체제가, 그 유명한 스파게티 볼 (Spaghetti bowl)의 비유처럼,[8] 점차 분절화 되고 있다는 뜻이다. 특혜무역협정은 WTO에게 하나의 도전요인이지만, 기회요인이기도 하다. 특혜무역협정은 각국 정부들이 WTO에서는 불가능했던 무역에 관한 구속적인 약속을 할 의지가 있음을 나타내기 때문이다. 특혜무역협정이 확산하면서 전체로서 WTO 회원국은 많은 실험과 접근법으로부터 배울 기회를 얻게 되었다. 특혜무역협정은 어떤 의미에서 실험실이다. 시간이 가면서 특정 특혜무역협정에서 얻어진 최선의 결과는 WTO로 옮겨갈 수 있다. 그러한 학습의 전제조건은 투명성이다. 즉 WTO 회원국들은 그 특혜무역협정에서 무슨 일이 일어나고 있는지에 관한 정보를 필요로 한다. 따라서 WTO의 중요한 역할은 여러 특혜무역협정의 경험을 관찰하고, 정기적으로 논의함으로써 이러한 정보를 제공하는 것이다.

더 많은 특혜무역협정이 혁신적인 방법을 만들어내고 규제

정책의 차이에서 오는 시장 분절의 효과를 약화시킬 수 있기만 한다면, 특혜무역협정은 모든 나라들이 본받을 만한 방법들을 알아내는 데 도움을 줄 것이다. 모든 WTO 회원국은 특혜무역협정의 역할과 성과를 이해하는 일에 관심이 크다. 특혜무역협정을 통하여 장벽을 축소하는 방법들을 기록하고 분석하는 것은 투명성을 기하는 데에 도움을 주고, 곧 무엇이 제대로 작동하고 무엇이 작동하지 않는지에 대하여 학습하는 방법을 알려줄 수 있다. 동시에 다자화 될 수도 있는 특혜무역협정들에는 어떤 협력적 요소들이 들어있는지 알아내는 데에도 도움을 줄 것이다. 이것은 WTO 회원국들이 WTO 사무국에게 부여한 중요한 임무다.

특혜무역협정의 투명성에 더 큰 관심을 두는 것을 넘어서, 외국 기업들에게 부정적인 영향을 끼치는 정책에 관하여 국가 간 협력을 추진하는 여러 방안들을 생각해볼 수 있다. WTO의 표준적인 작동방식인 구속력 있는 국제법은 하나의 선택지이다. 다른 선택지에는 '연성법(soft law)' 형식의 양자 혹은 다자협력, 그리고 투명성 및 분석 임무를 수행하는 독립기관에 대한 위임이다. 이 독립기관은 어떤 부정적 파급효과가 있는지 또 얼마나 큰지 등을 평가하게 될 것이다. 많은 경우, 기업 수준의 경쟁력에 관련되어 있는 정책적 조치의 전반적인 충격을 고려하면, 정책의 순 효과가 무엇인지에 대해서 상당한 정도의 불확실성이 존재한다. 구속력 있는 국제규칙에 대한 합의가 이뤄지려면 어떤 정책에 결부된 부정적 파급

효과가 중요하다는 인식, 그리고 구속력 있는 규율을 통하여 효율성을 높일(비용을 낮출) 수 있다는 인식이 공유되어야 한다. 사람들이 경쟁력 면에서 부정적인 파급효과를 낳을 것이라고 주장하는 중요한 정책 영역에 관한 한, 당장에는 그러한 인식이 존재하지 않는다. 이는 국가들이 더 강한 형태의 국제협력을 위한 전제조건을 구비하는 방향으로 나아갈 필요가 있음을 뜻한다. 그러한 조건은 정책의 투명성을 개선하는 것, 정책의 효과에 대하여 독립적인 분석을 지원하는 것, 각국 정부들이 협의하고 정보를 교환할 수 있는 장치를 수립하는 것 등이다.

WTO 차원의 정책 일관성에 관한 저술의 상당수는 여타 국제기구의 활동이 어느 정도로 WTO의 목적 달성에 기여하며, WTO 규칙에 의해 제공되는 정책 공간을 얼마나 국가들이 이용할 수 있도록 허용하는지에 초점을 맞췄다. 정책 일관성의 다른 측면들은 앞으로 더욱 두드러질 가능성이 있다. 한 예는 국가들이 무역정책 약속과 함께 추진하는 거시경제 정책의 일관성이다. 이와 관련하여 WTO 창설 전까지 거슬러 올라가는 오래된 문제는 무역 경쟁력과 시장접근 약속에 영향을 끼치는 환율 조작에 대한 우려다. 또 다른 예는 기후변화 관련 정책과, 그 정책들이 무역정책 및 무역 및 투자 흐름에 미치는 직접적, 간접적 충격에 관한 것이다.

수많은 사람들이 주장하는 바에 의하면, 160개 이상의 국가들 간에 규제 협력은 일어날 수 없으며, WTO 회원국은 특혜무역협정에 맡길 것이 아니라 WTO 안에서 소규모 집단 협력을 추구해야 한다. 제4장에서 논의했듯이, 소수를 기반으로 하는 협력을 추구하기 위하여 WTO 회원국들은 WTO 안에 존재하는 다양한 장치들을 이용하는 데 더 적극적으로 나서는 게 마땅하다.

제도적 과제

WTO가 작동하기 시작한 처음 20년 동안에 몇몇 제도적 과제가 나타났다. 여기에는 회원국의 이질성, 협상의 조직 및 보다 일반적인 무역협력의 설계, 의사결정 절차, 그리고 투명성을 다루는 문제가 포함된다. 컨센서스 방식, 다자협상에서 '일괄타결방식'의 사용, '회원국 중심의 집단적 경영방식'에 대한 의존, 주도권을 행사할 권한을 거의 갖지 못한 사무국, 그리고 '자기집행적인(self-enforcing, 국제적 결정이 별도의 국내법상 추가 절차를 통하여 비로소 효력을 발휘하게 됨을 뜻함 – 역자 주)' 분쟁해결제도 등에 대한 우려도 표출되었다. 분쟁해결제도는 양허의 균형을 맞추는데 집중하도록 설계되었고, 결국 양허안의 준수는 재판 승소국의 보복 위협(그 효과성)에 의존하게 되었다.

WTO의 제도 개혁에 관한 주장들은 세 차원으로 분류하는게 유용한데, i) 규칙 제정 및 의사결정 과정('입법 기능'), ii) 일상적인 활동의 관리('행정 기능'), iii) 협상된 약속과 게임

규칙의 집행('사법 기능') 등이다. 개혁안들은 세 기능 모두에 초점을 맞추고 있지만 대부분 첫 번째 입법기능에 주안점을 두고 있다.

협상 과정과 의사결정 절차

정부 안팎의 많은 관계자들은 WTO의 지배구조(governance)와 절차에 대하여 문제를 제기했다. 시애틀 각료회의 이후 시기에 더욱 그러했다. 1999년 시애틀 각료회의와 2003년 칸쿤 각료회의가 보여준 것처럼, 무역장관들의 모임은 논의를 진전시키기 위해 할 수 있는 게 별로 없거나, 명백한 의제와 분명한 선택지가 없이는 결정에 도달하는 데 역부족이었다. 칸쿤 회의에 임하면서 WTO 회원국들이 의견 차이를 보인 문제는 농산물과 비농산물의 협상 방식, 이른바 싱가포르 이슈(Singapore issues)와 그 범위에 관한 협상의 개시 여부, 개발도상국의 특별차등대우에 관한 기존 WTO 규정의 강화 방식, 우루과이라운드에서 넘어온 이행 문제의 해결 방법 등이 있다. 도하라운드가 완료되지 못하는 이유 중 하나는 주요 무역국들이 중요하다고 여기는 많은 이슈들이 의제에서 누락되었기 때문이다. 다시 말해서 EU와 여타 OECD 국가들이 지지해온 싱가포르 이슈의 대부분은 의제에서 빠져 있었다. 보다 최근에 오면, 인도는 2014년에 컨센서스 규칙을 사용하여 무역원활화협정을 WTO에 흡수하는 의정서 채택을 봉쇄하려고 시도했는데, 이는 컨센서스 방식의 의사결정 규칙이 어느 정도로 일의 진행을 막을 수 있는지를 보여준다.

모든 무역정책 의제에 관해서 각국 정부 간에 상당한 견해 차이가 분명 존재한다. 하지만 그와 같은 사례들은 협상 의제를 결정할 때 사용되는 절차들이 효과적인지, 또 컨센서스 규칙에 의존하는 것을 재검토해야 하는 것은 아닌지 의문을 제기한다. 컨센서스는 WTO의 대표적인 강점이자 약점이다. 컨센서스는 결정의 정당성과 '주인의식'을 확실히 한다는 점에서 강점이다. 컨센서스는 지연 전략을 야기할 수 있다는 점에서는 약점이다. WTO의 지배구조를 바꾸기 위한 많은 제안들이 있었다. 컨센서스를 철폐하고, 세계은행과 국제통화기금의 집행이사회 또는 집행위원회 같은 의사결정 및 경영 구조를 창설하는 방안은 수 년째 제시되고 있다. 이런 방향으로 나아가면, 세계은행과 국제통화기금에서처럼 WTO의 특정 회원국은 다른 회원국들을 대변하게 될 것이다. 이보다 덜 야심찬 대안은 어느 한 위원회에게 이슈들에 관한 제안서를 마련하는 임무를 부여하고 나중에 모든 WTO 회원국들의 비준을 받도록 하는 것, 곧 사실상 그린룸(Green room) 회의를 공식화하는 것이다.

많은 개발도상국들은 국제통화기금이나 세계은행 모델에 강력히 반대한다. 이들은 컨센서스원칙이 자신의 이익을 수호하는 능력을 극대화한다고 믿는다. 개발도상국들은 대대적인 구조개혁을 추구하는 대신에 절차의 개선을 통해 소규모 회의(그린룸 같은)의 투명성을 보장하는 데 초점을 맞추자고 제안했다. 이렇게 되려면, 협의는 개방적이고, 그린룸 회의의 목적이 무엇인지 모든 회원국들에게 알리며, 모든 회원국들이 자신의 견해를 말할 기회를 갖고, 회의의 결과는 회의에 참석하지 않은 WTO 회원국들에게 제때에 보고되어야 한다는 데에 합의가 이뤄져야 한다. 그린룸 과정을 투명하게 만들기 위한 많은 노력이 시애틀 각료회의 이후에 있었다. 그렇지만 모든 이해당사자들에게 진행 상황을 알리는 데 더 많은 시간이 걸리는 등 불가피한 비용도 뒤따랐다. 시간은 부족하기 마련이기 때문에, 이것은 각료회의의 성공적인 타결에 있어서 특히 중요한 요인이다.

WTO는 불완전한 계약이다. 따라서 회원국 정부들은 WTO의 기능에 대하여 확실한 지배력을 유지하려고 한다. 왜 '컨센서스에 관한 컨센서스'가 있는 것처럼 보이는지 그 합당한 이유들이 존재한다. 컨센서스 방식에서 이탈하면 협력의 유인체계가 왜곡될 수 있는데, 그것은 컨센서스로부터의 이탈이 규칙에 합의하고 양허를 약속하고자 하는 의지를 약화시키기 때문이다.[9]

시민사회와 민간당사자

또 다른 문제는 WTO의 심의 과정에 대한 시민사회(NGOs)의 접근에 관한 것이다. 비정부기구들은 자신들이 유엔회의에서 옵서버 지위를 얻을 수 있지만 WTO에서는 배제되어 있다고 지적해왔다. 비정부기구는 민감한 협상과 분쟁해결 회의뿐 아니라 정기적인 위원회 및 이사회 회의에서도 배제되어 있다. 우리는 WTO 기관의 정기적 회의(협상 모임과는 구별되기 때문에)에 대한 접근을 확대하는 것은 해보다는 득이 될 수 있다고 본다. 가장 중요한 것은 정책결정자들의 사후적 책임성인데, WTO 회의의 투명성을 증가시킴으로써 그러한 책임성을 달성할 수 있을 것이다. WTO는 정부간기구이기 때문에 그와 같은 접근이 회의 참석으로 이어져서는 안 된다. 꼭 물리적인 참석일 필요도 없다. 인터넷과 저렴한 통신서비스를 감안하면, WTO의 모든 정기적 회의를 녹화하여 웹으로 방송할 수 있다.

많은 비정부기구들은 환경 혹은 기타 이익을 수호하기 위하여 분쟁해결 패널에 접근하려고 열심히 노력한다. 상소기구는 법정 조언자의 의견서를 받아들이기로 결정을 내린 바 있다. 더 나아가 옵서버에게 패널 절차를 참관하도록 허용하는 것은 어쩌면 패널의 전문화를 비롯한 분쟁해결제도의 수정을 요할 것이다. 패널의 심리에 대중이 접근하는 문제에 관하여 어떤 결정을 내리든지, WTO에 소송을 제기할 지위를 민간당사자에게 부여하는 것에 반대하는 주장들은 합당하다. WTO는 정부간기구이며, 그 전제는 권리와 의무 간의 균형을 결정하고 수호하는 것은 회원국 정부들에게 맡겨져 있다는 점이다. 그러나 시민들이 자국 정부의 WTO협정 위반행위에 대하여 국내법원에 제소할 수 있도록 WTO 회원국들을 고무하기 위하여 더 많은 일이 가능하고 또 필요하다. 현재 WTO만이 정부의 책임성을 제고하기 위하여 이러한 장치를 제한적으로 사용하고 있다. 즉 무역종사자들은 GATT 제10조(투명성/관련 법규의 공표)의 위반 사항에 대하여 국내법원에 소송을 제기할 수 있다. 정부조달협정(GPA)은 정부조달협정의 규칙 위반에 대하여 입찰 참여자들이 국내법원에 소송을 제기할 수 있도록 국내적 심리제도를 수립할 것을 체약국들에게 요구하고 있다. 이러한 선례를 바탕으로, 민간당사자들이 WTO협정상의 권리를 지킬 수 있도록 허용하는 것은 세계무역체제를 강화시킬 것이다.

투명성: 감시 및 평가의 강화

정책의 존재 여부에 대한 식별뿐만 아니라 정책의 효과에 대한 평가 등 정책의 투명성 강화 문제는 앞에서 몇 차례 언급한 바 있다. WTO 회원국의 무역정책, 특혜무역협정의 영향, 고소득 국가들이 개발도상국의 우선순위를 지원하는 정도 등에 대하여 보다 자주 그리고 더 심층적으로 분석하는 일은 재계와 비정부기구들이 WTO에 보다 건설적으로 간여하는 데 큰 도움이 될 것이다. 더 많은 정보를 갖춘 '고객층'이 존재하면, 국가들이 WTO 규칙을 준수하지 않는 경우에 WTO 회원국들 간에 더 수준 높은 상호작용이 이뤄질 것이다. 개발도상국과 선진국의 행동에 대한 다자적 감시를 강화함으로써 시장접근을 보호/개선하고 또 WTO의 개발 관련성을 높여줄 것이다.

　서비스 사례는 국내 개혁 의제를 인식하고 추진함에 있어서 WTO가 정부들을 지원하는 보다 효과적인 장치가 될 수 있음을 보여준다. 만약 WTO 회원국들이 WTO의 투명성 임무를 확대함으로써 WTO를 회원국의 서비스 부문의 현황을 논의하고 평가하는 다자제도의 중심으로 만들려 한다면, WTO는 개발도상국들에서 서비스 의제의 정책 순위를 높이고 투자/원조가 요구되는 곳을 찾아냄으로써 개발도상국들의 필요를 충족시키려고 노력해야 한다. WTO는 원조의 조건인 자유화 약속을 촉진하기 위하여 자신의 임무와 감시 '기술'을 결합하고, 그러한 원조의 제공 및 효과성을 감시해야 한다. 그렇게 할 때에 WTO는 회원국들을 돕고 WTO협정의 범위를 확대하는 데에 있어서 유익한 역할을 할 수 있을 것이다.

　특혜무역협정의 이행을 보다 효과적으로 감시하고 특혜무역협정이 비회원국에게 끼치는 영향을 평가하는 역할도 유익할 것이다. 위에서 언급했듯이, 특혜무역협정의 비참여국들에게 전가되는 무역전환 비용을 줄이기 위한 WTO의 일차적 장치는 협상 라운드다. 회원국과 비회원국이 특혜무역협정의 효과에 대하여 더 많은 정보를 가질수록, 특혜무역협정을 위한 협상의 전망도 밝아질 것이다.

결론

WTO는 전환점에 다다르고 있다. WTO 회원국들은 핵심적인 '입법' 의제, 즉 무역장벽을 축소하고 무역정책을 구속하기 위한 다자적 합의에서 더 큰 진전을 거두지 못했으나, WTO 초창기에 두드러졌던 문제들을 해결함에 있어서 많은 진전을 이루었다. 거기에는 내외부적 투명성과 회원국의 이질성 문제를 해결하기 위해 취하는 조치들이 포함된다. 2005년 무역을 위한 원조 제도의 출범과 2013년 무역원활화협정의 타결은 장차 국제무역관계에서 WTO가 중심적인 역할을 계속 수행하려 할 때 중요할 혁신 능력과 적응 능력을 보여주었다. 미래의 무역 의제는 과거의 주제와 새로운 주제가 혼합될 것이다. 전통적인 시장접근은 농업 보조에서 서비스 부문의 보호주의에 이르기까지 여전히 문제로 남아있다. 그러나 점차 무역 의제는 무역에 영향을 미치는 규제정책에 집중될 것이다.

규제 협력 분야에서 많은 조치는 국경 장벽의 추가 자유화와 병행하여 특혜무역협정을 통해서 이뤄지고 있다. 우리가 볼 때, 앞으로 WTO에게는 이러한 '클럽'을 연결하고 여러 클럽을 연결하는 역할을 수행하는 것이 매우 중요하다. WTO는 다자협력 몇 경제 외교의 장이다. 회원국들은 WTO를 사용하여 특혜무역협정 차원에서 개발된 모범 관행을 다자화하고 특혜무역협정에 따른 무역전환 효과를 해결해야 한다. 희망컨대 그럴 것이다. 규칙(특히 비시장 접근, '국경 내' 의제)에 관한 한, WTO 회원국들은 선택지를 갖고 있다. 그들은 원칙상 모든 회원국에게 적용되고, 국가별 차이를 감안하여 불가피하게 신축성과 무역을 위한 원조 구상의 조합을 필요로 하는 게임의 규칙(즉 무역원활화협정)을 추진할 수 있다. 또한, WTO 회원국들은 최혜국대우 원칙에 기초한 거대 무역국 간의 임계 협정(즉 정보기술협정)을 추구할 수 있다. 그리고 그들은 오직 서명국에만 혜택이 돌아가지만 가입의 문호가 열려있고, 완전한 투명성과 정기적인 통보를 통해 모든 WTO 회원국이 그 실행 상황을 알게 되는 복수국 간 협정(즉 정부조달협정)을 모색할 수도 있다. 이 세 가지 길은 협력의 점진적인 다자화로 나아가는 상호 보완적인 경로들이다. WTO 회원국들은 이 세 경로를 이미 사용하고 있다. 어느 것이 가장 적절한지는 다루어지고 있는 주제에 의하여 좌우될 것이다. 이처럼 WTO에는 다양한 조합이 이뤄질 여지가 크다. WTO가 향후 20년 동안 적실성을 유지하기 위해서는 WTO 회원국들이 이러한 선택지를 보다 집중적으로 이용할 필요가 있다고 우리는 믿는다.

▪▪ 주

1) RCEP의 16개 회원국은 아세안 10개국(브루나이, 캄보디아, 인도네시아, 라오스, 말레이시아, 미얀마, 필리핀, 싱가포르, 태국, 베트남)과 아세안의 자유무역협정 파트너인 6개국(호주, 중국, 인도, 일본, 한국, 뉴질랜드) 등이다. TiSA는 호주, 캐나다, 칠레, 대만, 콜롬비아, 코스타리카, EU, 홍콩, 아이슬란드, 이스라엘, 일본, 한

국, 멕시코, 뉴질랜드, 노르웨이, 파나마, 파라과이, 파키스탄, 페루, 스위스, 터키, 미국 등을 포함하고 있다. TPP는 호주, 브루나이, 캐나다, 칠레, 일본, 말레이시아, 멕시코, 뉴질랜드, 페루, 싱가포르, 미국(2017년에 협상에서 탈퇴 – 역자 주), 베트남 등을 아우르고 있다.

2) Kishore Gawande, Bernard Hoekman, and Yue Cui, "Global Supply Chains and Trade Policy Responses to the 2008 Financial Crisis," *World Bank Economic Review* 29, no. 2 (2015): 102–128.

3) WTO, *World Trade Report 2007: Six Decades of Multilateral Trade Cooperation: What We Have We Learnt?* (Geneva: WTO, 2007).

4) Robert Wolfe, "First Diagnose, Then Treat: What Ails the Doha Round?" *World Trade Review* 14, no. 1 (2015): 7–28 참조.

5) Kommerskollegium, *No Transfer, No Trade – The Importance of Cross-Border Data Transfers for Companies Based in Sweden* (Stockholm: National Board of Trade, 2014), www.kommers. se/Documents/dokumentarkiv/publikationer/2014/No_Transfer_ No_Trade_webb.pdf.

6) Bryan Noeth and Rajdeep Sengupta, "Global European Banks and the Financial Crisis," Review, Federal Reserve Bank of St. Louis (November 2012), 457–480 참조.

7) 표준의 지역적 조화가 낳는 효과를 탐구한 연구에 따르면, 특혜무역협정의 비참여국들이 해당 특혜무역협정의 규범과 제도에 부합할 수 있는 역량을 갖추고 있는 한, 이들은 규제 조화로부터 이득을 볼 수 있다. TTIP(범대서양무역투자동반자협정)에 관한 연구는 범대서양 시장통합이 심화하는 데 따른 잠재적 확산효과의 추정치를 포함하고 있다. Joseph Francois et al., *Reducing Transatlantic Barriers to Trade and Investment* (London: CEPR, 2013).

8) J. Bhagwati, *The World Trading System at Risk* (Princeton, N.J.: Princeton University Press, 1991).

9) B. Hoekman, "WTO Reform: A Synthesis and Assessment of Recent Proposals," in *The Oxford Handbook on the WTO*, ed. A. Narlikar, M. Daunton and R. Stern (Oxford: Oxford University Press, 2012), 351–375.

용어해설

가입의정서(Protocol of accession) 어떤 국가가 국제협정이나 국제기구에 가입할 때 필요한 조건과 의무를 기록한 법적 문서다.

경사관세(Tariff escalation) 어떤 상품의 가공 단계가 많아질수록 관세도 높아지는 현상이다. 가공 정도가 높은 상품의 수입을 억제하고 수입국의 가공업자들에게 실효적 보호를 제공한다. 예를 들어, 토마토에 낮은 관세를, 토마토 반죽에는 더 높은 관세를, 그리고 토마토 케첩에 훨씬 더 높은 관세를 매기는 식이다.

경제적 수요심사(Economic needs test) 어떤 수입(상품이나 서비스 공급자의)이 국내 생산자나 서비스 공급자의 수요를 충족시킬 수 없음을 보여주는 제도다.

공급형태(Mode of supply) 서비스무역에 관한 일반협정(GATS)에서 사용된 용어이며, 어떤 서비스가 공급자에게서 구매자에게 제공되는 방식을 규정한다.

관세 양허(Tariff binding) GATT하에서 특정한 또는 양허된 수준 그 이상으로는 관세를 인상하기 않겠다는 국가들의 약속을 말한다. 관세 양허는 양허 한도로도 일컬어진다. 각 회원국의 이른바 관세 양허표는 가입의정서의 일부이다.

관세 정점(Tariff peak)　특별하게 높은 관세를 말하며, 종종 15퍼센트를 초과하는 관세 또는 한 나라의 평균 명목관세율의 세배 이상을 초과하는 관세로 정의된다.

관세 할당(TRQ: Tariff rate quota)　어떤 상품에 최혜국대우 관세가 적용되지만, 특정 수량(쿼터)에 대해서는 더 낮은 관세나 때때로 무관세로 수입을 허용하는 조치이다. 관세 할당은 주로 농산물 무역에 적용되며 계절적인 성격을 띨 수 있다.

관세 환급(Duty drawback)　이는 국경세조정의 한 형식이며, 수입품이 재수출될 때 그 수입품에 부과되었던 관세나 세금의 일부 또는 전부를 되돌려주는 제도다. 재정수입 혹은 시장보호 목적의 관세를 유지하면서도 수출업자의 부담을 덜어주기 위한 것이다.

관세동맹(Customs union)　일정한 집단의 국가들이 형성하는 단일한 관세영역으로, i)관세동맹 회원국 간에 관세 및 기타 장벽은 철폐되고, ii)비회원국에 대해서는 공동의 대외무역정책(공동의 역외관세)을 실시한다.

관세상당치(Tariff equivalent)　어떤 비관세장벽의 보호 효과를 측정하는 지표이며, 수입품에 대하여 비관세장벽과 정확히 동일한 효과를 나타내는 관세를 말한다.

관세평가(Customs valuation)　수입 시 종가세 기준으로 관세를 부과할 목적으로 상품의 가치를, 정해진 기준에 따라, 매기는 것.

관세화(Tariffication)　비관세장벽을 (동등한) 관세로 변환하는 절차다. 우루과이라운드에서 모든 국가들의 농산물 비관세장벽은 관세화 및 양허의 대상이 되었다.

구제조치(Remedy)　어떤 회원국의 정책들이 세계무역기구 규칙이나 규율을 위반한 것으로 판명되는 경우, 그 정책들을 의무에 부합하도록 유도하기 위하여 세계무역기구 분쟁해결 패널이 권고하는 조치를 나타내는 법률 용어다.

국제식품규격(Codex Alimentarius)　식품의 품질과 안전에 관련된 국제적 표준, 실행 규범, 지침 및 권고사항을 말한다. 여기에는 위생적인 가공법에 관한 규범, 표준 준수에 관한 권고사항, 농약 잔류물의 한도, 오염물질·식품 첨가물·동물용 의약품에 관한 지침 등이 포함된다. 국제식품규격위원회(Codex Alimentarius Commission)는 그러한 표준들을 수집하는 기관이다.

권능부여조항(Enabling Clause)　1979년 GATT가 채택한 "차등적이고 더욱 특혜적인 대우, 상호주의 및 개발도상국의 더 완전한 참여에 관한 결정문(Decision on Differential and More Favorable Treatment, Reciprocity and Fuller Participation of Developing Countries)"을 말한다. 이에 따라 세계무역기구 회원국들은, 무차별 의무에도 불구하고, 개발도상국들에게 차등적이고 특혜적인 대우를 제공할 수 있는 반면, 그와 동일한 대우를 다른 체약국에게 제공할 필요는 없다.

권리 소진(Exhaustion)　지적재산권의 보호를 받는 상품의 수입에 관련된 법적인 제도다. 국내소진(national exhaustion) 하에서, 권리는 그 상품이 어떤 한 나라 안에서 최초 판매가 이뤄질 때 종료되고, 권리 보유자는 해당 상품의 무단 수입을 막을 수 있다. 국제소진(international exhaustion) 하에서, 권리는 세계 어디에서든 최초 판매가 이뤄질 때 종료되고 그 후에는 병행 수입이 허용된다.

그린룸(Green room)　소수의 세계무역기구 회원국들이 참여하는 회의를 지칭하며, 보통 주요 OECD 회원국들과 신흥경제, 그리고 특정 국가군을 대표하는 소수의 대표단이 참여한다.

긴급수입제한조치(Safeguard action, 세이프가드)　예상하지 못한 수입 급증으로부터 특정 상품의 국내 생산자들을 보호하기 위해서, 한 국가의 대외 재무상태나 국제수지를 보호하기 위하여, 또는 개발도상국에서 유치산업을 보호하기 위해서 취하는 긴급 조치다.

내국민대우(National treatment)　일단 어느 한 국가에 진입하여 모든 요구사항을 충족하기만 하면, 외국의 상품·서비스·자연인(투자자)은 내국의 상품·서비스·자연인과 정확히 똑같은 대우를 받아야 한다는 원칙이다. 특히 외국산에 대해 동일한 내국세를 징수하고, 그 어떤 추가적인 제약을 부과해서 안 된다.

덤핑(Dumping)　가격차별의 한 형식으로서, 한 나라에서 다른 나라로 수출되는 상품의 수출가격을 수출국에서 소비될 동종 상품의 운송비 및 기타 비용을 포함한 비교 가능한 가격보다 낮게 하는 행위이다(GATT 제6조). 또한 덤핑은 생산비 추정치 아래로 판매하는 행위이기도 하다. 덤핑 마진은 이 두 가격, 즉 생산비와 판매가 간의 차이를 말한다.

무역기술장벽(TBT: Technical barrier to trade)　기술적인 제품 규제나 표준을 적용함으로써 발생하는 무역제한 효과를 말한다. 그러한 규제로는 시험 요건, 상표 요건, 포장 요건, 마케팅 표준, 인증 요건, 원산지 표시 요건, 건강 및 안전 규제 등이 있다.

반대급부(Quid pro quo)　어떤 회원국이 다른 회원국으로부터 양보(양허)를 얻어내기 위해서 제안해야 하는 보상을 말한다.

반덤핑(antidumping)　수입국 정부가 덤핑에 대항하여 부과하는 조치로서, 예를 들면 관세를 매기거나 가격 인상을 협상하는 것이다. 덤핑 마진으로 계산되거나, 덤핑의 피해보다 덤핑 마진보다 적은 경우에는 덤핑으로 인한 피해 수준에 한정하여 계산될 수 있다.

보복(Retaliation)　다른 국가가 무역 제한을 강화하는 것에 대응하여 무역장벽을 부과하는 것이다.

복수국 간 협정(Plurilateral agreement)　소수의 세계무역기구 회원국들이 참여하는 협정으로, 비서명국을 구속하지 않으며, 체약국들은 동 협정의 혜택을 비서명국에게도 부여해야 한다.

분쟁해결기구(Dispute Settlement Body)　세계무역기구 회원국 간의 분쟁을 해결하는 기관. 세계무역기구의 전체 회원국으로 구성되며, 분쟁해결 패널 및 상소기구의 보고서를 심의한다.

비관세장벽(NTB: Non-tariff barrier)　관세 이외의 무역장벽을 통칭하는 용어이며, 쿼터나 면허 요건이 그 예다.

비관세조치(NTM: Non-tariff measure)　비관세장벽보다 가치판단이 덜 개입되어 있는 용어인데, 이는 무역을 제한하는 많은 규제정책들은 보호무역을 위한 것이 아님을 인정하고 있기 때문이다.

비상 보호(Contingent protection)　특정한 상황(비상사태)이 벌어지면 부과되는 무역장벽. 그 예로는 반덤핑관세, 상계관세(보조금을 상쇄하기 위한), 그리고 긴급수입제한조치 등이 있다. 행정적 무역보호조치(administered protection) 또는 무역구제조치로도 일컬어진다.

비위반 제소(Non-violation)　세계무역기구 분쟁해결 규정상의 절차로서, 세계무역기구 회원국은 다른 회원국의 조치로 인하여, 그 조치가 세계무역기구 규칙 하에서 허용됨에도 불구하고, 세계무역기구 협정상 기대되던 혜택이 무효화 내지 훼손되었다고 주장할 수 있다.

상계관세(Countervailing duty)　생산보조금이나 수출보조금 혜택을 받은 수입품에 부과되는 관세. 이 관세는 보조금의 효과를 상쇄하기 위한 것이다.

상호인정(Mutual recognition)　한 국가가 어떤 상품이 제품 표준을 충족했다는 다른 국가의 인증을 받아들이는 것이다. 그러한 표준이 의무적일 경우에 상호인정은 종종 국가 간의 공식 협정을 기반으로 한다.

상호주의(Reciprocity, 호혜성)　세계무역기구 협상의 기본 원칙이며, 세계무역기구 회원국들 간의 양허 교환에는 균형이 있어야 한다는 원칙이다. 이러한 균형을 결정하는 방식은 협상이 시작되기 전에 규정된다. 즉 관세 수입(손실)의 가치, 영향을 받는 무역량의 가치, 자유화되는 상품의 관세에 있어서 평균 변화율 등이다.

식물위생 규제(Phytosanitary regulation) 식물의 위생에 관한 것이다. 위생 및 식물위생(SPS) 조치를 참조하라.

신속처리(Fast track) 미국 의회가 국제무역협정의 이행 법안에 대하여 "받을 것인지, 거부할 것인지," 즉 수정안을 제안할 권한을 포기할지 여부를 양자택일하는 절차다. 지금은 무역촉진 권한으로 불린다.

외부성(Externality) 한 행위자(개인, 회사, 정부)의 행동이 다른 행위자들에게 긍정적인 또는 부정적인 효과를 직접 끼치는 현상이다. 이로운 효과는 긍정적 외부성이라 부르고, 해로운 효과는 부정적 외부성이라고 한다.

요청-제안 방식(Request-offer) 각 당사자가 다른 당사자들에게 요청하는 양허 목록을 기재한 다음, 그러한 요청이 충족됨에 따라 부여될 수 있는 양허의 제안 목록을 기반으로 진행되는 협상 절차다.

원산지규정(Rule of origin) 어떤 상품의 원산지 국가를 규정하는 기준. 종종 그 기준은 생산(공정)이 관세 목록(분류)상에 변화를 수반하는지의 여부, 또는 해당 상품이 최종 단계의 공정을 거친 국가에서 발생한 부가가치의 수준에 기초한다.

위생 및 식물위생조치(Sanitary and phytosanitary[SPS] measure) 식품의 안전과 동식물의 위생을 보장하기 위한 기준을 규정한 기술적 요건이다. 많은 국제 위생 표준은 국제식품규격위원회(Codex Alimentarius Commission)에서 수립된다.

일반특혜관세제도(GSP: Generalized System of Preferences) 선진국들이 자신의 시장에 대한 접근에 있어서 개발도상국들에게 특혜를 부여하는 제도다.

임계치(Critical mass) 일정한 집단의 국가들이 협력하기로 합의하고, 비참여국들도 혜택을 볼 수 있도록 허용하는 상황을 묘사할 때 사용된다. 세계무역기구 차원에서 보면, 임계치는 협력 참여국들이 해당 상품의 무역에서 약 90퍼센트를 차지하는 것을 요하는 게 관행이다.

자유무역지대(Free trade area) 일단의 국가들이 그들 간의 사실상 모든 무역에서 관세 및 기타 장벽을 철폐하기로 합의하여 형성된 영역이다. 각 회원국은 비회원국에 대하여 대외무역정책을 자체적으로 유지한다. 자유무역지대는 자유무역협정 또는 자유무역제도로 불리기도 한다.

조치가능 보조금(actionable subsidy) 세계무역기구 규칙 하에서 금지되지는 않으나, 그에 대응하여 회원국이 상계관세를 부과할 수 있는 보조금의 한 유형

종가세(ad valorem) 종가세(관세, 부과금 등)는 수입품의 가치를 기초로 하고 비율로 표현된다. 예를 들면, 종가세는 평가액의 10퍼센트다.

종량세(Specific tariff) 종량세(관세, 수입세)는 과세 대상이 되는 품목의 단위당 고정 금액으로 표현된다. 예를 들면, 수입 자동차 1대당 1천 달러 또는 밀 1톤당 50달러 등이다.

지리적 표시(Geographical indication) 특정한 지리적 위치에서 생산된 상품의 명성을 보호하기 위한 조치로서, 독특한 장소명이나 지역적 호칭이 그 위치에서 실제로 생산된 상품에만 사용되도록 제한한다.

최저개발국(LDC: Least-developed country) 국제연합(UN)이 세워 놓은 수많은 기준을 충족하는 국가이며, 경제발전 수준이 매우 낮은 국가들이다. 2015년 현재 48개국이 최저개발국 그룹에 속해 있다.

최혜국대우(MFN: Most-favored nation) 세계무역기구의 핵심 원칙이다. 최혜국대우는 어떤 상품의 수입에 대해 부과되는 관세가 '정상적이고' 무차별적인 것을 말한다. 상업외교에서 수출업자들은 최혜국대우를 바란다. 곧 그들은 가장 큰 호의를 누리는 수출업자로 대우 받기를 원한다.

특별차등대우(Special and differential treatment, SDT 또는 S&D)
개발도상국들은 특별한 권리를 부여받아야 한다는 원칙으로, 일부
세계무역기구 규칙을 면제해주거나 세계무역기구 규칙을 적용함에
있어 특별대우를 제공하는 것이다. 권능부여조항(Enabling Clause)
에 따라서 허용되고 있다.

특정 무역 현안(Specific trade concern)   이는 어느 한 정부가 다른
정부의 규제 조치에 대해서 갖는 관심사를 의제로 삼는 과정을 나타
낸다. 그러한 조치는 보통 세계무역기구 위원회에 통보된 새로운 규
제 조치안이다. 이 용어는 위생 및 식물위생조치(SPS)와 무역기술
장벽(TBT) 위원회 등에서 빈번하게 사용된다.

읽기자료

세계무역기구에 관해서는 역사학, 경제학, 정치학, 국제정치학, 법학 등 다양한 시각에서 방대한 양의 저술이 존재한다. 추가 읽기자료를 소개하면서 일부러 오래된 저작을 많이 선정했는데, 그것은 시간의 시험을 통과한 학문으로부터 또 다양한 시기에 세계무역체제에서 실제 협상에 깊이 관여했던 사람들의 분석을 읽음으로써 더 많은 것을 배울 수 있다고 믿기 때문이다.

Douglas Irwin, *Free Trade Under Fire* (Princeton, NJ: Princeton University Press, 2009)는 GATT의 역사와 미국이 다자무역체제의 등장에 미친 영향을 논의하고 있다. Adam Tooze, *The Deluge, The Great War, America, and the Remaking of the Global Order 1916–1931* (New York: Viking, 2014)은 GATT 이전 시기에 대하여, 그리고 GATT와 브레턴우즈제도(BWIs)의 창설로 이어진 국제사회의 우려에 대하여 잘 설명해주고 있다.

아바나헌장과 GATT에 대한 상세한 평가 및 관련 협상의 전개과정에 대해서는 William Brown, *The United States and the Restoration of World Trade* (Washington, DC: The Brookings Institution, 1950)와 William Diebold, *The End of the ITO* (Princeton, N.J.: Princeton University Press, 1952)를 참고하라.

John H. Jackson의 1969년 고전인 *World Trade and the Law of the GATT* (Indianapolis, IN.: Bobbs-Merrill)는 GATT의 복잡한 법적 내용에 대한 심층 연구에 관심 있는 사람을 위한 출발점이다. Robert E. Hudec, *The GATT Legal System and the World Trade Diplomacy* (New York: Praeger, 1975)는 GATT의 설계와 그 초기 30년 역사에 관한 고전적인 분석이다.

Michael J. Trebilcock, *Understanding Trade Law* (Cheltenham: Edward Elgar, 2011)는 세계무역기구의 기본 제도를 설명하고 있는 훌륭한 개요서다. 세계무역체제의 규칙과 규율에 관한 보다 광범위한 연구로는 Bernard Hoekman and Michel Kostecki, *The Political Economy of the World Trading System* (Oxford: Oxford University Press, 2009)과 Petros C. Mavroidis, *Regulation of International Trade* (Cambridge, MA.: MIT Press, 2015)가 있다. Henrik Horn and Petros C. Mavroidis, *Legal and Economic Principles of World Trade Law* (Cambridge: Cambridge University Press, 2013)는 세계무역기구의 주요 규정에 대해 법적, 경제적 분석을 세심하게 제공하고 있다.

Pieter van den Bossche and Werner Zdouc, *The WTO, Texts, Cases and Materials* (Cambridge: Cambridge University Press, 2013)는 세계무역기구의 판례법을 포괄적으로 수집해 놓았다. Robert Lawrence, *Crimes and Punishments: Retaliation Under the WTO* (Washington, DC: Institute for International Economics, 2003)는 분쟁해결기구의 경험과 그 개선방안을 논의하고 있다.

Amrita Narlikar, Martin Daunton and Robert M. Stern (eds), *The Oxford Handbook on The World Trade Organization* (Oxford: Oxford University Press, 2012)은 세계무역기구가 관할하는 구체적 주제와 이슈영역의 역사·정치·경제에 관한 여러 글을 수록하고 있다. Lisa Martin (ed.), *The Oxford Handbook of the Politics of International Trade* (Oxford: Oxford University Press, 2015)는 주요 정치학자들을 한데 모아서 국제무역과 국제협력의 정치 및 정치경제에 관한 저술을 검토하고 있다. Jean-Christophe Maur and Jean-Pierre Chauffour (eds), *Preferential Trade Agreement Policies for Development: A Handbook* (Washington, DC: World Bank, 2011)은 특혜 무역의 여러 측면을 폭넓게 다루고 있으며 비전문가들도 이해하기 쉽다.

Aaditya Mattoo, Robert M. Stern and Gianni Zanini (eds), *A Handbook of International Trade in Services* (Oxford: Oxford University Press, 2007)는 GATS에 관한 글과 서비스무역의 특수성에 대한 글을 수록하고 있다. J. Bradford Jensen, *Global Trade in Services: Fear, Facts, and Off-shoring* (Washington, DC: Institute for International Economics, 2011)은 서비스무역에 대한 장벽, 서비스무역의 확대 전망 및 세계무역기구에 주는 함의 등을 잘 분석하고 있다. Keith Maskus, *Private Rights and Public Problems: The Global Economics of Intellectual Property in the 21st Century* (Washington, DC: Peterson Institute for International Economics, 2012)는 지적재산권의 경제적 측면을 잘 개관하고 분석한다. Terry Collins-Williams and Robert Wolfe, "Transparency as a Trade Policy Tool: The WTO's Cloudy Windows," *World Trade Review* 9, no. 4 (2010): 551–581은 세계무역기구의 주요 투명성제도 중 일부의 현황과 효과를 평가한다.

Tracey Epps and Michael J. Trebilcock (eds), *Research Handbook of the WTO and Technical Barriers to Trade* (New York: Elgar Publishing, 2014)는 세계무역기구의 정책규율에서 가장 큰 논쟁거리 중 하나인 무역기술장벽협정(TBT)에 대하여 매우 광범위한 설명을 제공하고 있다. Steve Charnovitz, "The WTO and Cosmopolitics," *Journal of International Economic Law* 7, no. 3 (2004): 675–682는 세계무역기구와 시민사회 간의 관계를 논의하고 있다. Beth Macy, Factory Man (New York: Little, Brown and Company, 2014)은 중국 기업에 대한 경쟁에 직면한 미국 기업들이 보호를 추구하는 과정을 다룬 흥미로운 소설이다.

세계무역기구의 *World Trade Report 2007: Six Decades of Multilateral Trade Cooperation: What Have We Learnt?* (Geneva:

WTO, 2007)는 세계무역체제의 진화 과정과 장래의 도전과제에 관한 풍부한 정보를 제공한다. Michael Pettis, *The Great Rebalancing: Trade, Conflict, and the Perilous Road Ahead for the World Economy* (Princeton, N.J.: Princeton University Press, 2013)는 향후 10년 안에 세계무역기구의 대외 환경을 규정하는 경제적 요인을 깊이 있게, 그러나 이해하기 쉽게, 서술하고 있다.

Barry Eichengreen, *Hall of Mirrors, The Great Depression, the Great Recession, and the Uses – and Misuses – of History* (Oxford: Oxford University Press, 2015)는 1929년부터 오늘날까지 금융 이슈와 무역 이슈 간의 상호작용을 훌륭하게 설명하고 있다. 마지막으로, 그렇지만 이상의 연구와 마찬가지로 중요한 Rorden Wilkinson, *What's Wrong with the WTO and How to Fix It* (Cambridge: Polity Press, 2014)은 개발도상국들의 필요에 더 부응하는 무역체제를 만들 수 있도록 글로벌 무역 거버넌스에 대한 접근법을 전면 재고할 것을 강력히 주장하는 짧은 책이다.

찾아보기

저자소개

버나드 M. 호크만(Bernard M. Hoekman)

로테르담 에라스무스대학교 졸업
미시간대학교 경제학 박사

이탈리아 유럽대학연구소(EUI) 교수 겸 로버트슈만센터
 글로벌 경제(Global Economics) 연구분과 국장

전공/연구 분야
글로벌 경제, 무역정책, WTO, 국제경제학, 국제통상,
글로벌 경제 거버넌스

주요 저서
Development, Trade, and the WTO (공저, World Bank
 Publications)
*The Political Economy of the World Trading System: WTO
 and Beyond* (공저, Oxford University Press)
Trade in the 21st Century: Back to the Past? (공저, Brookings
 Institution Press) 외 다수

페트로스 C. 마브로이디스(Petros C. Mavroidis)

테살로니키 아리스토텔레스대학교 법학과 졸업
하이델베르크대학교 법학 박사

콜럼비아대학교 로스쿨 국제·비교법학 교수
스위스 노이채텔대학교 법학과 교수

이탈리아 유럽대학연구소(EUI) 법학과 및 로버트슈만센터
　　(Robert Schuman Centre) 교수 역임

전공분야
국제법, 비교법, WTO

주요 저서
*The Regulation of International Trade: The General Agreement
　　on Trade in Services* (The MIT Press)
China and the WTO: Why Multilateralism Still Matters (공저,
　　Princeton University Press)
The World Trade Organization: Law, Practice, and Policy (공저,
　　Oxford University Press) 외 다수

역자소개

김치욱 (cwkim@ulsan.ac.kr)

서울대학교 외교학과 졸업
미국 텍사스대(오스틴) 정치학 석사 및 박사

현 울산대학교 국제관계학과 교수

세종연구소 상임객원연구위원
서울대 국제문제연구소 선임연구원 등 역임

주요 논저
『세계화 3.0과 국내정치』(편저, 명인문화사)
『위기 이후 한국의 선택: 세계금융위기, 질서 변환, 중견국 경제
　　외교』(편저, 한울아카데미)
『국제정치경제』(공역, 명인문화사)
『세계정치론』(공역, 을유문화사)
"글로벌 보호무역 네트워크의 구조와 정책적 시사점"「국제·지
　　역연구」
"세계금융위기와 미국의 국제경제책략: 지경학 시각"「국가전략」
"아시아 지역패권의 정치경제: 중국의 외교적 지지기반 분석"
　　「평화연구」 외 다수